香醇的紅酒比較貴，還是昂貴的紅酒比較香？

從食物、性、消費、藝術看人類的選擇偏好，
破解快樂背後的行為心理。

HOW **PLEASURE** WORKS

the New Science of Why We Like What We Like

Paul Bloom

保羅・布倫——著

譯——陳淑娟

快樂買得到嗎？

許毓仁

如果你到人聲鼎沸的信義商圈，無論在任何時候，你會看到 Krispy Kreme 外面總是大排長龍，有時排隊人潮延伸了好幾百公尺。這些排隊購買甜甜圈的人，平均要花三個小時才能買到甜甜圈。你會問：那不就是甜甜圈嗎？有好吃到為了要買一個甜甜圈排隊三個小時嗎？其實，他們排隊買的不是甜甜圈，他們買的是一種快樂價值交換。他們認為買到 Krispy Kreme 的甜甜圈在他們苦悶的生活中是一種快樂的取得。而取得快樂的代價是排隊三個小時，這樣的交換對某些人來說是值得的、有意義的。這裡的甜甜圈和其他地方是一樣的，但是背後的附加價值和情感連結是不一樣的。有些人會批評三個小時排隊買一個甜甜圈很浪費時間。這些人把時間的產值和勞動產出（labor output）做連結，但是他們忽略掉所謂價值的交換在於買方和賣方共同認定的契約。也就是說那些排隊三個小時買甜甜圈的人認為做這件事極度有意義，甚至為他們帶來快樂。你能說他們有錯嗎？答案是沒有，只是價值觀不同。那麼快樂買得到嗎？

人是本質主義者

保羅・布倫在二〇一一年的TED演講裡提到快樂的來源。他舉了幾個例子說明為什麼來源如此重要。為何我們對於所知的事物來自何處的反應如此大？他說：人類其實就某些層面而言，是天生的本質主義者（eseenitalist）。我們對於物件的反應不只是我們所看見、所感受到，或所聽見。相反地，我們的反應來自我們對該物件的認知，他們的來源他們的材質、他們的潛在特性，以及它所代表的社會地位意涵。他舉了一個有趣的實驗，當兩組人同樣在超市買三百元紅酒，你對其中一組說這是來自法國名酒莊的陳年好酒，和另外一組說這是超市買的。你知道他們會有什麼樣的反應？第一組一定會說紅酒很好喝。我們常常把事物的來源和它本身的價值串連起來，重點不是我們如何對待物品，而是我們對物品的反應。

另外一個例子是一位極負盛名的小提琴家，約夏・貝爾（Joshua Bell），他受邀到世界各國最棒的音樂廳表演，他表演用的小提琴要價上千萬。幾年前他受邀至美國華府的音樂廳演奏，當晚上流社會雲集，一張門票超過五百美金。幾天後貝爾在地鐵站做了一項實驗，他穿著破爛的衣服和鞋子，像個流浪漢般在地鐵站出口表演，他拉奏相同的曲子，一整天下來乏人問津，只有零星的收入。他有因為是在地鐵站表演就比較不賣力嗎？他演奏的曲子有比較差嗎？都沒有。但是人們對物件來源和價值的聯想造成了差異。

如何面對痛苦？轉念即天堂

在保羅的演講中還有一個很重要的觀念，那就是如何轉換快樂。他說：「痛苦在對的情況下，可以轉變為快樂。」記得五年前開始創業時，相當辛苦。有一回在公園裡散步，光著腳丫子走在佈滿鵝卵石的健康步道上，才一兩分鐘，陣陣的刺痛直穿背脊，頓時汗如雨下，我於是本能性地跳開了。痛苦是一種感覺，一種我們對它的來源，連結產生的反應。痛是什麼？是神經經過刺激後傳達到大腦發出的訊號，痛是我們身體幾百種感官知覺的一種而已。如果你可以轉念，那麼痛就不是痛，用另外一個名詞代替，產生另外一種感覺。我發明一個詞代替了痛，這個詞叫「卡滋卡滋」，再踏上鵝卵石步道，這痛不是痛而是「卡滋卡滋」。

人類有非常有趣的特質，往往能在可掌控的情況下尋求最少量的痛苦，然後從中獲得快樂——這觀點其實早就被詩人約翰・彌爾敦（John Milton）所寫下。他寫道：「心有它自己的地方，而它本身可以把地獄看作天堂，或天堂看作地獄。」

無法取代的快樂

快樂其實是深層的。而這種從物品產生的吸引力，並非只發生在有名的物品，我們每一個人都有某些東西是無法被取代的。這些東西的價值來自於物品的背景——也許是你的婚戒，也是你孩子嬰兒時穿的鞋。所以如果東西遺失了，你無法找回，你可能可以找到看起來或摸起來類似的物品，但你無法找回一模一樣的東西。而這些快樂才是最重要的，它是單純且原生的。它不受到來源背後連結的影響。這樣的快樂才是最真實的。

再回到甜甜圈的例子，你認為他們買到快樂了嗎？答案自在你心。

（本文作者為 TEDxTaipei 策展人 & TED 亞洲大使）

序

人類的快樂有動物的一面。當我溜完狗回來後，人就癱在沙發上，狗兒則是躺在牠自己的床上。我喝一杯冰水，牠舔著狗碗，我們倆都快樂許多。

這本書講的是比較神祕的快樂。有些青少女喜歡用刮刀去毛；有些男人花錢讓妓女鞭打。美國人平均每天花四個小時看電視。許多男人一想到和處女發生性行為的念頭，就會有強烈的性反應。抽象藝術能夠賣數百萬美元。學齡前兒童喜歡和幻想的朋友玩耍，也能從安全毯（security blanket）中得到安慰。人們開車途中為了觀看路上血淋淋的車禍而減速，同時去電影院看催淚的電影。

我即將探討的快樂種類中，某些是人類特有，如藝術、音樂、小說、受虐，以及宗教。其他諸如食物與性則不然，但是我將論證，人類從這些活動中得到的快樂，與其他生物是截然不同的。

我的主要論點是，快樂是有深度的。最重要的並不是透過我們感官所看、所感受的世界。與之相反，我們從某事物所得到的樂趣，是來自我們對該事物的想法。知性的快樂是如此，比如對繪畫與故事的欣賞，而對於似乎比較簡單的快樂，如解決飢餓、滿足性欲等也是如此。就一張繪畫作品而言，藝術家是誰很重要；就故事而言，重要的是它是真實或者虛構；就一塊牛排而言，我們在乎的是它來自什麼動物；就性而言，我們則受到我們認為自己性伴侶究竟是誰的強烈影響。

此一快樂理論是從認知科學中最有趣的觀念之一延伸而來。該觀念認為人們天生就假定世界上的事物——包括其他人——具有看不見的本質，讓他們之所以成為他們。實驗心理學家則爭辯，這種本質主義的觀點低估了我們對於自然與社會世界的理解，而發展及跨文化心理學家則認為本質主義是本能且普遍的，我們生來就是本質主義者。

我將在第一章介紹本質主義的理論，並論證這個理論有助解釋日常生活中神祕的快樂。隨後的六個章節探討不同領域的快樂：第二和第三章考察食物與性。第四章是關於我們對日常生活中各種物品的依戀，包括名人的收藏品以及安全毯。第五章是關於藝術與其他表演。第六章與第七章是關於想像世界的快樂。每一章都可以單獨閱讀。最後一章探討快樂一些比較廣泛的意涵，並且思索與科學和宗教有關的訴求作為結束。

這本書的目的是要理解快樂的本質，方法是考察快樂在個體的發展起源，以及快樂在我們這個物種的演化起源。對起源的研究是一種有用的見解來源。如同生物學家達西・湯普森（D'archy Thompson）的名句：「萬物如此，皆因其本。」儘管如此，在心理學脈絡中對演化的核心討論還是流於提出警示或是錯誤的線索，所以以下幾點說明可能有所幫助。

首先，演化的（evolutionary）並不是「適應主義的」（adaptationist）。人類心理有許多重要面向都是適應而來——它們的存在是為了給我們祖先繁衍的優勢——我在本書對此有一些討論。但是人類心智的其他面向則是副產品；套用演化生物學家史帝芬．傑．古德（Stephen Jay Gould）與理查．李溫廷（Richard Lewontin）提出的術語來說，它們是妥協產物（spandrel）。[1]快樂的例子尤其如此。例如，許多人喜歡色情片，但是日夜觀看迷人的裸體照片與影片，與繁衍的優勢並無關連。色情的吸引力是一種偶然：是一種演化發展出來的副產品，使人類對真實裸體有興趣。同理，關於快樂深度的故事，我認為大部分都是與偶然有關的故事。我們演化出本質主義以協助我們理解這個世界，但是本質主義的存在促使我們的欲望朝向與生存和繁衍無關的方向。

演化並不「愚笨」也不「簡單」。我最近在一個心理學系的研討會談到小說的快樂，而其中一位與會者在會後對我說，我的研究途徑令他驚訝。他說，我的方法並不像他想的那樣糟糕。他先前預期我會發表某些愚蠢且充滿化約主義味道的生物學故事，所以他很開心我談的是小說作者心中那熱情有趣的人物，以及我們享受故事所需要的豐富且複雜的直覺。

讓一位英語系教授快樂真好，卻也令人困窘。我以為我發表的是一個愚蠢且充滿化約主義味道的生物學故事。他的評語讓我了解，我正在辯護的是向來水火不相容的兩個主張：第一個主張是，日常快樂是深層而且超驗的。而第二個主張是，日常快樂反映的是我們演化出來的人類本性。這些想法似乎互相牴觸。如果快樂是深層的，你可能推論它一定是文化的以及學習而來的。如果快樂是演化的結果，那麼它應當是簡單的；我們對於某種刺激應當就以某種方式回應，某個角度來說就是靠知覺的、低層次的，以及表面的——也就是愚蠢的。

所以我很清楚這本書提出的主張——快樂來自於深層的直覺，快樂是聰明的，而且是演化發展而來的，也是普遍的。快樂主要是天生的，也是不尋常的。我還希望說服你，這些都是真的。我還要論證它們確實很重要。現代科學對心智的研究有嚴重的落差。心理學家保羅・婁辛（Paul Rozin）指出，如果你讀完一本心理學教科書，你將發現很少，甚至完全沒有對於運動、藝術、戲劇、文學、表演以及宗教的討論。[2]這些是我們人之所以為人的中心，而我們要理解快樂才能理解這當中的任何一種現象。

關於快樂，每個人都有些趣事可以分享，而我的許多想法都是從與家人、朋友、學生、同事，以及偶爾在飛機上與陌生人的交談而來。可是我要提一下在這些議題上有過深思的七位學者：丹尼思・道頓（Denis Dutton）、蘇珊・葛曼（Susan Gelman）、塔莫・錢德勒（Tamar Gendler）、布魯斯・胡德（Bruce Hood）、吉歐費・米勒（Geoffrey Miller）、史迪芬・平克（Steven Pinker），以及特別要提到保羅・婁辛。他們每一位都有某些想法是我不同意的，但是這本書很大程度上是在回應他們的想法，我也很高興能夠藉此表達我對這種學術人情的感謝。

我也非常感謝我的經紀人，凱婷卡・麥森（Katinka Matson）。最早在寫作此書之時，她就幫助我理解我在本書中想要表達的是什麼，而且稍後當我需要建議或是呈現高度焦慮時，她也給我高度的支持。我也要感謝謝我的編輯，諾頓（Norton）出版社的安潔拉・逢・德・李波（Angela von der Lippe），因為她對這個計畫的信心，她在我整個寫稿期間提供智慧諮商，以及對於初稿的卓見。我也非常感謝凱洛・羅斯（Carol Rose）精確熟練的校稿能力。

沒有什麼比耶魯大學心理學系還要好的社群了，我感謝我的同僚，以及尤其是我指導的研究生及博士後研究員們，謝謝他們對於我在寫作本書時期的支持與耐心。在這段期間，系主任是瑪西亞・強森（Marcia Johnson），我深深感謝他滋養這麼一個充滿知識啟發的環境。

本書有某些實驗由我和一些學者協同主持，包括瑪麗莎・艾倫（Melissa Allen）、蜜雪兒・卡斯塔尼達（Michelle Castaneda）、吉爾・達森卓克（Gil Diesendruck）、凱瑟琳・董納利（Katherine Donnelly）、路易莎・伊岡（Louisa Egan）、蘇珊・葛曼、約書亞・古斯坦（Joshua Goodstein）、其雷・漢林（Kiley Hamlin）、布魯斯・胡德，以賽特・賈如迪（Izzat Jarudi）、烏迪・李歐納多（Ute Leonards）、羅利・馬克森（Lori Markson）、喬治・紐曼（George Newman）、羅莉・珊德斯（Laurie Santos）、大衛・梭伯（David Sobel）、迪納・史可尼克・韋斯伯格（Deena Skolnick Weisberg），以及凱倫・韋恩（Karen Wynn）。我感謝他們所有人。

我也要感謝一些人，他們好心地提出建議、回答問題，或是閱讀特定的篇幅：安梧菁（Woo-kyoung Ahn）、馬紮林・巴那吉（Mahzarin Banaji）、班尼・貝特、何拉米（Benny Beit-Hallahmi）、瓦特・別德貝可（Walter Bilderback）、凱利・布朗內爾（Kelly Brownell）、艾瑪・布赫特爾（Emma Buchtel）、蘇珊・凱里（Susan Carey）、艾瑪・科恩（Emma Cohen）、麗沙・迪布魯內（Lisa DeBruine）、芮秋・丹尼森（Rachel Denison）、丹尼思・道頓、布萊恩・哈帕（Brian Earp）、雷・費爾（Ray Fair）、迪波拉・弗來德（Deborah Fried）、蘇珊・葛曼、丹尼爾・吉伯特（Daniel Gilbert）、強納生・吉爾摩納（Jonathan Gilmore）、彼得・葛雷（Peter Gray）、米蘭尼・葛林（Melanie Green），麗利・吉略特（Lily Guillot）、科林・加格（Colin Jager）、法蘭克・凱爾（Frank Keil）、馬叟・金史本（Marcel Kinsbourne）、凱薩琳・金斯勒（Katherine Kinzler）、丹尼爾・李文（Daniel Levin）、丹尼爾・列維廷（Daniel Levitin）、瑞恩・馬凱（Ryan McKay）、吉歐費・米勒、克里斯汀娜・歐

森（Kristina Olson）、卡提克・潘強納旦（Kartik Panchanathan）、大衛・皮薩羅（David Pizarro）、莫瑞・雷瑟（Murray Reiser）、羅莉・珊德斯、莎莉・撒特（Sally Satel）、麥可・舒茲（Michael Schultz）、馬克・薛思金（Mark Sheskin）、馬喬利・泰勒（Marjorie Taylor）、艾倫・溫樂（Ellen Winner）、查爾斯・韋索基（Charles Wysocki）以及莉莎・沈山（Lisa Zunshine）。我感謝所有出席我快樂的認知科學研討會的與會者，謝謝你們在會中的討論與辯論。我也要特別感謝那些勇敢的靈魂，你們對於本書的初稿提供廣泛的意見：布魯斯・胡德、葛雷果里・莫費（Gregory Murphy）、保羅・婁辛、艾利卡・史騰（Erica Stern）、安潔拉・逢・德・李波，與迪納・史可尼克・韋斯伯格。我相信我將後悔沒有採納他們所有的建議。

我的家人——在美國康乃迪克州、麻薩諸塞州、加拿大安大略省、薩斯喀徹溫省（Saskatchewan）——一直以來持續地支持著我。我的兒子，麥克思（Max）與薩克利（Zachary），如今已經長大到無法提供有趣的兒童發展研究資料，但好處是他們已經成為優秀、充滿見解，以及談吐幽默的人，而我也從無數次與他們討論本書的觀念而受益。我最要感謝的人，如同往常一樣，是我的夥伴、同僚，以及妻子凱倫・韋恩。我感謝她的一切想法、建議、支持，以及最重要的——她給我的快樂。

目錄

CONTENTS

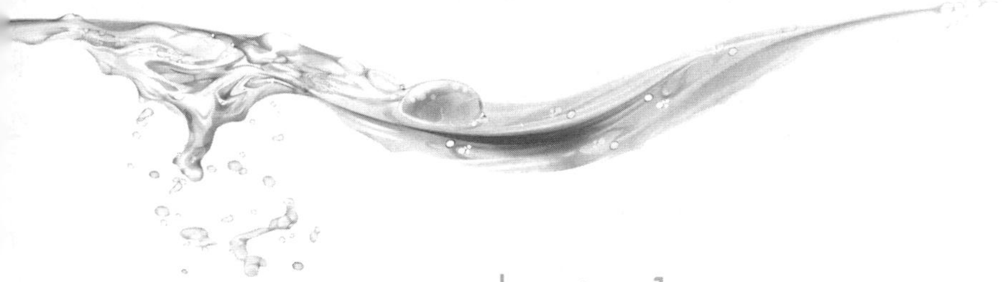

chapter 1

快樂的本質

天擇演化發展出餓與渴的驅力、性欲、好奇心、某些社會本能，但這些都不是物種的全貌……

希特勒的指定接班人賀曼・戈林（Hermann Goering）因違反人道罪名被起訴，在等候死刑的期間，他了解到他的快樂已經被奪走了。據當時一位觀察員描述，戈林「看起來就像初次發現這個世界上是有惡魔的」。

他說的惡魔就是荷蘭畫家暨藝術收藏家哈恩・范・米格倫（Han van Meegeren）。[1] 第二次世界大戰期間，戈林給了范・米格倫一百三十七幅畫作，約等於現今一千萬美元的價值。戈林換得維梅爾（Johannes Vermeer）的作品〈基督與賣淫的女人〉（*Christ with the Woman Taken in Adultery*）。戈林和他的上司（希特勒）一樣，是個走火入魔的藝術收藏家，而且已經掠奪歐洲大部分地區。可是他是一個超級維梅爾迷，這件作品是他最引以自豪的藝術交易。大戰結束後，聯軍拿走了這幅畫作，並從戈林身上得知賣家是誰。范・米格倫遭到逮捕，並且因為把荷蘭大師級畫作賣給一位納粹頭子的罪名而被起訴。這是會被處死的判國罪。

在監獄待了六個月之後，范・米格倫卻招供了另外一項罪行。他說，他賣給戈林的畫是贗品，不是維梅爾的畫。那幅畫是他自己畫出來的。范・米格倫說，他還畫了其他贗品，都偽裝成維梅爾的畫作，包括荷蘭最著名的畫作之一〈以馬忤斯的晚餐〉（*The Supper at Emmaus*）。

一開始，沒有人相信他。為了證明沒有說謊，他被要求再畫一幅「維梅爾」。接下來六個星期時間，在記者、攝影師、電視團隊的包圍下，加上大量的酒精與嗎啡（他唯一的工作方法），范・米格倫辦到了。正如荷蘭一份小報所載：「他為自己的命而畫！」他的作品是一幅仿維梅爾的畫，他把它稱為〈在聖殿裡講道的青年基督〉（*The Young Christ Teaching in the Temple*）。這幅畫作的品質顯然優於他賣給戈林的那幅畫。范・米格倫犯了刑責較輕的詐欺罪，被判一年有期徒刑。但是在尚未發監服刑前他就死了，還成了一位民間英雄——因為他讓納粹受騙上當。

本書後面會再談到范・米格倫，但是我們現在先來想想可憐的戈林，當他得知擁有的畫作是個贗品時會有什麼樣的感受。從許多方面來看，戈林都是個不尋常的人物——接近滑稽式的自我著迷、以幾近殘酷的冷漠來看待別人的苦難。一位曾經採訪他的人就形容他是個「友善的精神病患」——不過關於他受到的驚嚇，一點也不奇怪。你可能會有同樣的感受。這驚嚇有一部分來自受愚弄而產生的羞辱感。可是就算這件事完全不是背叛，只是個無心的過錯，發現真相這件事本身，就會消除某種程度的愉悅感。當你買下一幅你以為是維梅爾的畫作時，這個購買行為本身所帶來的歡喜（joy），有部分是基於你相信這副作品是他所畫。如果這個信念證明是錯的，快樂就會衰退。（反之如果你發現，自己買的複製畫或臨摹其實是原作，將會產生更多的快樂，它的價值也會因此攀升。這種案例也曾發生過。）

不只藝術品是如此。日常生活中各類物品所帶給我們的快樂，與我們對物品歷史的信念有關。想一想下列這些品項：

- 約翰・甘迺迪用過的量尺（在拍賣會上以四萬八千八百七十五美元賣出）
- 二〇〇八年一位伊拉克記者扔到小布希頭上的那隻鞋子（根據報導，一位沙烏地的百萬富翁出價一千萬美元）
- 另一件被扔的物品，馬克・麥奎爾（Mark McGwire）擊出第十七支全壘打的棒球（由加拿大企業家陶德・麥法蘭〔Todd McFarlane〕買下。他擁有的一顆名人棒球，是最好的精品收藏之一，價值三百萬美元）
- 第一位登上月球的人，阿姆斯壯（Neil Armstrong）的親筆簽名
- 戴安娜王妃新娘禮服的布樣
- 你的寶貝所穿的第一雙鞋
- 你的婚戒
- 兒童的泰迪熊

上述這些物品所擁有的價值都超越了它們的實用價值。並非人人都是收藏家，但是我認識的人當中，每個人至少都擁有一件對他們而言具有特別意義的物品，主要是因為物品的歷史——要不是物品與某個崇拜的人或重要事件有關，就是它與對當事人來說具

有特別意義的某個人有所關連。這個歷史往往看不見而且無法具體呈現，並且在大部分情況下，我們也無法分辨這個物品與其他看起來相似的物品之間的差異。但是只有它能讓我們快樂，另一件一模一樣的複製品，則讓我們無動於衷。本書要談的就是關於這種快樂奧妙。

動物的快樂，人類的快樂

有些快樂是比較容易解釋的。想想這個問題：我們為何喜歡喝水？為什麼解渴會讓我們那麼歡喜？為什麼長時期被剝奪水資源的人，感到非常痛苦？原因很簡單。動物需要水才能生存，所以牠們會主動找水。找到水的獎賞就是快樂。不這麼做的懲罰，就是痛苦。

這個答案既簡單又正確，但是它衍生另一個問題：事情為何如此簡單？滾石樂團有句歌詞是這樣唱的：我們總是無法得到我們想要的。要推翻這句歌詞一點也不費力，我們還是想要我們需要的。當然了，沒有人會認為這是一個幸運的偶然。有神論者會辯稱，快樂與生存之間的這種連結是透過神的介入才建立起來：神想要祂的受造物活得夠久，足以存活下來並多重繁衍子孫，所以把求水的欲望逐漸灌輸到他們心中。對達爾文主義者來說，快樂與生存之間的連結則是物競天擇的演化結果。遠古時期主動找水的生物，取代了沒有求水驅力的生物而存活下來。

更常見的是，演化論的觀點認為快樂的功能是驅使生物去行使某種對該物種有利的行為。就我看來，在解釋心智如何運作時，與有神論的觀點相比，這個理論解釋具有相當大的優勢。正如比較心理學家喬治・羅曼斯（George Romanes）[2]在一八八四年的觀察：「快樂與痛苦必定是以主體的附屬過程而演化開展，它們個別對有機體有利或是有害，以此目的或目標而演化開展，以致於有機體必須追求其中一方並且迴避另一方。」

從這個角度來看大部分非人類的快樂，是相當有道理的。當你在訓練你的寵物時，並不是用讀詩或帶牠去聽歌劇作為獎賞；你給的是達爾文式的獎勵，如好吃的寵物零食。人類之外的動物享受食物、水和性；牠們累的時候想休息；牠們會受情感撫慰。動物們喜愛演化生物學中所說牠們應該喜愛的東西。

那麼我們呢？人類也是動物，因此我們也享有其他物種擁有的許多種類的快樂。心理學家史迪芬・平克（Steven Pinker）[3]指出，當人們是「健康的、營養充足的、舒適的、安全的、富足的、博學的、受人尊敬的、非獨身的、被愛的」情況下，是最快樂的。在這個引句中蘊藏了不少的快樂，而我一點也不懷疑這些對於快樂的解釋，推論過程如同我們解釋黑猩猩、狗、鼠等動物的欲望一樣。尋求健康、食物、舒適等等，以及從達成這些目標所得到的快樂，都是有利於適應的。正如人類學家羅伯・阿德勒（Robert Ardrey）所言：「我們的祖先是直立人猿，而非落入凡間的天使。」[4]

但是這張清單還不完整。它遺漏了藝術、音樂、故事、感性的事物，以及宗教。或許這些並非人類所獨有。有一位靈長類動物研究者曾告訴過我，一些被俘的靈長類動物抱著安樂毯，此外也有報告指出，大象與黑猩猩能創造藝術（不過，如我稍後將討論到，對這個論點我是持疑的）。但無論如何，這些並非動物的尋常活動。它們完全是屬於我們人類這個物種領域內的活動。這一點需要解釋一下。

有個解釋方法是，我們人類獨有的快樂，並非從物競天擇或其他生物演化過程中產生出來。它們是文化的產物，也是人類所獨有，因為只有人類具有文化（或是至少具有足夠的文化意義）。

儘管文化論者有時受到演化論取向研究者的嚴厲責難，凡是為此種文化提案背書者，並非全然不知道或輕蔑演化生物學；他們並不懷疑人類，包括人類的大腦，經歷了演化。但他們不贊同人類演化出天生的思想或是專門化模組（specialized module）與智能器官。嚴格來說，人類是相當獨特的，我們擁有高度的適應能力，得以創造和學習在生物屬性上任意武斷的（arbitrary）想法、習慣與體驗。其他動物擁有本能，但是人類有聰明才智。

這個理論在某個程度上講得沒錯。沒有人能否認我們這個物種的智性靈活度，也無人否認文化能形塑並建構人類的快樂。如果你玩樂透中了一百萬美元，你可能歡呼不已，但是金錢的概念來自人類歷史，並非物種的複製與選擇。的確，即便是那些我們和其他動物所共同享有的快樂，如食物和性，在各個社會裡也以不同方式顯現。各國都有自己的飲食，自己的性儀式，甚至自己的色情作品形式，這絕對不是因為不同國家的人在基因上不同的緣故。

這樣的解釋可能會讓人想從一種更往文化論靠攏的角度來看，儘管天擇在形塑我們喜歡的事物上有些影響，像是天擇演化發展出餓與渴的驅力、性欲、好奇心、某些社會本能，但這些都不是物種的全貌。批評家路易斯・麥南德（Louis Menand）[5]認為：「生命的每一種表徵都有生物的共通基礎。也就是說，除非在生物學上是有可能的，否則該種生命表徵不會存在。但除此之外，一切並無規則可循。」

我在隨後章節將會說明，快樂的運作方式並非如此。多數的快樂來自於早期的發展，它們並非通過社會化而獲得。所有人類也都共同享有這些快樂。我們見到的差異只是在一個普遍主題下的多樣性呈現而已。繪畫是一種文化的發明，但是對於藝術的熱愛則不然。不同社會有其不同故事，但是這些故事都有共通的劇情結構。對食物與性的品味也有差異——但是並沒有那麼大。

我們可以想像，假如快樂在不同文化間有很大差異，比如有些文化的人把排泄物抹在食物上來改善味道，但是對鹽、糖以及辣椒則沒有什麼興趣；或是有些文化的人花大把錢在贗品上，對原作卻棄如敝屣；或是成群結隊的人們在旋律之前的靜默、畏縮。但是我們都知道這些是小說情節而非事實。

總之，人類的快樂種類在一開始就是固定的，我們無法為這個種類清單添加什麼。這是個聽起來相當瘋狂的強硬主張，因為人們當然有可能把新的快樂引進這個世界，就像引進各種發明，如：電視機、巧克力、電動遊戲、古柯鹼、人造陰莖、蒸氣浴、猜字謎遊戲、電視實境秀節目、小說等等。但是我認為這些事物之所以讓人感到愉快，是因為他們並非那麼的新。它們所連接的快樂——以邏輯上直接的方式——是人類早已經擁有的。比利時巧克力與燒烤肉排都是現代的發明，可是它們訴求的是我們人類早先對於糖與脂肪的喜愛。一直以來都有新的音樂形式被創造出來，但是一個生物如果缺乏接受欣賞旋律的生理構造，絕對發展不出喜愛任何一種音樂的能力，音樂將永遠都是噪音而已。

本質

許多人類重要的快樂是普世皆然的，但是它們不具備生物的適應性。它們是人類為了其他目的而從心智系統發展出來的副產品。

就某些快樂來說，這是一個明顯的事實。比如，現在有許多人都喜歡喝咖啡，但這並非因為過去愛咖啡的人其後代子孫多於恨咖啡的人。這是因為咖啡是一種刺激品，我們往往喜歡刺激。這個例子很清楚，但是我想副產品的說法有助於解釋一些我們有興趣了解卻又較難解開的謎團。我要探討的提議就是，這些快樂的出現是作為我們可稱為「本質主義的」心性之意外副產品。至少有部分快樂的出現是如此。

沙林格（J. D. Salinger）的中篇小說可作為說明本質主義（Essentialism）的例子。他以一個討喜的人物沈摩爾（Seymour）[6]對小嬰孩說一個道家故事，作為小說的開頭。故事中秦穆公請友人伯樂幫他尋覓一位能鑑別天下好馬的人。伯樂推薦一位專家，秦穆公即雇用了他。不久這位專家皋帶了消息回來，已經幫秦穆公找到符合條件的馬。他形容這是一匹暗褐色的牝馬。秦穆公買下皋推薦的這匹馬之後，卻驚訝地發現那是一匹炭黑色的種馬。

秦穆公大怒，對伯樂說這位所謂的專家是個蠢蛋，笨到分辨不出馬的顏色和性別。

然而，這個消息卻讓伯樂無比興奮：

「他真的已經達到這種境界了嗎？」他大叫。「啊，那麼他更勝一萬個我。我們之間無法比較。皋相中的是馬的靈性。在確定這個本質時，他就忘了外在的細節；他注意的是內在的特質，未考慮外在條件。他看他想要看的，而不是他不想要看的。他看的是他應該要看到的，所以忽略那些他不在意的部分。」

結果證明這是一匹舉世無雙的好馬。

這是一個講本質主義[7]的故事，這個概念是指事物具有一種底層的實相或真實的本性，無法讓人直接看到，而真正重要的即是這種隱藏的本性。本質主義的古典定義是由約翰・洛克（John Locke）[8]提出：「任何事物的絕對存有，在此它是即所是。也因此是這個事物真正內在的，但一般來說……未知的構造，或許可稱其為本質，而事物可探索的特質倚賴這個本質。」

這是理解這個世界某些面向的一種自然方式。想一下黃金。我們考慮黃金，花錢買黃金，談論黃金，當我們做這些事時，我們所想所談的並不是一個種類裡剛好長得相像的物品。如果你把一塊磚漆成金黃色，它也不是黃金磚。畢竟，煉金術是一件嚴肅的事。如果你想知道某件東西是不是黃金，你得問專家，或許找一位化學家進行正確的測試，以判定其原子結構。

試想一下老虎。大部分的人並不知道究竟是什麼讓老虎成為老虎，但是不會有人認為老虎之所以為老虎只是在於牠的外觀。如果我們呈現一系列的照片，讓一隻老虎逐漸變成獅子的樣子，即使是小孩子也知道那還是一隻老虎。更確切地說，老虎之所以為老虎這件事是與基因、內部器官等等有關，這是動物看不見的面向，無法透過轉變外表樣貌而加以改變。[9]

在這些例子中我們看見人們尋求科學的解答，而這也是有道理的。科學家處理的事，是確定事物的隱藏本質。他們讓我們知道，事物不只是表相而已；玻璃只是一種液體，蜂鳥和獵鷹是同綱，但無論是蜂鳥或獵鷹都與蝙蝠分屬不同綱，而人類與黑猩猩的基因關係比海豚和鮭魚間的關係要更為緊密。不過，你不一定要知道科學才能成為一位本質主義者。人人都懂某件事物或許看起來像是X，但其實是Y；他們知道人可能偽裝，或是可以讓食物經過調製後看起來像別的東西。因此，人們常常都會問：那究竟是什麼？

社會團體經常被當成是有本質的。人工器物[10]也是，像是人們所製造的物品如工具或武器等——不過，此處的本質並非物質的，而是與歷史及意向（intention）有關。如果你想知道一件來自不同年代或國家的陌生製品到底是什麼，你不會問一個化學家，你會去找一位考古學家、人類學家或歷史學家。

本質主義滲透在我們的語言裡。[11]要了解這一點，想一想非本質主義者的語言會像什麼樣子。喬治・路易・波赫士（Jorge Luis Borges）所著的中國百科全書《善知識的天朝百貨商場》（*The Celestial Emporium of Benevolent Knowledge*）把動物分成數類，包括：

屬於皇帝的
遠看像蒼蠅的
剛打破花瓶的[12]

這就聰明了……因為這些分類實在夠奇怪。「遠看像蒼蠅的」歸類方式在邏輯上是可行的，但是它當然不是我們理解這個世界的方式。沒有哪一種語言會有一個詞彙來代表這樣一個種類，因為它太過草率了。真實的詞彙捕捉的是深層的東西；它們所指涉的事物類別應當共同享有深層屬性。正如演化理論者史帝芬・傑・高德（Stephen Jay Gould）[13]所言：分類系統的存在並非用來避免混亂，它們是「關於自然律基礎的理論」。

這裡談到的語言大大影響真實的世界，尤其是當我們談論人的時候。我曾經和有自閉症的兒童一起工作過，當時經常被提醒要稱他們是「具有自閉症狀的兒童」(children with autism）而不是「自閉兒」（autistics）——這個論調的重點在於，這些人除了這個失調症狀之外，還有其他身為人的許多面向。自閉兒一詞本質主義化了；「具有——的兒童」這個古怪的片語則不然。[14]

在這個例子裡，要挖苦其中所謂的政治是否正確，是一件很容易的事，但是我想說的是名詞確實承載了本質意義。電影《記憶拼圖》（*Memento*）中，李奧納多・薛佰（Leonard Shelby）說：「我不是殺手。我只是一個想要把事情處理好的人。」一說到此，薛佰知道自己殺了很多人，但是這一點並無法構成他是個殺手，因為一位殺手並不是某個殺了人的人；要成為一位殺手必須要是某一種人，有某種深層特性，而薛佰並不承認自己是這樣的人。棒球選手強・駱克（John Rocker）被批評在一次訪談當中說了一個帶有種族主義的意見，稍後他說自己並不是個種族主義者：「你在大聯盟球場上打出一支全壘打，並不代表你就是個全壘打王……講了一次帶有種族主義的意見並不讓你成為一個種族主義者。」[15]

有一個較為溫和的例子，我前陣子和某位朋友共進晚餐時，她隨口說她從不吃肉。

但稍後當我以素食者來稱呼她時，她卻顯得相當不悅，「我對素食可不狂熱，」她說：「我只是不吃肉而已。」她認為自己的飲食選擇是一種偶然特性，不帶有本質特性。

本質主義的問題

本質主義經常是透過理性運作與具適應性的：如果你只是注意事情的表象，你就錯了。如果某人考察動植物的世界，卻不明白某些種類的動物享有深層的共通性——諸如某些種類動物的溫馴或是某些種類植物的療效——壽命可能無法像具本質主義眼光的人一樣長。現代的科學預測以及科學解釋的勝利，證明了有一個較深層實相的預設是正確的。[16]

但是本質主義有時候也為我們帶來困惑。社會心理學家亨利・泰吉非（Henri Tajfel）開啟了一條針對小團體（minimal groups）[17]的古典研究路線。他發現如果你以隨機分配的方式把人分成不同團體——在某些研究中，是用擲銅板方式——人們不只將會喜愛他所屬的團體，而且也會相信各團體之間有極大的差異，甚至認為自己的團體以客觀角度來看是較優越的。這種本質主義的偏誤，引導我們去看深層的共通性，即使沒有任何共通性存在時也是如此。

於是，當團體間差異很明顯時，如臉型或膚色不同，我們並不會把這些當成是隨意的變化而置之不理，我們認為這些差異很重要。在某個程度上，它們是很重要。如果你已知某人的長相——比如，他的膚色——同時你也準備好要猜測許多關於他外表之外的事實，比如他的收入、宗教、所屬政黨等等。（當我寫到這裡時，我猜擁有黑膚色的美國人比起淡膚色的美國人更可能投票給民主黨）。就大範圍而言，種族還是重要的，因為來自不同國家的人們長得不同，定居在不同社區，也擁有不同的歷史。

但是我們的本質主義不僅止於此，還要更進一步；人們傾向於從生物學的角度來思考人類團體，包括種族在內。心理學家蘇珊・葛曼（Susan Gelman）說，有人宣稱：「我不會和一個不是粒腺體的猶太人（mitochondrial Jew）[18]交往約會。」粒腺體ＤＮＡ是由母系傳下來的，這也是一種陳述猶太人定義的聰明方式，它卻也正好捕捉到我們是如何從生物學的角度來思考人類團體。在ＤＮＡ發明以前，人類一向是以血液的概念定義人種，如一滴血就足以說明某人是非裔。

生物學的本質主義對種族的看法並非全然錯誤。瑞典人比日本人高大，後者又高於侏儒，這主要是基因的關係。當我們把自己歸於這個或那個類別時，就算是最自由而且絕對反對種族主義者也能理解，這是一個關於生物起源的問題。心理學家法蘭西斯可・

季爾懷特（Francisco Gil-White）就指出，當某人說她是半個愛爾蘭人[19]、四分之一義大利人，以及四分之一的墨西哥人時，她並非談論自己駕馭不同文化的程度或是她決定要和那些團體建立關係——她談的是自己祖父母的種族背景。

但是這種分類並不像有些人所想那樣真實。例如，基因並無法決定一個人是不是猶太人。

一個成年人可以透過改宗而成為猶太人；一個兒童可以藉由被一個猶太人家庭領養而成為猶太人。我的兒女有一位猶太人父親及一位非猶太人母親——他們是猶太人、半個猶太人或完全不是猶太人呢？這個問題的答案屬於政治或神學範疇，而不是科學。這是一個明顯的例子，而類似的例子無所不在。歐巴馬總統通常被描述為非裔美人或是黑人，即使他的父母一方是典型的黑人，另一方是典型的白人。在這樣的社會脈絡下，其黑人色彩勝過了白人。更一般來說，諸如「黑人」這樣的範疇，就包括了來自不同團體的人，像是從海地人到澳洲原住民。他們被歸在一起，只是因為他們具有在字面意義上來說一層皮深的共通特性。要說他們共同享有一種深層的關係，是一種胡說八道的本質主義。

本質兒童

蘇珊・葛曼的好書《本質兒童》（*The Essential Child*）[20]一書開頭提到自己小時候的故事。她在四、五歲的時候曾問母親：男孩和女孩有什麼不同。她的母親回答：「男孩有陰莖，女孩沒有。」葛曼難以置信，她問道：「就這樣而已嗎？」既然男孩和女孩在穿著打扮、行為舉止以及玩的遊戲方面有相當大的差異，她想到的是更有趣、更深一層的答案。她的這個故事重點是要指出，她自己是一個本質主義的兒童；這個故事只是一個序曲，她要論證的是所有兒童都是本質主義者。

無疑在心理學領域裡，這是個相當具有爭議性的主張。目前主流的看法是由瑞士發展心理學家尚・皮亞傑（Jean Piaget）所提出，也是今日一些著名學者所擁護的理論，即兒童是從一種相當表面的理解來開始認識這個世界，僅限於他們所見、所聽，以及所觸摸的事物。從這個觀點來看，本質主義有其歷史與文化的淵源。在物理學與生物學領域，本質主義是一種探索，先是由哲學家完成知識上的成就，後由科學家接手。大部分的人則是從未想過這個問題。哲學家傑瑞・弗德（Jerry Foder）[21]說：「荷馬一定完全不曉得水有一種看不見的本質，或說微觀結構的特徵（或其他事物也是）。」我們則是在學校學到這些知識。在種族、性以及種姓體制（caste）的領域，本質主義是一種迷思，由掌握權勢者所發明，用來說服人民這些社會類屬（social categories）是天生而且不可改變的。

我們離本質主義起源的完整理論還差得很遠。但是我認為至今我提出的證據已經很充足，可以證明大部分的本質主義並沒有文化的起源。本質主義是具有人類普遍性的（放諸四海皆準的）。荷馬或許真的認為水是有本質的。

這方面的多數相關研究都來自發展心理學。我們都曉得就算是小嬰兒也能夠根據事物的形狀來猜測看不見的屬性。如果九個月大的嬰兒發現，當你觸摸一個盒子，它會發出聲音，他們就會期望其他類似形狀的盒子也發出相同的聲音。大一點的兒童做得更多；他們能夠根據事物所屬的類別加以通則化（歸納）。[22]在一項研究中，研究人員讓三歲兒童看一張知更鳥的照片，同時告訴他們這種鳥有一種看不見的屬性，如血液內有一種化學物質等。然後再給他們看另外兩張圖片：一張是形狀類似知更鳥但是屬於不同種類的動物，如蝙蝠；另外一張則是外形不同但是與知更鳥屬於同一種類，如紅鶴。哪一隻動物具有看不見的屬性呢？兒童傾向以類別為基礎來進行歸納而選擇紅鶴。[23]這項研究並沒有顯示兒童是百分百的本質主義者，反而呈現出兒童對於表相之外還有深層的事物是敏感的。其他研究使用修改後的程序，以不到兩歲的幼童為研究對象，也呈現相同的研究結果。[24]

其他實驗發現，學齡前兒童相信如果你移除一隻狗的內部（血液和骨頭），牠就不再是一隻狗了；但是如果移除狗的外在特徵，牠就還是一隻狗。[25]而且兒童也比較可能給予共享深層屬性（內部有相同東西）的事物一個共同的名字，[26]相對於那些只共享有表面屬性（住在同一座動物園或同一個籠子裡）的事物而言。

我在耶魯的同事法蘭克・凱爾（Frank Keil）[27]的研究對兒童本質主義有一些更驚人的證實。他給兒童看一系列的轉變圖片。一隻豪豬經過手術後變得像一株仙人掌，一隻老虎披著獅子皮，一隻真的狗改造後像個玩具。這個研究的精闢之處在於它發現了兒童不接受這種劇烈的轉變是類別的改變——不管外表看起來像什麼，牠還是一隻豪豬、一隻老虎，或一隻狗。只有當兒童被告知，轉變是發生在內部——這些生物的內臟改變了——他們才會相信，這些轉變導致了類別的真正改變。

如同成人一樣，學齡前兒童對於共享相同深層隱藏屬性的事物，也會有一種名字上的期待。蘇珊・葛曼曾經給她十三個月大的兒子看她襯衫上的一個釦子，並且說「鈕釦」（button）。然後他就開始要按它，儘管它看起來不太像他電子玩具上的按鈕，但他已經知道它屬於什麼類別，所以也就會做出對按鈕做的事。對大一點的兒童來說，你會在他們身上見到猶如成人一樣的反應，也就是他們對名詞的力量同樣有一種微妙的領會。一個四歲兒童在描述一個暴力的玩伴時，就說對了：「加百利不只打我！他也打了其他小孩！他是一個傷害者（hurter）！對不對，媽媽？他是個傷害者！」[28]這個兒童假設式地強調這種行為反映出加百利生性中更深層的一面。而在他們的實驗研究中，葛曼和蓋兒・賀門（Gail Heyman）[29]對五歲兒童說，有個兒童名叫蘿斯，她常吃紅蘿蔔，然後對其中一半的兒童多加了一句：「她是一個吃紅蘿蔔者（carrot-eater）。」這個名字具有一種影響力；它讓那些兒童把蘿斯想成是一個永久吃紅蘿蔔的人——她在未來會繼續吃紅蘿蔔，即使她的父母不鼓勵她吃。吃紅蘿蔔是蘿斯生性的一部分。

有一些學者認為，兒童本質主義是從一種只應用在植物與動物的專門化體系中出現的。[30]但是在我的研究中，我發現兒童對於日常人工器物也是非常本質主義的，當他們得知某個名字是用來指稱一個人類所做的新器物，就會用同樣的名字來稱呼其他在同樣意圖下被創造出來的東西，而不管它們看起來像什麼。[31]

此外，兒童對於人的類別也是持本質主義的。事實上，有關本質主義最強而有力的例子之一就是關於兩性之間的差異。在尚未學習生理學、遺傳學、演化論或任何其他科學之前，兒童認為有某種內在且看不見的東西讓男孩與女孩有所區別。這種本質主義可以很直截了當，比如當一個女孩解釋為何男孩會去釣魚而不是玩化妝品在臉上塗抹：「因為那就是男孩的本能。」[32]而七歲大的兒童傾向於擁護主張如「和女孩相比，男孩的內臟裝著不同的東西」、「因為上帝做了這樣的安排」（生物的本質暨靈性的本質）。只有在後來的發展中，兒童才接受文化的解釋，諸如：「因為我們受到的教養方式不同。」你必須要被社會化才能思考社會化。[33]

兒童本質主義的研究還在持續，但是有個共識已經浮現，那就是兒童生來就是個本質主義者。這個本質主義的範圍很廣，我們認為動物、器物以及不同類型的人都有本質。

生命力

到目前為止，我已經描述本質主義是一種有關類別的思考方式。就是這個概念讓我們認為，每一隻老虎內部都有一種更深層的東西，讓老虎成為老虎。不過現在讓我們來想一想這個看法，每個人內部都有一個本質讓一個人顯得特別：不是老虎相對於獅子，而是這隻老虎相對於那隻老虎。

有能力去思考特定的個體，是心智生命很重要的一個面向，這種思考能力也擴展到最無趣的事情上。哲學家丹尼爾・德內特（Daniel Dennett）[34]就提供了一個例子，有個人從紐約帶著一分錢到西班牙去，然後衝動地把它投入一個噴泉內。那一分錢如今與其他硬幣一起躺在噴泉裡，而他絕不可能從眾多硬幣中找出他的那一分錢。可是，他還是充滿感謝，因為他知道噴泉其中的一分錢是他的。如果他要從噴泉內撈出一分錢來，這一分錢要不是他從紐約帶來的那一枚，就是別人的一分錢。

思考個體是一種很重要的認知能力，但這不是本質主義。你能理解每一分錢有自己的歷史，但這不代表它們還包含更多其他東西，可以讓人視為是本質的東西。

但是我們的確認為某些個體有自己的本質。在某個人或物與人具有緊密關係的情況下，尤其如此。在許多文化中，人們是以某種看不見的力量來理解這些本質。心理學家稻垣佳世子（Kayoko Inagaki）和波多野余夫（Giyoo Hatano）[35]就論述，兒童是從作為「活力論者」（vitalist）開始的——他們假定生物（living beings）都具有一種由自身內在散發出來的力量。此種信仰具有跨社會的普遍性，如：「氣」（chi）、「気」（ki）、生命的原動力（elan vital）、瑪那（mana）、生命力（life force）——或「本質」。它被看成是人的一部分，有些人的生命力比其他人多一些，它也可以從人傳遞到物體然後再傳回去。人類學家艾馬・科恩告訴我，他對南美巴西宗教（Afro-Brazilian）的Axe（發音為阿洩）的研究：[36]

和我聊天的人解釋了小東西、器物及日常生活用品如何透過傳遞阿洩的儀式而產生神聖特性。所有人身上都有這種力量，程度不一，而且透過參與儀式就可以「添加」這種力量。有它就有力量。例如，當你生病的時候，你應當找某個擁有較多阿洩的人來治療你。而因為你無法只從人的外表看出誰多誰少，如果儀式失效，你就可能會歸咎於幫你治療者的阿洩太弱。有些宗教屋擁有較多的阿洩，南美巴西宗教師認為當你置身於一個阿洩比較強的屋子時，你就會感覺好一些。

這是一個生命力如何牽連宗教儀式的例子，但是它也出現在我們的世俗生活內。我們與特別的人保持聯絡。一個不起眼的小東西一旦被某個特別人士摸過就產生價值，這就是為什麼有人花大錢買前總統甘迺迪的量尺。的確，我在後面有一章將提到，我和同僚研究發現人們會為了他們景仰的人穿過的一件毛衣（比如喬治・克隆尼所有）而花大錢——但是如果這件衣服被消毒處理過，那麼價格就會下跌，因為這個舉動把本質清除了。[37]

再來還有與某人的實際接觸。有時候只是被某個地位崇高者看一眼，就有影響效果。在一次有趣的討論中，作家桂卿・魯賓（Gretchen Rubin）把這種經驗連結到印度哲學中達山（Darshan）的概念。達山是梵文專有名詞，意指目光（sight）。達山可能會耗盡被認為正在散發能量的人的精力；所以有些名人在聘請員工時會與他們簽約，明文禁止員工與他們有眼神的接觸。[38]

比眼神好一點的是拍肩膀，比拍肩更好的則是握手。諸如「我一星期都不要洗手」的說法，傳達的概念就是在你的手中有那位名人的殘餘能量，而你想要留著它。比握手再親密一點的則是性行為，這也就是為什麼有權有勢者很難找到性伴侶的諸多原因之一。

不過，你可以從身體上得到比性還多的親密感。想想如果你無意間偷聽到查爾斯王子在電話中表達他的欲望，想要化身為他情婦的月經棉條[39]——這個欲望既恐怖又超級浪漫。有一種儀式是瓜分某個特別的人的身體，然後吃下去，希望你能因此得到那個人的力量；我們會在下一章討論這個儀式。還有就是器官移植，其中一個人會得到另一個人的一部分，這是一種很特殊的親密行動——倫理學家里昂・卡斯（Leon Kass）曾經描述這是「一種高尚的食人行為」。[40]的確，許多人相信器官移植的接受者呈現出捐贈者的屬性。[41]

我們本章一開始談的類別本質主義與此處所談的生命力本質主義，兩者是不同的：類別的本質被當成永久且不變的，然而生命力的本質卻是可以被附加、減少以及傳遞。兩者的共通點在於它們都是看不見的，它們可以決定一個物體是什麼，它們皆被認為非常重要。

尋找第十四世達賴喇嘛的故事，從見證人的陳述開始，這是一個說明本質主義有多重要的例子。[42]故事發生在一個特殊的兩歲小男孩所居住的遙遠村落。一群科層制官員對小男孩展開測試，帶著第十三世達賴喇嘛晚年的隨身物，加上一套類似的仿造品。當他們把一串真的黑色唸珠及一串仿造的唸珠同時放在小男孩面前時，男孩拿起了真的那一串，並且把它套在自己脖子上。當他們把一串真一串假的黃色唸珠放在男孩面前時，他再次拿起真的那一串。當面對真假兩根手杖時，男孩先是挑了錯誤的那一根手杖，但在仔細端詳後，就放了回去，然後選了那根屬於達賴的手杖。接著他又從三條被子中正確地挑出真的那一條。在最後的測試中，他們給男孩兩個手鼓，一個是相當普通的鼓（真實的），一個則是非常美麗的雙頭皮鼓（damaru），比原始的手鼓更加迷人。也就是說，男孩被迫做選擇：一個是無趣卻具有本質屬性的物體，另一個則是非常吸引人且令人分神之物。紀錄上是這麼寫的：「男孩毫不遲疑地拿起了手鼓。他右手拿著鼓，擊鼓時臉上露著笑容；他繞著圈子移動，這樣他的眼神才能與我們每個人近距離交會。如此一來，男孩展現出他的神祕力量，該力量足以揭露最奧祕的現象。」[43]

另一位觀察者把這種辨別能力描述為一種「超人類智慧」（super-human intelligence）的徵兆（這裡要注意的是，使用真品的意義在於，男孩是無法使用他的前世記憶來成功通過測試的；男孩需要某種特別能力以察覺看不見的本質。）此處的重點並不在於這些真品確實充滿第十三世達賴喇嘛的本質；重要的是，西藏官員相信他們建構了一個程序，並預設看不見的本質存在——此一本質需要特別能力才看得到——他們才能使用這個程序來做重大決定。這個男孩後來成為第十四世達賴喇嘛，丹增嘉措（Tenzin Gyatso）。

我們比表面看上去更聰明

在本書隨後的幾章，我將論證我們從許多事物和活動中得到的快樂，有部分是基於我們見到這些事物的本質。我們的本質主義並非只是一種冷靜理解實相的方式；它是引起我們熱情、愛好以及欲望的源頭。

心理學界有關本質主義的研究一直在進行中，不同的本質概念已經有人探討。有類別本質主義與生命力本質主義；還有自然界如動、植物符合自然法則的本質，以及人造物如工具及藝術品之類的心理本質。我用本質主義來探討快樂，則是相應之下一種較廣的延伸。有時我探討的快樂是屬於標準種類的類別本質主義，如對性的討論，結果將與男性、女性和處女等類別有高度相關。有時候本質是類似看不見的生命力，比如當我們討論某些商品是如何獲得其價值時。有時候我們會把重點放在人類推想的內在結構，如我們對瓶裝水的愛好；有時候會討論人類歷史，如我們對繪畫以及故事的經驗。本書結尾將討論一種更一般的直覺，有一種底層實相超越了日常經驗，這種直覺可能是我們同時從宗教活動與科學調查中得到快樂的基礎。

無可否認，對快樂的討論是一項複雜的挑戰。就這樣吧：人本來就是複雜的。我們時常忽略這種複雜性。我們心理的某些事實是如此立即而又明顯，以致於我們不認為需要對它們做任何的解釋。[44]威廉・詹姆斯（William James）[45]在一八九〇年就以其獨特的口才表達出這個想法：

> 只有玄學家會有這類問題：當我們快樂的時候，為何微笑而不是愁容滿面？為何我們無法像對一個朋友談天那樣對一群人說話？為何某一個特別的少女會讓我們神魂顛倒？一般人只能說：「我們當然微笑了；我們面對群眾時當然會心跳加快；當然是因為我們愛那位少女。」

詹姆斯繼續解釋，這些感受是如何成為動物偽裝的偶然屬性：

如此一來，或許，每隻動物都對某特別事物有所感受，在某種對象面前就有某種行為傾向……對公獅而言，這個對象就是生來被愛的母獅；對公熊而言，則是母熊。對於孵蛋的母雞而言，則或許很難想像天下有哪個生物不認為那一窩蛋是最迷人、最珍貴，而且百孵不厭的東西了。

在快樂這個情緒上，我們傾向把自己的反應歸因到事物屬性本身。當然我們是因為少女而說不出話來——她看起來是如此迷人，她怎麼可能不讓我們神魂顛倒呢？當然我們會為一個小嬰孩著迷——他是如此可愛。

快樂的深度是隱藏的。人們堅持認為紅酒帶給他們快樂是因為它的味道和香味；音樂讓人快樂是因為它的旋律；或者，電影值得一看是因為有某人的演出。這些當然都是事實……但只有部分是真的。在每一個例子裡，快樂是受到深層因素影響，包括當事人認為讓他或她產生快樂的該事物其真正本質是什麼。

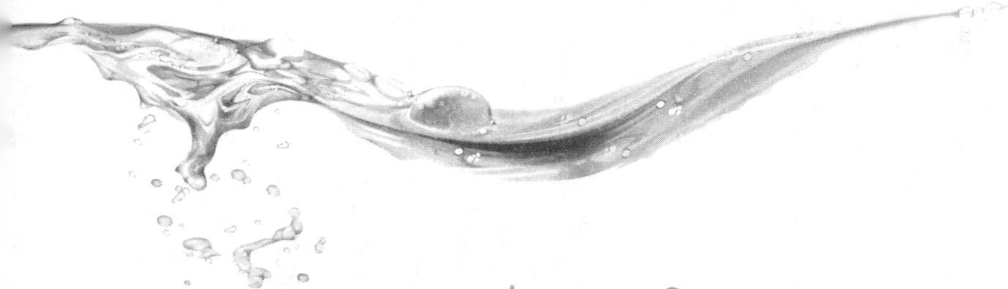

chapter 2

吃喝的快樂

人類的感官能力通常受信念影響。從痛苦而來的快樂屬於人類獨有。人類是唯一會喜歡辣醬的動物。

在二〇〇三年時，一位四十二歲的電腦專家阿敏‧梅委斯（Armin Meiwes），上網尋找一個對象，供他殺害並進食。在幾個訪談之後，他選了伯恩‧布崙迪（Bernd Brandes）。兩個人約定某個晚上，要在梅委斯位於德國的一個小鎮農舍見面。他們聊了一會兒，布崙迪也吞下好幾顆安眠藥，喝了半瓶的杜松子酒。接著，梅委斯就砍下布崙迪的陰莖，用橄欖油煎炸。兩個人嘗試要把它吃下肚，但是不成功。梅委斯於是讀了一本星際大戰小說，而布崙迪則大量失血躺在浴池裡。幾個小時過後，梅委斯先吻了布崙迪一下，再用一把廚房菜刀刺進布崙迪頸部，把他殺死。[1]

然後梅委斯把布崙迪的屍體切塊，放進冷凍櫃裡保存，就放在披薩旁邊。接下來幾週，他陸續解凍布崙迪的屍塊，並用橄欖油與蒜頭烹煮，就這樣吞食了大約四十四磅屍塊。他用自己的上等餐具，點了一些蠟燭，再用一瓶南非紅酒搭配他的餐點。

這個情節有幾點很有意思。其一，儘管這個行為是經由雙方同意的，許多人還是認為梅委斯大錯特錯。他先是被判定過失殺人，稍後當檢方提出上訴後，他被判謀殺罪。這清楚顯示儘管食人行為是在雙方同意下進行，人們仍覺得這是一種道德淪喪的舉動——包括自由主義傾向的人士在內，此派人士相信人的自主性與自由，他們通常同意只要在不侵犯他人意志的情況下，人們有隨意做任何事的自由。這個例子可以提供我們一些在道德推理與道德原則方面的洞見。

此外，關於這個案例還有一個臨床的問題，那就是梅委斯為什麼會產生食人行為。正如我們這個時代的人都料想得到的，他有自己的心理故事——他被父親棄養，他很孤單，幻想自己有個弟弟，只要把弟弟吃了他就可以永遠留在自己身邊。這種透過消費而來的忠誠觀念，似乎是此類案例的共通主題。有位專家對美國的食人魔殺手傑弗瑞・達莫（Jeffery Dahmer）的案子提出類似的解釋，認為達莫把他的情人們吃掉，是要她們永遠離不開他。[2]（而布崙迪呢？我可以理解他想要死，但是誰想要被一個打算吃掉你身體的陌生人殺死呢？有興趣的不只布崙迪一人——大約有兩百個人在網路上回應梅委斯的廣告。這也是梅委斯被逮捕的過程；有個學生上網瀏覽，監看了這些討論，然後通知當局。）

這個故事和日常飲食的快樂有什麼關係呢？人食人的社會很少見，以致於有人懷疑這樣的社會是否曾經存在過。和現實生活相比，食人殺手在恐怖電影裡比較常見。當達莫在獄中受訪時，他直接了當地問醫生，世界上是否還有其他人像他一樣。[3]

有兩個理由讓我們在討論食物的快樂時得從食人行為談起。首先，它提供一個相當有用的方式來探究這個問題：為何有些東西好吃，其他東西不好吃。探索我們為何覺得人類不屬於食物範疇，這問題能讓我們洞悉比較尋常的喜歡和不喜歡。其次，食人的心理特質反應的是一般人對於自己所吃食物的想法，只是較為極端。它描繪的是最尖銳形式的本質主義信仰。

藉著吃掉布崙迪，梅委斯相信他吃的不只是蛋白質與脂肪而已；他正在食用布崙迪的本質。他堅決認為吃人有心理上的益處。吃人之後，他感到更為穩定，並且和布崙迪的某些特質結合在一起：「每咬一口，我對他的記憶就變得更為強烈。」布崙迪的英語流利，而梅委斯宣稱自從吃了他之後，自己的英文程度進步了。這種和一個人的本質結合的概念，在一首歌裡表現無遺。這首歌是德國某個重金屬樂團因受這個食人事件啟發靈感而來的創作。副歌起頭是：「因為你就是你吃的東西。」

吹毛求疵

當我最初對飲食的快樂產生興趣時，我以為生理學及演化生物學可以解釋我們為何喜歡這種食物而不喜歡那種食物。根據味覺及嗅覺的研究以及感官解剖學，我們就得以解釋人類吃什麼食物。我們應當能夠根據我們身體最需要什麼，以及我們這個物種演化所處的環境，預測我們喜歡的食物。我們相信人類對藝術與音樂的品味是文化、性格、經驗與運氣的結果，但是對食物的品嚐是生物學的事情，由我們物種的歷史所形塑。

這個說法並不全錯。根深柢固的偏好確實存在。人類天生就喜愛甜食，因為糖是熱量很好的來源，而我們不喜歡苦的東西，因為苦是有毒的徵兆。某些食物如辣椒，會產生令人不悅的「燒灼」感；某些文化中，媽媽們把辣椒抹在她們的胸部藉此開始斷奶，把辣椒醬注入小孩嘴裡聽起來很殘忍。[4]

但是人類世界大概就是這樣。正如心理學家保羅・婁辛（Paul Rozin）指出，我們是雜食動物[5]——任何能夠消化的東西我們都吃。但和其他動物相比，人類飲食還是有受到一些限制。

人類間的差異呢？有些差異是遺傳基因可以解釋的。世界上大多數人都有乳糖不耐症（lactose intolerant）；只有少數人能承受牛奶乳糖。有個迷人的發現是，人類的舌頭不只一種——大約有四分之一的人有高密度感受器，琳達・巴多夏（Linda Bartoshuk）被稱之為超級味蕾者（supertasters）。[6]有個方法讓你測試自己是不是其中一份子，就是把藍色的食用色素塗在舌頭上，然後請一個朋友數數你舌頭上還是粉紅色的味蕾數目。你的蕈狀乳突上佈滿著味蕾，它們不會吸收顏色。有一個簡單的測試方法，你可以拿幾張塗有丙硫氧嘧啶（6-n-propylthiouracil [PROP]）的紙（網路上有）放進嘴裡。如果它嚐起來像紙，你和大部分人一樣；如果嚐起來很不愉快而且有苦味，恭喜，你就是個超級味蕾者！

超級味蕾者可能比較不喜歡威士忌和黑咖啡、球芽甘藍和高麗菜。他們尤其對於葡萄柚的酸味和燒焦的辣椒粉特別敏感。但是儘管超級味蕾者的狀態與食物偏好有關，此種預測仍不盡理想。我的妻子是個超級味蕾，可預料她不喜歡啤酒和低卡飲料，但是她喜歡苦味蔬菜如球花甘藍（broccoli rabe）。令人驚訝的是，要根據生理學來讀出味道偏好是有困難的。

幾年前，在加州納帕地區一個葡萄酒的討論會上，在品酒專家間曾引發一個關於舌頭生理學的討論，當時所有與會者都參加了丙硫氧嘧啶的測試。一如所料，那些通過測試的品酒專家都對自己擁有超級味蕾而自豪。然而，這個議題的複雜性就在於，沒有證據可以告訴我們，超級味蕾者比我們一般人更善於分辨不同味道，儘管他們被冠以超級一詞。事實上，通常他們不喜歡澀感和酸味，所以當中喜歡喝酒的人很少。

但是還沒有人能解釋在食物偏好上的各種變化。你能接受兄弟姊妹在同一屋簷下長大，擁有一半的相同遺傳，彼此卻還是有不同的差異。我討厭起司，我的姊妹卻喜歡，而我沒辦法解釋為什麼。

然而，還是有一些因素會造成差異。如果你想知道某人喜歡什麼食物，最好的問題是：你來自哪裡？文化解釋了為何有些人喜歡吃泡菜，其他人喜歡玉米餅，而另一些人則喜歡甜餡軟餅（Pop-Tarts）。文化也能解釋歐美人士為何不吃蟲子、老鼠、馬肉、狗肉或貓肉，而某些文化的人卻喜歡吃。有些文化的人甚至吃人肉，儘管他們是在某種限度下吃。我們從人們來自哪裡以及他們的生長環境，就可以得到最好的解釋。[7]

我們現在可以把責任推給社會學家或人類學家，問問是什麼原因讓社會建立某種對食物的品味。人類學家馬文・哈里思（Marvin Harris）在這方面發展出一個相當著名的研究途徑，以最佳覓食理論（optimal foraging theory）[8]為基礎。哈里思認為，人們的品味選擇是有邏輯的。某些食物就是不值得一嚐。例如，美國人不吃狗肉，因為狗更值得活著——牠們提供陪伴與保護。蟲子一點都不可愛，而且要收集足夠分量的蟲子得花時間，不值得浪費力氣（例外的是那些大隻或高密度群聚，或是對農作收成有損的害蟲；因此，像是蝗蟲之類有時候吃吃是好的——施洗者約翰就是因為在野外以蝗蟲和蜂蜜為食物，而得以倖存。）有一些地區的人不吃牛，因為讓牛活著比宰來吃更有價值。

儘管這些舉例的細節說明是有爭議的，哈里思有一點可能說的沒錯，那就是這些對食物的限制規定並非偶然。只是從心理學家的立場來看，問題是在文化解釋與心理學解釋之間並沒有明顯的關連性。哈里思的理論沒有解釋在個體之間的食物偏好。我在加拿大生長，而無疑地哈里思可以提出明確的解釋說明為何加拿大人不吃老鼠，但是卻無法解釋我個人避吃鼠肉的原因。理性的考量或許能決定文化的選擇；但是它們無法塑造個人的品味。我可能相信鼠肉有營養、健康而且（對一個中立的嚐味師來說）是美味的，但是把一盤炸鼠肉放到我面前，還是會讓我作嘔。反之，我完全信服有相當充分的道德與實際理由讓我們不要吃牛肉。可是牛排還是很美味可口。

這就是典型的文化學習——文化層次的解釋通常與個人層次的解釋無關。住在大馬士革（Damasus）的人為何傾向說阿拉伯語，住在紐黑文（New Haven）的人卻傾向說英語，或是為何大馬士革的居民可能是遜尼派穆斯林而紐黑文的居民為基督徒，這些都有歷史原因。這些現象並非隨機事件；他們有歷史解釋。但是在這些文化中生長的兒童在說他們的語言、敬拜他們的神時，並不知道這些歷史事實。

所以是什麼決定個人的偏好呢？一個可能的方向是去考察個人經驗。人類與其他動物一樣，都有特別的神經系統，警示我們遠離那些對我們有害的食物。如果你吃了一種新奇的食物後，覺得身體不舒服或想嘔吐，你將會避免再吃到同樣的食物——甚至只要一想起那個食物，你就會反胃。[9]當我在心理學概論的課程中討論食物主題時，我會要學生談他們最討厭的食物，總是有人沒辦法吃某種食物，因為他們一吃就生病。有一位學生說，吃壽司讓她得流行性感冒。我則無法接受希臘茴香烈酒混合啤酒的調酒，我還是高中生時喝了一次就病得很嚴重。多年後，我一聞到這種酒的味道就會感到身體不適。

另一種學習方法則是透過觀察他人。或許，就像小老鼠一樣，我們透過留意父母親給我們吃什麼，並觀察他們自己吃什麼食物，而找出什麼食物是可以安心食用——吃了我們應該會從中得到快樂。父母親與子女生活在同一個環境裡，而且愛自己的子女，也關心孩子福祉，所以這關係似乎是一種完全可靠的學習機制。

奇怪的是，對人類而言情況並非如此單純。相關研究的結果是，在父母親與兒童的偏好之間，關係其實是非常微弱的。[10]兄弟姊妹間在食物偏好上反而有比較強一點的連結，夫妻之間也是如此。最後這一項發現特別令人困惑，因為你通常和配偶是沒有遺傳基因關係的。

我們若仔細考慮一個觀念，就得以理解這些事實，那就是食物學習有部分是一種文化學習的形式。文化學習不只是確定什麼食物有營養而且不會致命。它是學習成為人類團體一份子的部分社會化過程。而社會學習，就如心理學家茱蒂・哈理斯（Judith Harris）和其他學者強調的，是個人在聽從自己同儕過程中完成的。[11]你吃的和父母不一樣，同理，你的穿著打扮也和父母不同，你說的髒話也和父母不同，喜歡的音樂也不同。這就解釋了父母親與子女間在食物偏好上的連結很弱，也解釋了為何手足之間以及夫妻之間的連結比較強。

小嬰兒則沒有選擇，只能聽從成人。不過，嬰兒還是聰明得足以從事某些社會推理。在一項巧妙的研究中，研究人員讓一歲左右的美國嬰兒觀看兩個不認識的成人各吃一種奇怪食物。這兩個陌生人對嬰兒說話，一位說英語，另一位說法語。稍後讓嬰兒在兩種食物間做一選擇時，這些美國嬰兒選的是說英語的成人吃的食物，反映出他們有一種從較為熟悉的人身上學習的傾向。[12]

厭惡

人肉的問題並不在於從某種客觀角度來講很難吃。據說，如果你喜歡豬肉的話，你吃人肉就不會有什麼問題，只要你不知道自己正在吃的東西是什麼。（有人說，最接近人肉的食物味道是午餐肉〔Spam〕罐頭）[13]的確，有很多故事、謎語以及寓言都談到有人被騙吃了人肉，也喜歡它的味道，後來才發現吃的是什麼。

吃人肉有問題，是在於我們怎麼看待這件事。哈里斯對有關昆蟲的分析相當切題[14]：「我們不吃昆蟲，並不是它們很髒或噁心；正好相反，昆蟲很髒而且噁心是因為我們不吃它們。」同理，人肉讓我們困擾之處在於我們知道那是什麼。人肉是噁心的。人肉讓人厭惡。

厭惡這種情緒在我們喜歡吃什麼東西上扮演很有趣的角色。厭惡的機制已經演化發展成為討厭腐爛與污染，尤其是關於腐肉可能的風險。[15]有人可能不喜歡吃比如：番薯、蘋果派、甘草、土耳其千層餅（Baklava）、葡萄乾或是全麥麵，但是通常對於肉類如狗肉、馬肉或鼠肉則有更為強烈的厭惡反應。至於強烈討厭非肉類食物的情況確實存在，這證實了一項法則——這些食物通常是從肉類衍生出來（如牛奶與起司），或是在長相或材質上類似肉類（婁辛發現水生貝類動物時常被拿來與外生殖器類比）。

查爾斯・達爾文（Charles Darwin）[16]以一種不尋常的強烈表述來形容我們對於新品種肉類的反應：「值得注意的是，某些人光只有吃下不尋常食物的念頭，如很少被當成食物的某些動物，立即產生反胃噁心或是實際嘔吐的反應；儘管這種食物本身並沒有會讓胃部實際排斥的原因。」不可否認這是一種相當極端的說法；達爾文要不是誇大其詞，就是當時維多利亞時代的人們特別脆弱——我不知道有誰會一想到吃了某種不尋常的動物就嘔吐。不過，達爾文說對了一件事，想到那樣就很噁心。

我在前一本著作《笛卡爾的 Baby》（*Descartes's Baby*）中，詳細討論了厭惡情緒的發展故事。[17]大意主要是：嬰兒和學齡前兒童不會有厭惡的情緒。他們不介意自己的排泄物，也不介意別人的。他們會吃蝗蟲和小蟲子。婁辛和他的同事在一項實驗中，給學齡前兒童吃狗大便（那其實是用花生醬與臭起司混合而成的）。[18]他們狼吞虎嚥地吃完。就我所知，還沒有心理學家拿漢堡給兒童吃，然後把它描述成人肉，但是我肯定兒童還是會很開心地狼吞虎嚥一番。

兒童大約在三到四歲左右開始有厭惡情緒。此時兒童就會遠離大小便排泄物，而且他們知道一杯牛奶或果汁中如果有蟑螂，就不能飲用。[19]有時他們會過度敏感，執迷地關心是什麼碰過他們的食物或是他們的食物到哪裡去了。威廉・伊安・米勒（William Ian Miller）[20]在《厭惡解剖學》中（*The Anatomy of Disgust*）談到他愛挑剔的子女：他的女兒拒絕在廁所擦拭自己，因為她怕把手弄髒，而他的兒子如果有一滴尿沒對準，他就會把長褲和內褲都脫掉。

沒有人知道是什麼因素促發了兒童對排泄物的厭惡。佛洛伊德學派認為它與如廁訓練有關，這點顯然說服力不足。兒童如何被教導大小便的方式，有相當大的社會差異，而且許多文化中完全沒有廁所。佛洛伊德的看法還有進一步的問題，就是他認為人類對於血液、嘔吐以及腐肉的厭惡都是普世相通，但是我們並非透過像是如廁訓練的過程而學會這些。較有可能的是生物時間（biological timing）促動厭惡感的出現，是神經系統發展的一部分。

有些物質如排泄物是全世界都厭惡的，可是其中也包含文化多樣性，尤其是關於我們對肉類的反應。達爾文的觀察讓我們知道在這學習發生的過程中一件很重要的事。兒童並不是逐一學習哪些肉類是令人厭惡的。毋寧說，除非證明肉類沒事，否則它就是有罪的。換言之，兒童監看周遭人吃什麼肉，然後他們學會對那些沒有被當成食物吃的肉類感到厭惡。在這方面，肉是特別的。成人可能願意嘗試新的水果、蔬菜或其他食物——我小的時候，從來不吃燕麥營養脆餅（granola bar）、加州卷、蝦餃或蟹餅，但是現在我都喜歡吃。不過，我一樣還是不吃鼠肉或狗肉。

這個主題的一些相關研究是由軍方人士完成的。因為士兵，尤其是飛官，可能發現自己面臨艱困的處境，他們有可能吃不到他們喜愛的飲食。於是，如何讓人吃令人厭惡的食物成了一種非常好的研究方式，去了解人們對於命令的服從程度。

一份由艾瓦特・史密斯（Ewart E. Smith）[21]所著，在一九六一年出版的研究成果，即帶有此種動機。史密斯以略帶預告的句子開頭：「陸軍軍需官最近向麥粹斯公司（Matrix Corporation）反映，他們在找出改變軍隊組織態度的最佳方法上遇到了難題。所以他們試用了不同的技術，讓人吃厭惡的食物，包括蟲子、油炸蝗蟲以及用放射線照射過的波隆那香腸三明治。研究主要發現，你可以讓人們吃這些東西，但是沒有辦法讓他們喜歡吃。」

人們為何吃人肉？

在出於絕望與飢餓的情況下，人們會吃人肉，但是最令人難以忍受的事就是，人們透過選擇而喜歡食人的生活方式。一五〇三年，伊莎貝拉皇后（Queen Isabella）下令，西班牙人只能將那些透過奴役會變得更好的人當作奴隸。此令促使西班牙探險家去述說其他文化裡可怕的故事。而有什麼故事會比人吃人更糟呢？注意到這是個強烈的污名，有學者在一九七〇年代寫了一本書，論證沒有所謂的食人文化；這一切只是迷思。[22]

然而有些指控是真的，現今也有相當多的證據顯示此種食人社會存在。如果說食人社會不存在反而很奇怪。從演化的觀點來看，生命還是一種對蛋白質的競爭。我們生活在一個富裕的工業社會裡，很容易就忘了大部分人的生活都是處於一種渴望有多點肉吃的處境。[23]對於這個問題的解決之道，顯然就在他們眼前，就是他們的兒女、朋友、鄰居，當然還有他們的仇人。其他靈長類動物想必早就想通這一點；幼年黑猩猩及大猩猩的主要死亡原因就是被殺。被殺有許多原因，但是其中一個原因就是，如人類學家莎拉・哈蒂（Sarah Hrdy）所言，嬰兒是一種「美味的蛋白質與脂質來源」。[24]

要成為食人者有兩種方式，每一種方式都有其獨特的優缺點，而且都假定你吸收了被食者的本質或精神。[25]

選擇一：族內食人（Endocannibalism）：等待人們自然死亡，然後吃掉他們。

從正面角度來看，這事並不費力。它不需費力，也不涉及暴力行為。這個選擇的缺點是你的肉質地會比較老、乾澀，而且時常隱藏危險的疾病。一九七六年，卡爾頓・蓋杜謝克（Carleton Gajdusek）贏得諾貝爾獎，有部分原因是由於他發現巴布亞新幾內亞的弗爾族人當中罹患的一種庫魯疾病（Kuru），是他們的食人習性所造成的結果，尤其是食用人的大腦。

如果你是一位族內食人者，你吃死者的方式可能有許多種。有時是神聖的方式；有時則是草率的。偶爾，人們吃屍體全身，但通常不吃肉；精確地說，骨頭會拿來磨碎，或是把屍體火化成灰，然後再把骨灰與酒攪拌混合，或是和如香蕉泥之類的東西混合。搖滾明星奇思・理查斯（Keith Richards）在英國音樂雜誌NME的一項專訪中描述了一個現代版的族內食人：[26]

> 我曾經吸食過的最奇怪東西是我的父親。我吸食了我父親。他被火化，我無法抗拒地吸了一下他的骨灰。

這裡的重點不在於吸食蛋白質。這裡的想法是，把你所愛的人其本質吸入體內。對族內食人者而言，如果他們在這件事情上失敗，就可能意味著他們的身體不好、不孕或是子女體弱。

選擇二：族外食人（Exocannibalism）：找其他團體中年輕健康的人，把他們殺死並吃掉。

這個方式的優點在於，年輕健康的人是良好蛋白質來源，缺點則是這些人並不想要被吃掉，所以會極盡所能採取行動以避免這個命運，他們的行動會危害到食人族團體。

有些人吃他們的犯人。這通常伴隨暴力事件，此種暴力反映出某種本質主義的信仰。犯人們可能被迫要進行搏鬥，主要是希望他們的勇猛能夠進入食人者的身體內。例如：阿茲特克人（Aztecs）把犯人的腰部綁住，給他武器，然後持續地攻擊，直到犯人倒下為止。然後他的屍體被攤開，整層皮被剝掉用來做斗蓬，他的肉則被割下來吃掉。有些社會有比較繁複的儀式，包括在食人者與被虜者之間預先準備好的對話。一份來自一五五四年巴西報告中的對話如下：[27]

族人：我是將把你殺掉的人，因為你和你的族人殺害並且吃掉我許多朋友。

犯人：當我死時，還是會有許多人替我報仇。

兩種類型的食人都有一種動機，就是占有他人的精神、他人的本質。這就是人們為何吃人的真正理由嗎？犬儒學派可能猜想，這種儀式可能出於其他某些理由，然後這些本質主義者的信仰才被添加上去，就像是某些人遵循猶太教飲食律法，談論此種飲食對身體的益處，即使這並非他們做這種選擇的原始動機。

族外食人可能一開始確實是因為吃身體健康的人肉對身體健康有益，還有恐嚇敵人的額外好處。但是就族內食人的情況，這個說法並不合理。把老人吃掉，沒有具體的好處。我們最好採信族內食人者的說法：他們吃人以維持並保護自己親人的那些看不見本質。

日常的食人行為

到目前為止，我們對食人的討論重心是以異國的、原始的、精神病犯罪為主。或許你不是其中一份子，你或許不是一個食人者，可是你很可能做出類似食人的事情，而且有類似食人的想法，認為你可以透過攝取他或她而獲得其本質，這是司空見慣的概念。[28]

聖餐（Eucharist）就是一個著名的例子，這是數百萬天主教徒定期舉行的儀式活動。在聖餐禮中，信徒相信他們是在攝取基督的身體和血。此處我們很難略過食人的聯想，而且在十六世紀時天主教徒也曾因此備受攻擊。[29]當時人們認為這個儀式反映出一種較普遍的吃人習性。這個儀式本身使人聯想起針對猶太人的血統誹謗，據說猶太人烹煮了基督徒的嬰孩並且用來做無酵餅。聖餐是否算一種食人儀式，有非常多的神學辯論，但無論如何，它絕對是擬食人的：

吃我肉，喝我血的，[30]就有永恆的生命。
在末日我要叫他復活。

我自己不是天主教徒，但是這裡有一點是有道理的，就是透過吃他或她而得到某人的本質。這是一種愛的行為，令人聯想到莫里思•盛達克（Maurice Sendak）的《野獸國》（*Where the Wild Things Are*）。當男孩麥克斯（Max）啟程返家時，他們喊道：「喔請不要走——我們要把你吃掉——我們好愛你！」[31]

受當代社會認可、實實在在的食人（並非象徵方式，而是真正的人肉與血），我所知的唯一例子就是吃胎盤。這在部分亞洲地區比較常見，但是美國與歐洲地區也見得到，且部分原因是受新時代運動（New Age Movement）的影響。有一個網站以「與其他哺乳動物的連結」為題，討論到胎盤吃法，並且敘述了各式各樣的食譜：

最受歡迎的方法，似乎就是用蒜頭與番茄醬來調製新鮮的胎盤。也可以用它來做義式千層麵（*lasagna*）或披薩，再加入一杯蔬菜汁雞尾酒或胎盤奶昔，或是乾燥後撒在沙拉上。胎盤美食的創新就是胎盤生魚片與胎盤韃靼（準備一下——切片後就可享用！）[32]

沒錯，據說胎盤是蛋白質的良好來源，但是以現代美國人的生活形態來看，是不缺蛋白質的。

所以蛋白質並非某些人不嫌費事要吃胎盤的原因。毋寧是，胎盤據說具有某種力量，諸如防治產後憂鬱症。

至少有一個電視節目曾經拍攝胎盤飲食。[33]在一九九八年英國一個名為《電視晚餐》（*TV Dinner*）的節目中，有一集找來一位名廚為剛生產的婦女準備一份驚奇晚餐。他用胎盤做醬，再佐以義式香草麵包（focaccia）。許多晚餐賓客都嚇了一跳，這一集節目也受到英國廣電標準委員會（British Broadcasting Standards Commission）的嚴厲譴責。

或許這是一種無傷大雅的玩笑，不過在現代社會中的確出現可怕的食人現象。在非洲信仰體系中有一種習俗叫墓堤（muti），[34]就是交易人體器官，尤其是年輕人的。在坦尚尼亞（Tanzania），巫醫推銷皮膚、骨頭以及白子的毛髮為蛋白質的一部分，因為人們認為蛋白質會帶來好運。許多白子因此被殺害，[35]包括許多學齡前兒童。

你就是你吃的東西

本質主義心態可能會阻止你吃某些食物。當甘地第一次吃山羊肉時，他宣稱動物的靈魂正從他的腹部發出哭喊，[36]這是素食主義的一個絕佳推動力。本質主義可能會讓你著迷某種特定食物。在威而鋼及相關副產品發明以前，有需要的男人會吃動物及有催情作用的動物器官。人們會為不同理由而選擇特定的餐點，有時是因為動物年輕，有時是其生殖力，有時是因為動物的某部分代表了勃起的陰莖，有時則是沒有任何明顯理由。被假定能治癒陽痿的一些東西包括：[37]

- 人體器官

- 犀牛角
- 虎鞭
- 海豹鞭
- 生蠔
- 明蝦
- 鱷魚牙齒
- 烤狼鞭

據說肉類對治療陽痿也有益處，在一份未出版的研究中，婁辛認為世界各地的人都把肉類與男性雄風聯想在一起。[38]當我還是一位研究生時，我的俄羅斯室友就堅信吃肉與性生殖力之間的關係，並且嘲笑他的素食朋友在這方面的能力。

與水有關的聯想則相當不同。美國人一年花十五億美元在瓶裝水上，比買電影票的費用還多。[39]我們喝瓶裝水多於喝牛奶、咖啡和啤酒。這一點令人不解，因為在這個國家的大部分地區，喝瓶裝水不比喝自來水健康，而且也比較難喝（通常更糟）。塑膠瓶的生產以及透過卡車來載送瓶裝水，付出的環境成本也相當高。而且就容量來看，瓶裝水比汽油還貴。什麼原因讓瓶裝水如此吸引人呢？

一個答案是我們被它的純淨度吸引。一般而言，人們比較偏愛天然而非人工。[40]我們對於醫療的抗憂鬱劑存有戒心，卻對草藥療法諸如銀杏有信心。許多人對於基因改造食物反感。人們此種對天然的渴求，從市場行銷的立場來看，引起了一個問題。就如作家暨行動主義者邁可・保嵐（Michael Pollan）在《雜食動物的兩難》（*The Omnivore's Dilemma*）中解釋，要從純天然食物中賺錢是很難的。通用磨坊（General Mills）的副總裁向他指出，這有部分是因為要區別自家公司的玉米和雞隻與別家的玉米和雞隻並不容易。把玉米變成品牌穀片粥並且把雞隻變成電視晚餐，對於賺取利潤是有幫助的。保嵐敘述，一九七〇年代一個食品添加物的製造商國際香料（International Flavors and Fragrances）多麼希望勸阻民眾遠離天然食物，因而辯解說人工食物對你有益。天然成分是「一種野性的混合物質，是動植物基於全然非關食物的理由——為了生存及繁衍——而創造出來的。」[41]我們吃天然成分是有風險的。

不過，這並非一個可行的策略。一個較聰明的策略是利用民眾的偏見，創造新的產品並標示其為天然的。瓶裝水就是這方面最成功的一個例子。

現在，對這個本質理論還有另一種替代選擇，時常用來作為公認的非理性偏好的解釋，而且在我看來相當有價值。這個解釋認為瓶裝水是身分地位的符號。瓶裝水的例子就是社會學家托爾斯坦・衛伯倫（Thorstein Veblen）所稱的「炫耀性消費」（conspicuous consumption），推銷自己擁有多少錢的一種方式，或者更一般來說，這種方式在賣弄你為人的正面特質。如果這種水是免費的或是具有明顯的健康效益，用它來作為炫耀性消費的訊號就毫無用處，而且根據傳訊的解釋，只有少數人會飲用。

這個傳訊理論（signaling theory）的範圍相當大。[42]它經常被拿來分析現代藝術品的採購。任何愚人都能購買也能欣賞一幅美麗畫作，然而花費數百萬美元在一幅抽象畫上，可能就是一種結合財富與鑑賞力的展示。一旦你開始考慮傳訊理論的作用，你處處都見得到例子。有時我會想，傳訊理論是否也能解釋昂貴的私立學校為何教授拉丁文。校方會解釋拉丁文是一門值得追求的知識，但是替代的解釋則是，拉丁文受歡迎是因為它擊中困難的紅心，與權力有關連……而且毫無用處，於是學拉丁文成為一個象徵地位的理想符號。如果拉丁文可以幫助兒童學習其他語言並且在某方面改善他們的思考能力，那麼公立學校可能會開始教拉丁文，傳訊理論的擁護者就會預言，私立學校將放棄拉丁文，要學生們一天花一小時學梵文或書法。

這個理論認為人把訊號傳給他人，而且作為一種策略，也就是訊號的目的。然而，我們或許也會傳訊給自己。我可能想對我自己再次保證，我是這一種人，買得起且夠在意某件特別的東西，所以我可能就買一瓶沛綠雅礦泉水給自己喝。就如其動聽的廣告台詞一樣：因為我值得。

不過，即使傳訊扮演某種角色，人還是需要本質主義來解釋其他影響因素，如對基因改造食品的恐懼、食人信仰，以及激發性欲的飲食等。本質主義解釋，我們直覺自己所吃的東西有看不見的屬性——如一個戰士的勇氣，或是瓶裝水的純淨——將充滿我們。所以，傳訊無法用來解釋一切；其證據也是指向本質主義的心態。

美味的

北美地區沛綠雅（Perrier）礦泉水公司的創辦人和總裁布魯斯・奈凡思（Bruce Nevins）認為，說服人們相信他的產品有多棒，是很重要的一件事。有一天他過得很不順利，那時他正在上一個電台直播節目，主持人要他從七杯水裡頭挑出自家生產的沛綠雅產品。結果他試了第五次才挑中。[43]

他的味蕾沒有什麼問題。在不具名產品的味覺測試中，且水溫都相同的情況下，要分辨自來水與奢侈的瓶裝水之間的不同，幾乎是不可能的事。

不過，我肯定當奈凡思離開電台，回到他的生活後，他還是認為沛綠雅的味道很棒——電台的測試並不能證明它不好喝。如果是這樣，他就對了。也就是說，某人喜歡沛綠雅的味道勝過其他飲用水，卻無法在不具名產品的味覺測試中嚐出區別，並非因為他不誠實或是弄錯了。沛綠雅的確好喝。只是，要欣賞它的好味道，你必須知道它就是沛綠雅。

目前已經有好幾份研究結果顯示，你對食物或飲料有什麼樣的想法，影響著你對它們的判斷。[44]這些研究的設計通常很簡單。你找兩組人來測試，給予他們同樣的食物或飲料，但是對兩組人用不同的方式呈現這些東西。接著你再問他們有多喜歡。研究發現例如：

- 營養餅乾如果被描述成「大豆餅乾」的話，受試者就覺得很難吃。
- 柳橙汁如果是快樂的柳橙，人們就覺得比較好喝。
- 優格和冰淇淋如果被描述為全脂或高脂，就會比較有味道。
- 兒童認為，如果牛奶和蘋果是從麥當勞袋子裡拿出來的，就比較好吃。
- 當人喝的可樂是以有品牌標示的杯子盛裝時，它所得到的評價就比較高。

最後一項研究也有其他研究者以巧妙的花樣進行複製，把東西放在一個功能性核磁共振造影的掃描機裡。當進行不具名產品測試可口可樂和百事可樂時，研究者使用一個管子，讓液體以螺旋方式注入受試者口中，此時大腦回饋系統會亮燈。受試者被平均分為兩組。但是當他們喝的是具名的飲料時，一個不同的大腦活化模式就出現了：人們的偏好取向是以他們比較喜歡的品牌為依據。[45]

與酒有關的研究發現最引人爭議。[46]你可以把同樣的酒以不同的方式貼上標籤，而這會影響人們包括專家對其的評價。在一項研究中，波爾多（Bordeaux）紅酒被標為一級特等酒莊（grand cru classé），或是日常餐酒（vin du table）。有四十位專家說，貼有級品標籤的酒值得品嚐，然而只有十二位專家這樣說那些便宜標籤的紅酒。一級特等酒是「愜意的、木質味、多層次口感、圓潤和諧」，而日常餐酒是「酒味弱、不夠醇厚、清淡、口感一般、有缺陷」。

還有更糟的。你可能認為至少紅酒和白酒的差別會很明顯。可是結果或許不會。在宴客時，拿些白酒倒進一個黑色玻璃杯裡，問你的朋友，你給他們的紅酒味道如何。當佛德列克，伯契特（Frederic Brochette）這麼做的時候，許多品酒專家都認為喝起來是紅酒，而且描述酒的味道時還用一些術語諸如「果味十足（jamminess）」與「鮮榨莓果味（crushed red fruit）」。

我喜歡的近年研究發現是一篇題為〈人們能否區別肉肝醬與狗食？〉（Can People Distinguish Pâté from Dog Food?）的研究報告。[47]答案是人們不能。如果你把這個稱為「年輕寵物狗專用罐頭火雞肉與雞肉配方」（Canned Turkey & Chicken Formula for Puppies／Active Dogs）的狗食產品放入食物調理機裡攪碎，再拌入歐芹，人們就不太能區分它和鵝肝醬、豬肝醬、肝泥香腸或午餐肉罐頭肉醬有何不同。

我們有兩種方式來理解這一切究竟是怎麼回事。

其一，這是一個兩階段的過程。首先，你品嚐某個東西的方式，是以吃東西的生理特性為基礎——我們靠的是鼻子和嘴巴。其次，在第二階段，你相信你正在吃的是什麼東西，並將經驗轉化、調整並且合成（elaborate）了對該東西味道的記憶。

我曾見證一個成人和一個叫約拿的四歲兒童之間的對話。對話中這位學齡前兒童清楚地呈現了這個兩階段過程。

成人：你比較喜歡什麼？霜凍優格（frozen yogurt）或冰淇淋？

約拿：兩種味道都一樣。我其實比較喜歡霜凍優格。

成人：如果兩種味道都一樣，你為什麼比較喜歡霜凍優格？

約拿：吃霜凍優格是我生命中最快樂的時刻。我一向非常、非常的快樂。當我在祖父母家裡吃霜凍優格時，我正在吃它的時候，我非常、非常、非常、非常的快樂。

此處約拿正在對某個東西的味道以及他喜歡的程度兩者之間做一區分。冰淇淋和霜凍優格的味道都一樣，但是他比較喜歡霜凍優格。或許這是知識能夠影響偏好的方式。它並未改變經驗本身，而是改變我們賦予該經驗的價值，因此也更動了我們談論及思考該經驗的方式。

第二種方式的可能性比較強一點——信念影響經驗本身。換言之，人們不說：「這個味道就像普通紅酒，可是既然我知道它是一級特等品，它一定是比普通紅酒更好。」他們說：「好喝！」

心理學家李奧納多．李（Leonard Lee）及同僚進行了一個聰明的實驗，以區別這兩種可能性。[48]他們在麻薩諸塞州（Massachusetts）劍橋當地的一間酒吧裡，請人品嚐「麻省理工學院鮮釀」（MIT brew）——用百威或山姆．亞當斯啤酒，再加入幾滴義大利黑醋。結果在這個不具名產品的品嚐測試中，人們對於麻省理工學院鮮釀的喜歡程度，勝過不加醋的啤酒——可是如果你只是詢問他們的意見，人們會說，他們認為醋讓啤酒味道變差。

這個實驗主要是把研究對象均分為兩組來進行。一組人先被告知啤酒加了醋，然後再喝。另一組人先喝啤酒，然後才被告知酒裡加了醋。接著研究人員再分別詢問兩組對象，他們對麻省理工學院鮮釀的喜歡程度。

這個研究的邏輯是這樣的。假設弱理論（weak theory）是對的——你舌頭嚐了啤酒的味道，而且你知道是什麼影響你對該味道的看法。如果是這樣，那麼當你聽到啤酒加了醋，應該不會影響你的看法。如果你認為醋讓啤酒味道變差，那麼這個想法就應該會影響你對該啤酒味道的知覺。可是如果這個強選項（strong option）是對的，時間點就很重要。如果人們在喝之前先被告知啤酒加了醋，他們嚐起來的味道就應該比較差，因為這個知識影響了他們的經驗。可是如果他們是喝了之後才被告知，就太遲了，他們已經嚐過味道，也因此這個知識不會影響經驗本身。

強理論獲勝。如果你已經預期啤酒味道是差的，接著才喝，啤酒嚐起來味道就很差。可是如果你已經先喝了，那麼知道它的成分並不會有什麼差別。至少在啤酒上，期望影響著我們的經驗，而不是我們對經驗的事後建構。

這個結論的可信度因另一個傑出研究的發現而更加鞏固。該研究掃描正在喝紅酒的人腦部活動。[49]研究對象喝的紅酒都一樣，但是不同組的人被告知不同的酒價，不是十美元就是九十美元。根據前述的研究，你可能會預期，被告知價格較昂貴的受試對象，會比另一組更喜歡該紅酒。比較有趣的發現是，儘管大腦的某部分對於價格的操弄是無感的（也就是說，在一個原始感覺中樞層次上，大腦只對味覺與嗅覺做反應），完整的運作模式與融合效果（fusion effect）是一致的，在其中，對味道的預期與低層次的感覺中樞經驗已經整合在一起。研究指出，這個情況是發生在前額葉皮質內側（medial orbitofrontal cortex），它也是前面稍早提到的可口可樂／百事可樂研究實驗中，大腦的活動區域。

在一份類似的研究中，科學家讓受試對象嗅聞被描述成不是「巧達起司」就是「體臭」[50]（使用異戊酸〔isovaleric acid〕與某種巧達起司調味混合而成）的氣味；這個描述對他們的經驗有預期效果並且引起大腦同一區域的活動差異。這個研究令我聯想到一部我曾經看過的電視影集《居家男人》（*Family Guy*），在某一集裡，有個角色聞了聞氣味就說：「這要不是腐肉就是新鮮起司。」這份研究指出，一旦你知道答案，你將聞到不同的氣味。

我並不想過度強調預期心理的力量。如果味道完全只是信念的事，人們就不需要味蕾與嗅球（olfactory bulbs）。這些演化出來的感覺器官，提供我們有關外在世界的資訊。我們可能對某個食物不太認識而咬一口看看是否喜歡。有時候我們的生理經驗會凌駕我們的信念：「我知道這是一瓶日常餐酒，它也沒有什麼獨特之處，可是這是我喝過最好的酒」，或是「我知道這塊肉帶有一位偉大武士的本質，可是，哎呀，還是令人作嘔」。

重點並不是感官能力對經驗沒有任何作用。毋寧說，感官能力通常是受我們的信念影響，包括我們對本質的信念。這一點能夠引起一種相互增強的循環。假定你認為沛綠雅比自來水還要純淨，在某方面品質較好。這個想法就強化了你的品嚐經驗：當你喝沛綠雅的時候，你就更加喜歡它。這一點又回過頭來增強你的信念，然後增強你嚐到的味道。如果你相信基改食物的味道很怪，你在吃的時候就會覺得味道很怪，這個經驗將會支持你的假設，即基改食物是不對勁的，這一點讓你將來再吃到這種食物時，你會覺得它們更難吃。

這種循環並不只是局限在食物和飲料。如果你是一個高級音響玩家，也相信昂貴喇叭揚聲器對你的音樂欣賞經驗很重要，那麼你在這方面的經驗就會有偏差，然後它將增強你對於昂貴喇叭揚聲器其價值的信念。對於快樂來說，這點並不特別。假設你相信同性戀者是娘娘腔。這個想法將影響你的經驗，而且你將更傾向於把同性戀者的行為詮釋為娘娘腔，如果同樣行為也在異性戀男人身上見到的話。嘿，那個同性戀者好娘啊！類似經驗將因此強化你的刻板印象。透過對經驗的扭曲，我們的信念，包括本質主義者的信念，就獲得支持的力量，這也是為什麼我們很難去改變我們對事物想法的一個原因。

快樂、痛苦與純潔

我們可能永遠無法知道身為一隻狗或貓是什麼樣的感覺，但是牠們的行為、生理機能、適應力的優勢、腦部結構以及神經化學等，告訴我們牠們從食物中得到快樂。然而，身而為人的獨特性就在於，我們有對於吃什麼以及為何吃的豐富信念系統。對狗來說，牠的食物是天然或人工，是親人做的或是討厭的敵人所做，一點也不重要。把沛綠雅的字眼貼在水碗上，也不會讓狗喝水喝得更快。

關於人們喜歡的東西以及人們選擇什麼，還有一個不同之處。對我來說，可樂比建怡好喝，但是我選健怡是因為熱量。人類所做的選擇可以和快樂無關；對其他生物來說則不然。如果我的狗進行節食，那是我做的選擇而不是牠。

最後一點，我們的快樂有一種自我覺察的成分。人類能夠觀察我們自己所經驗的快樂或痛苦，也能從這個觀察中獲得進一步的快樂或痛苦。情緒能夠自我滋養。例如，與朋友在一起令你開心，而想到你的幸福也可能令你自己快樂——你是一個享受美食和生活的人，你充分享受生活，這就是一種令人快樂的想法。而另一面，對我們某些人來說比較熟悉，就是人在感受到悲哀不幸時就會覺得悲哀不幸。

更有趣的是，我們從快樂中得到痛苦，也從痛苦中得到快樂。只有人類會享受（幸好是虛構的）出自《受虐狂烹飪手冊》（*Masochist's Cookbook*）[51]的這種食譜：

肉桂胡桃佐柳橙蘭姆酒漬

二又二分之一杯　生胡桃

一杯　蘭姆酒

兩茶匙　紅砂糖

四分之一茶匙　鹽
二分之一茶匙　肉桂粉
一顆磨碎的橙皮

胡桃放入華氏三百五十度的烤箱烤五分鐘。用一個大湯鍋，加入蘭姆酒、糖、鹽、肉桂粉以及橙皮碎末。用爐火加熱到沸騰。此時，你可能想要打九一一。把褲子脫下。咬下來放在烤箱用的隔熱手套上，把滾燙的液體倒在生殖器上。份量：四人份。

這是一個受虐狂（masochism）的極端形式，涉及嚴重的身體傷害。溫和的形式則是婁辛及其同僚所稱的「良性受虐狂」（benign masochism）[52]——我們似乎享受微帶險惡的經驗。熱水浴。雲霄飛車。在跑步或舉重時挑戰自己的極限。恐怖片。這並不是說，儘管痛苦，我們還是喜歡它們。我們喜歡這些經驗，至少部分是因為這個痛苦。

有好幾種不同的理論可以解釋這個現象。或許是因為刺激腎上腺素而來的快樂。或許是因為這是男子氣概的展現，表示我們是多麼的強壯。或許鴉片製劑的效果隨著痛苦而開始作用，而鴉片製劑帶來的興奮感超越了痛苦產生的低潮。我有自己喜愛的理論解釋，在本書後面章節會提到，但是此處我只想要指出，如婁辛所言，此種受虐經驗經常發生在食物上。某些極其常見的食物與飲料都是令人厭惡的。一開始，只有少數人喜歡咖啡、啤酒、菸草或是辣椒。

從痛苦而來的快樂只屬於人類獨有。如果有其他替代選擇，沒有任何動物會願意吃牠們厭惡的食物。哲學家們經常尋求人類不同於其他生物的明確特徵——語言、理性、文化。我則忠於這一點：人類是唯一會喜歡辣醬（Tabasco sauce）的動物。

然後還有一種從快樂而來的痛苦。違反禮儀是這方面的一種溫和版本。對人類而言，飲食不只是感官的快樂與生物需求；它是一種充滿意義的社會行為。飲食規則有文化差異，但是規則永遠都存在——在這裡你應該要打嗝，在這裡你要用湯匙，在這裡你要用你的右手而不是左手。違反這些規則會引起羞恥（shame）與內疚（guilt）。卡斯於他所寫的一本迷人著作《飢餓的靈魂》（*The Hungry Soul*）[53]一書裡，進一步指出飲食習慣表現出我們自覺地承認我們不同於其他動物。卡斯認為，我們對自己以及他人違規時的反應，反映出我們對身為人類的關心。

卡斯憂慮，這些儀式正在磨損，就某角度來說，他是對的。禁止在公眾場合吃東西就快要絕跡，飲食也時常被剝奪掉社會意義。根據統計，美國人大約每五餐就有一餐是在車子裡進食，[54]而且因為如此，上個世紀一個主要的食物發明就是一種靠單手吃雞肉的方式——雞塊。

可是儘管飲食規則在消逝當中，道德卻正在取代它的位置。食物尤其是一種道德領域。有些東西你不應該吃。許多人因為那些被飼養供人類取食的動物受到的痛苦，而在道德上備感煎熬。我們回想一下反對食人的一個理由，甚至是在共識下的食人，都是與道德有關。你會懷疑布崙迪，梅委斯的受害者，是否有能力做出他的選擇；而甚至當你吃某個自然死亡的人時，也可能被視為缺乏對死者的尊敬，或許被視為是一種對人類高貴情操的普遍漠視。

哲學家凱姆・安東尼・阿匹亞（Kwame Anthony Appiah）對於純潔與政治有一個發人深省的討論。他觀察到，保守派人士可能也執迷於性的道德，但是自由派人士則是執迷於食物的道德。如他所言（承認這段文字有點諷刺），世故的自由派人士：[55]

> 重視有機食物，其未受殺蟲劑和各種添加物所污染，而且對於農業綜合企業掠奪環境的程度感到恐懼。他對有機的、在地耕作的食物的承諾，超過了一個消費者的偏好；這是一種政治，也是一種倫理。

有時候，我們傾向於把我們的欲望二分為簡單的動物食欲對比於較為文明的人類品味。可是此種二分的情況也許並不存在。甚至連滿足飢餓感，也受本質與歷史、道德的純潔與污穢所影響。快樂總具有一種深度。

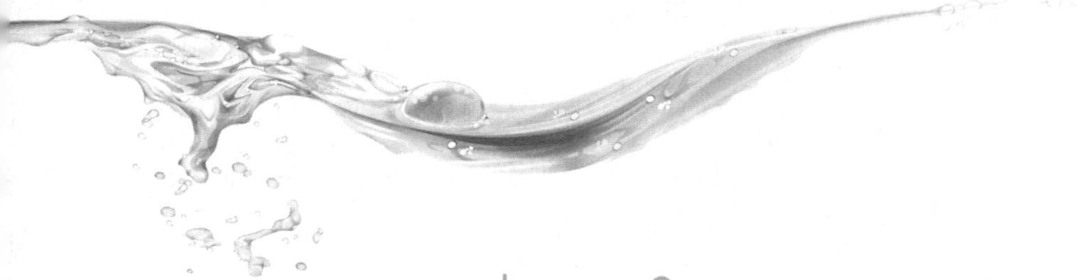

chapter 3

性與愛的快樂

快樂是獎賞，驅使動物重複有助於繁衍的活動。但人類的性與愛已從真實進入想像，我們創造虛構的對象，作為性欲與浪漫情感的投射——而且沒有其他生物是如此。

想像一下剛才和你發生性行為的對象，不是你想的那個人。也許妳以為他是妳的丈夫，可是他卻是丈夫的孿生兄弟。或者你相信她是一個妓女，可是她卻是你的妻子，她偽裝自己以測試你是否不忠。也許你的性行為對象不會發生這種混淆或對你做類似欺騙，而我們卻曾聽過你以為他是男性的人卻是個女性，或者明明是女性的人其實是個男性，或者明明是成人卻是個兒童，又或者以為是陌生人卻是個親戚——如同伊底帕斯王（Oedipus）一樣，注定要娶母弒父。在小說裡，一個人可能發現其性伴侶是個機器人、怪獸、外星人、天使或神。

床計（bedtrick）一詞是由莎士比亞學者所創，他們注意到在莎翁劇本中重複出現這情節。宗教學者溫蒂・董妮格（Wendy Doniger）[1]於著作中探討這個主題時指出，在任何一個世代、地方或歷史時期中，床計都是一個不斷重複的主題。我們被這個主題迷住了——而且一直是如此。

例如，寫於大約兩千五百年以前的《奧德賽》（*Odyssey*）一書，就有一段可愛的情節，奧德修斯結束旅途返家，可是他的妻子卻對他的殷勤不屑一顧，無法確定這個人是不是真是她的丈夫。奧德修斯很生氣，可是潘妮若普（Penelope）卻堅持，他們必須分房睡。她準備要把他們結婚的床搬出房間——可是他指出床是搬不動的；他提醒她，當初他是怎麼造這張床的。而潘妮若普終於確定奧德修斯的身分，但是此時奧德修斯對

妻子的懷疑態度已經相當暴怒。於是，她祈求他的原諒：[2]

但是現在不要怪我，或生我的氣，因為我沒有
一眼就認出你，歡迎你，抱住你，所以……
在我內心深處我總是懷有恐懼
某個騙子可能出現，用他的言語來欺騙我
世界充滿著
狡猾的人在策畫他們的陰謀

床計也能是一種幻想，一種無法指責的出軌，讓你能和某個新歡同睡，同時仍忠於你的婚姻誓言。然而，多數時候床計是一種夢魘。床計，在法理上或道德上，都算是強暴——尤其令人受辱的是，被害人是被設計而陷入複雜的關係。典型受害者通常是個女人；雖然常見小說中將此形式替代為，一個異性戀男人被愚弄而與另一位男人發生性行為。真相大白時會引起強烈嫌惡感。電影《亂世浮生》（*The Crying Game*）中，在發現戴兒（Dil）有陰莖後，弗格斯（Fergus）身體不適而且嘔吐。

希伯來聖經也充滿了床計故事。其中一個有名的故事是雅各（Jacob）欺騙父親，

令他以為他是以掃（Esau）並交給他長子繼承權（這不算性行為，但故事的確是在床上進行）。當羅得（Lot）的女兒給他酒喝並且與他性交，這就算是一種床計；而一個更明確的例子就是，塔瑪爾（Tamar）假扮成妓女並與她的公公發生性行為。另外最著名的故事還有，雅各為了娶拉班（Laban）的女兒拉結（Rachel）而服侍拉班七年，但是在結婚當晚，拉班把兩個女兒調換欺騙雅各：「到了早晨，雅各一看是利亞（Leah），就對拉班說，你對我做了什麼事呢？我服侍你，不是為拉結麼？你為什麼欺騙我呢？」[3]（當代猶太人在舉行婚禮時，新郎會掀開新娘的頭紗，確認眼前女子的確是他要娶的對象，以象徵的形式呼應這傳說故事。）[4]

床計充分顯示出，性的快樂不只是身體感官的事。它也是根植於一個信念，相信某人到底是誰，以及某人到底是什麼。我在這一章將論述，我們的本質主義能提供一種新的方式來理解性與愛。

不過，要說這個故事，我得從頭談起。

簡單的性

簡單的快樂故事就是，動物演化出喜歡那些對牠們有益的事物；快樂是獎賞，驅使牠們重複有助於繁衍的活動（痛苦則是懲罰）。動物渴了喝水，餓了吃東西，讓牠們感覺良好，因為感受到這種歡愉的動物，比那些沒有這種感覺的動物更能繁衍後代。

此種邏輯很容易可以應用到性行為上。如果一隻動物尋找交配的機會，另一隻動物卻無動於衷，那麼在其他條件相同的情況下，前者在未來將會有較多的後代。從演化的角度來看，禁欲就是一種基因性自殺：你沒有性就沒有後代，而性就像食物一樣，通常必須努力才能得到；性不會主動找上你。我們因此演化發展出一種要尋求它的動機，狗、黑猩猩、蛇以及許多其他生物也是如此。

此種迎合天擇說的解釋是沒有爭論的。也有一些人類活動沒有明確的適應性價值，而且似乎與其他物種活動之間沒有明顯的關連。我們可以合理地辯論我們從比如音樂、視覺藝術或科學發現中得到的快樂之演化起源，這也是我們在本書其餘篇幅將討論的一部分。性有某些面向是相當難解的。（女性的高潮是一種生物的適應結果或一種解剖學上的偶然呢？為何有些人是絕對的同性戀？性癖〔sex fetishes〕的起源是什麼？）但是性親密所產生的快樂則一點也不難理解。享受性與性行為是密切相關的，性行為又與生育子女密切相關。我們很難想出一個更好的實例來解釋，一種欲望如何會是天擇的結果。

但是這種簡單的演化分析無法讓我們深入理解。對於此種演化發展出來的欲望之明確本質是什麼，它沒有什麼解釋。也許沒有什麼太多可說的。人可以想像我們演化出一種「性驅力」，某種不假思索的發情衝動，就僅止於此。一位評論家對雄蟾蜍做了如下描述：[5]

如果一隻雄蟾蜍看見某個物體移動，有三種可能：如果物體比我還大，我逃跑；如果牠比較小，我吃掉牠；而如果牠的大小和我一樣，我與牠交配。如果交配的這隻生物不抗議，也許牠就是對的物種以及對的性別。

在討論這個現象時，董妮格提到：「我們都知道男人喜歡這隻蟾蜍。」現在，大部分的人都會同意，人類的性行為比蟾蜍還要複雜，即使男人也是如此，但是或許這個額外的複雜度與演化沒有什麼關係。畢竟，我們都知道大部分的性活動無助於繁衍，諸如自慰、同性戀，以及有避孕措施的性交，也因此這些特定的活動並非透過天擇而來的演化結果。也許更廣泛地說，個人歷史、文化洗禮，以及自由選擇，更能解釋人類性故事。

我部分同意這個看法。例如，我們發展出性與愛的感受以驅使我們追求真實的人，但是如我稍後將討論，我們能創造虛構的人，作為我們性欲與浪漫情感的對象。對人類而言，性與愛已與真實世界分離，進入想像的世界——而且沒有其他生物是如此。這並不是一種適應的結果，而是一種偶然——相當重要的一個偶然。

然而，與此同時，簡單的性驅力理論太過簡單；我們演化發展出來的傾向是豐富而有結構的。一旦我們把性差異納入考量，情況就更加明朗。雖然有些微生物只有單性而且透過無性繁殖，大部分的生物還是有雄性與雌性的分類。那麼，生殖要能夠進行，性驅力就必須多少要有辨別能力——即使是雄蟾蜍還是聰明得足以引導自己追求雌蟾蜍。

的確，演化生物學的勝利之一就是，它回答了某些有關性別差異的難題。一般來說，與有陰道的動物相比，為何有陰莖的動物比較大、比較暴力？為何有陰道的動物通常比有陰莖的動物來得難以取悅？又為何有陰莖的動物，外表往往比較吸引人，比如雄孔雀的精細羽毛，或是專門化的武器如公海象的巨型獠牙？

這種種難題讓達爾文感到困惑難解，卻在一九七〇年代由演化生物學家羅伯・崔弗斯（Robert Trivers）發展出來的親職貢獻（parental investment）[6]理論裡得到解釋，並於翌年有了相當大幅度的進展。這個理論解釋的起點為，我們的頭腦與身體是經由繁衍成功的天擇而來的適應結果，但是在男女兩性的理想策略方面有典型上的差異，反映的是精子與卵子之間的不對稱。精子很小、數量多，是遺傳基因以及協助它們接近卵子的原動力。卵子相對而言較大，而且包含所有讓人類生長的一切裝置。此外，在標準的哺乳動物生育計畫中，受精是在雌性體內進行，接下來生產之後，嬰兒也是透過雌性的身體來餵養。那麼對雄性哺乳動物而言，唯一被要求的貢獻就是創造一個嬰兒，也就是傳遞基因，指的就是插入一會兒然後射精。對雌性而言卻是幾個月或好幾年的事。

這點有好大的差異，因為當雌性動物正在孕育嬰兒時，她不能有另一個嬰兒。因此，雄性動物能夠同時與許多雌性動物生育後代，但是並非反之亦然。

崔弗斯的見解是，此種差異表現在雌雄兩性在追尋理想的繁衍策略上有所不同。雌性應比雄性哺乳動物更傾向花較多的時間在後代，因為她們能擁有的子孫數量比雄性少，所以每一個後代就顯得更為重要。這個解釋預言了雌性動物在擇偶時應該會比較挑剔，留心配偶是否擁有對的基因，而且同物種的雌性會傾向待在配偶附近，以保護他們及後代。因為雄性哺乳動物從被雌性挑選中得到好處，雄性也應當有一種對應的傾向，即為了接近雌性動物而彼此競爭，因此他們也就會比較大、比較強壯，往往也會演化發展出特別的武器。他們同時會向雌性推銷自己，因此也就演化出諸如精細複雜的尾部與斑紋。這就是為何雄孔雀有華麗的羽尾，雌孔雀沒有的原因。

這個理論捕捉了一般在雌雄動物之間差異，但是它的解釋之所以具有說服力，在於它有力地預測兩性的差異應該發生在何處，以及不應該在何處發生。以這個理論的立場來看，要緊的並不是生殖器本身；擁有一個陰莖或陰道並不神奇，但重點是具有陰莖的動物對於其後代的貢獻，小於具有陰道的動物。然後，這個理論也對於少數特例做了美妙的預測，即在雌雄兩性動物的貢獻都相同或是可翻轉的情況下，兩性差異也應當跟著改變。事實情況也是如此。有些動物其兩性的親職貢獻是相同的，要不是因為雌雄兩性動物一起努力保護極端脆弱的後代（企鵝），不然就是因為他們只是把精子與卵子散播到海裡，除此之外後代不需要任何的照顧（魚類），於是你得到這些物種中兩種性別在生理構造與魅力上相似且均等的結論。如果有某個物種是雄性在照顧後代，雌性只是匿名的卵子捐贈者，那麼我們就會看到挑剔的雄性以及擁有耀眼羽毛、身材較大、具侵略性的雌性。

比較複雜的性

人類在性方面是處於什麼位置呢？正如地理學家與作家傑爾・戴蒙（Jared Diamond）在《性為何好玩？》（*Why Is Sex Fun?*）[7]一書所做的結論，多數時候，人類的性在許多層面上都是典型的後代在體內受孕的物種，而且得到來自父母雙方的照顧。我們和對偶結合（pair-bonding）的可愛企鵝不一樣，但是我們也不是獅子、狼或黑猩猩等這類動物，其中雄性動物甚至不知道牠們的後代是誰（關心此現象的科學家必須做基因檢測才知道，那隻小動物是那隻雄性動物的後代）。我們人類則介於中間位置。

我們的演化史反映在我們的身體結構上。某一物種內雌雄兩性在身體尺寸上的差異，反映出在雄性動物間求偶的競爭程度，這一點反過來又與親職貢獻的差異有關。這就是為何我們很難分辨雌雄企鵝的不同——牠們是親職平等的父母。一般而言，男性人類則比女性人類在體型上稍大一些——我們不是企鵝——但是人類的兩性差異也不像那些雄性動物與其子女無關的物種一樣大。

我們的演化史也反映在我們的心智上。男人比較傾向對一個以上的伴侶有性方面的興趣，而且也較容易受到匿名性交的刺激，對這方面也比較有興趣。就我們所知，這一點在世界各處都是如此；性別差異的研究在心理學中是少數科學家已經完成相關跨文化研究的領域之一。娼妓的存在主要是滿足男性對於多樣化的欲望，色情作品也是如此。在色情作品中也有男性娼妓、對男性裸體的描繪以及男男性交畫面，但是這多半是為了男性同志而做。[8]

這聽起來就像是桃樂西・派克（Dorothy Parker）與威廉・詹姆斯等人寫的故事，主角是一位作家，她有天半夜醒來，深信她有一個很棒的想法，就寫了下來，然後再回床睡，醒來後她發現自己寫了這幾句話：

Hogamous Higamous
Man is polygamous
男人是一夫多妻的
Higamous Hogamous
Woman monogamous
女人是一夫一妻的

統計上，這個想法是對的，但是還不完整。我們還必須解釋一個事實，即男人時常是一夫一妻的，女人也時常是一妻多夫的。

有個想法認為，人類兒童是特別脆弱的生物，很早就出生，很長一段時間仰賴成人提供食物、庇護，並保護其不受動物及其他人類的攻擊。因此，父親就很重要了，他們有助於保護及扶養兒童，而且他們也保護母親（如果母親在小嬰兒還需餵養時就死亡，小嬰兒也可能死亡）。

這並不是說父母親角色是可以交換的。性別的演化交戰依然持續，因為男性還是有偷情的基因存在。這對女性來說是個壞消息，她的配偶最好是一直守在她及兒女身旁，而不是把一些時間和資源撥給其他女人及其後代。這個衝突形塑了女性在擇偶時的偏好——她們尋找表現出在未來保有忠誠度的配偶。男人可能發展出偽裝這些徵兆的能力，可是如果女人善於看穿這種詭計，那麼在性方面以及愛情方面有忠實專一傾向的那些男性就可能學習複製無賴的男人。忠實專一是很迷人的。在這方面，性的選擇將有利於縮小男女兩性在性偏好上的落差。

此處還有更進一步的難題。人類女性擁有相當特殊的隱性排卵（hidden ovulation）[9]特徵。在行經期間，女性隨時能夠進行並享受性交行為。對此有個理論認為，在顯性排卵時期——哺乳動物的現狀——男性要偷情比較容易，與此同時還能確保小孩的確是從己所出。他們只要在特定期間監視自己的配偶，確保她不會與別的男性發生關係，然後其餘時間就能夠用來尋找那些沒有配偶或是被配偶冷落的女性。但是如果人類女性隨時都可以交配，而且也無法預測何時的交配會導至懷孕，這就迫使男性要待在身邊。否則，他就可能面臨把資源浪費在一個與他沒有血緣關係的小孩身上的風險。[10]

（附帶一提，此處的邏輯假定女性的出軌是我們演化史上的事實。這種排卵毀謗說法只適用於若女性有時出軌的情況。女性出軌純然只存在於此時此刻，包括與基因有關的出軌——有些男人在完全不知情的情況下扶養著與他們沒有血緣關係的兒女。我們也有生理上的證據說明女性出軌在演化歷史中是存在的：人類男性與其他靈長類動物的大睪丸。這點與一種「精子戰爭」的說法一致，即女性與數個男性交配，讓男性得以適應而增加精子的產量。所以 Higamous hogamous 的詩也不是全對。）

我們已經仔細想過兒童的無助如何對一夫一妻制提供了演化的基礎，但是我們還要考慮另外一點，對人類關係來說很特別的一點。我們可以很聰明也可以很仁慈。例如，夠聰明又仁慈的話，我們就可以藉著幻想來自我娛樂，否定那些我們認為不對的快樂，接受另一個人的觀點，理性計算得失，以此類推。我們能夠選擇成為像那些可愛企鵝的樣子。

誘人的外表

有一點男人和女人是相同的：我們都喜歡欣賞漂亮臉孔。這並不只是性。異性戀的男女喜歡欣賞同性的迷人臉孔。無論性別，好看的長相讓大腦活躍，[11]啟動快樂專用的神經迴路。即使是完全沒有性衝動的小嬰兒（佛洛伊德除外），也會對漂亮臉孔著迷，而且寧願一開始就看到漂亮臉孔。[12]

對於小嬰兒的相關研究發現可能會讓達爾文感到驚訝，因為他相信美麗的標準因文化而異，而且也必須透過學習。[13]可是有些特徵是世界各地的人都深受吸引的：[14]完美無瑕的肌膚、對稱、明亮的眼神、整齊無損的牙齒、濃密的頭髮、普通（Averageness）。[15]最後這一點可能令人訝異，但是如果要人隨機選取十個臉孔，不是十個男人就是十個女人，然後加以合成變形，結果還是好看的，而且當呈現這個合成臉孔時，嬰兒或許還寧願看著它而不是其他任何個體的臉孔。你也會如此。

這些考量為何重要？平滑的膚色、對稱、明亮的眼神、整齊無損的牙齒，以及秀髮，都是健康與年輕的明顯信號，是每一位擇偶的人都會留意的優點。對稱的情況更是如此；要長得對稱是很難的，比如缺乏營養、寄生蟲，甚至是時間的摧殘，都會使得對稱性受到侵蝕。對稱是物種成功的一種標誌。

為何普通是個優點，就不是很清楚。可能它是健康的一種反映，背後的邏輯是大部分偏離常態的情況都是不好的。普通也符合群體的雜合性（heterozygosity），或是基因多樣性（genetic diversity），這是另一個優點。另一個非常不同的可能性就是，普通的臉孔就表面上而言，看起來是輕鬆的；與非普通的臉孔相比，他們比較不需要視覺處理，而我們比較傾向於喜歡較容易視覺處理的影像。此處一個難題是，儘管普通臉孔是好看的，他們並不是非常（terrific）好看——最迷人的臉孔並非普通的臉孔[16]（當你進行合成臉孔時，你得到的是一張漂亮的臉孔，但不是有著電影明星長相的臉孔）。或許並不是說普通臉孔是正向迷人的；而是說非普通臉孔比較有成為不吸引人臉孔的風險。

有個發現令我感到詫異，那就是我們在吸引力的判斷上，並沒有很大的性別差異。男人的確比女人更看重外表，[17]這個現象不局限於歐美地區，世界各地做過此一調查的區域皆是如此。不過，有個例外就是，兩性如何看待什麼是有吸引力的這點並沒有差異。[18]異性戀男人和異性戀女人，都欣賞俊男的臉孔。

有一個例外情況，在月經期間，女人的偏好會轉變。多數時候，吸引她們的男士臉孔都符合前述標準，但是當她們在排卵期間，也會被高度陽剛、輪廓鮮明的臉孔所吸引。[19]當我初次聽到這個研究發現時，覺得好像不太真實，但是這個研究已經被重新複製進行過數次。對此情況的一個解釋就是，在排卵時婦女特別尋求好的基因，也就特別留意高度陽剛的男性。

在一九五〇年代一系列有趣的研究中，調查研究者想要了解什麼特徵會引起雄火雞的性行為。他們先是發現，雄火雞的性欲會被一隻栩栩如生的雌火雞模型給激發——雄火雞會咯咯地叫，昂首闊步，膨脹起來，最後撲向模型。為了要找到引起性反應的最低限度刺激，科學家移除了模型的部分組件，比如尾部、腳，以及羽翼，結果模型變成一根木棍頂著一個火雞頭的模樣。雄火雞的性欲還是完全被雌火雞頭給激發，而且對頭的喜愛程度勝過一個無頭的身體。[20]

人類也可能是火雞。我們天生就受到某種知覺線索的吸引，而且在沒有一個真人附著這些特徵的情況下還是會受到啟動，就像我們的性欲會受電腦螢幕上平面的兩條像素給激發一樣。甚至當我們是與真實的人在一起時，就算我們對此人無動於衷，其身體某一部位還是會讓我們著迷。

這就是戀物（fetish）的發現，性欲的激發可以變成集中在身體的某一特定部位上。一個極端的例子就是，連續殺手及戀腳癖者耶利米．布魯道斯（Jerome Brudos），他跟蹤婦女，再讓她們窒息昏迷，然後帶著她們的鞋子逃走。接著他強暴及謀殺婦女，把被害者的一隻腳留下來當紀念品。還有一種戀腳癖者，作家丹尼爾．伯納（Daniel Bergner）[21]形容是——一個仁慈且浪漫的男人，受到身不由己的強烈性欲所折磨。只要驚鴻一瞥女性在夏天露出的雙腳，他就會產生性欲，而冬天的時候，他盡量不聽天氣預報，因為有些措詞像「一英尺深的雪」（a foot of snow），就會引起他的性欲而使他痛苦焦躁不安。

所以，有時候簡單的方式就能夠激發性欲。身為聰明的生物，我們能夠在這個知覺層面上運作以吸引他人。一個人不需要有認知行為學（cognitive ethology）的博士學位才懂得遮蓋青春痘。人們相當努力要改善他們的容貌；多數時候是想要變得年輕一點，於是使用唇膏、腮紅、修眉毛、假髮、髮片、植髮等等。人們也使用整形手術、打肉毒桿菌，加上低技術方法如捏捏雙頰讓自己看起來氣色好一點等古老的訣竅。當然，有些技術延伸到脖子以下的部位，比如肌肉鍛鍊、隆乳，以及陰莖增大手術等。

正如人們能有意識地努力偽造讓自己能引起他人性趣的信號，比如化妝，我們也能看穿他人的偽裝。作為本質主義者，我們想要真實的事物。例如，多數婦女偏好一個男人擁有她們相信是與生俱來的強壯特徵與好看的年輕長相，而不是透過美容針、植髮，以及注射睪丸素。

長相有多重要呢？即使是對一切質疑的演化心理學家也會承認，其他考量因素能推翻這些關於吸引力的天生主要信號說法。婦女的選擇尤其受一些因素如財富與地位等影響——一位婦女可能選擇一位年紀大的矮胖百萬富豪，而不是年輕熱情的健美先生。但是對此質疑者則論證，我們的性反應與審美反應都是受到某種知覺特徵所影響。乾淨的肌膚勝過瑕疵、對稱勝過不對稱等等。你對自己配偶的愛可能勝過對超模，可是超模將永遠是你夢想的約會對象。

我並不同意這點。在欲望這個主題上，長相並非一切。適應說的邏輯認為，我們會被那些具有某種相關特質的人給吸引——而有些特質是在臉孔或身體上看不到的。我們很容易就被這個研究給誤導，因為它大部分的焦點都放在外表上，比如有個實驗是讓受試者觀看《花花公子》雜誌跨頁版面，觀察他們有何共通的生理特質，或是讓大學生看一些攝影照片，讓他們進行評比，或是拿電腦產生的各種臉孔給小嬰兒看，觀察他們比較喜歡看那一張臉孔。這些研究能夠告訴我們有趣的事，比如人們在知覺上覺得什麼會有吸引力，像是對稱或普通等特徵具有的重要性等。但是這些研究無法告訴我們那些無法用一張照片來捕捉或呈現的事物情況。另外一些精明的研究也有同樣的問題，他們要受試者去嗅聞陌生人被汗水浸濕的運動衫。[22]這些研究讓我們知道許多有關費洛蒙如何影響人們性趣的現象，但是對於和其他特質相比，嗅覺有多重要這一點，我們卻一無所知。

還有什麼其他因素可能是重要的呢？有一個因素就是熟悉度（familiarity）。在一項研究中，研究者請一組婦女在匹茲堡大學（University of Pittsburgh）參加不同的課程。這些婦女在上課期間都不講話，而且也不與其他學生互動。但是她們所參加的課程次數不等——十五次、十次、五次，或一次也沒參加。在課程結束後，研究者要學生們看這些婦女的照片，請他們回答理想女性是誰。被評論為有吸引力的婦女是一位上課十五次者；被評為最沒有吸引者，是學生們從未見過的那些婦女。[23]這是一項小型研究，可是它符合社會心理學中許多文獻論及的「重複曝光」[24]效應（mere exposure effect）——人們喜歡他們熟悉的人事物，這是頭腦運作的一個理性方式，假使其他條件相同的情況下，你所熟悉的事物可能是安全的。所以，重複曝光效應應用在吸引力上，就解釋了某些鄰家女孩（或男孩）的吸引力。

在另一項研究中，實驗者要受試者評比高中畢業紀念冊裡的同學照片，看看受試者有多喜歡他們或是覺得誰比較有吸引力。另外一組同年齡的陌生人也對這些照片進行吸引力評比。如果熟悉這個因素無關喜好，身為照片人物的同學受試組以及陌生人受試組的評比結果應該相同——但是結果並不相同。同學受試組的吸引力評比受到他們有多喜歡對方這個因素所支配，進一步證實，一個長得好看的人，除了看得順眼（looking good）之外，還有其他原因。[25]

即使當你評比陌生人的臉孔，長相也並非一切。有研究發現，吸引力的一個主要因素，與普通、對稱、性或類似特質等等都無關——而是當事人是否有微笑。[26]

當你擇偶時要問的三個問題

還有什麼其他原因影響我們對另一個人是否有性與浪漫的投射呢？任何擇偶的人，必須考量三個問題。我認為這些問題本身就很有趣，分析這些問題也開始釐清我們某種鑑賞原則，得以欣賞人類吸引力的豐富與複雜性。

1. 此人是男性還是女性？

佛洛伊德曾說：「當你遇見一個人類時，你首先要區分的是『男性或女性』，而且你也習慣毫不猶豫地要做區分。」[27]這一點對我來說是事實，至少，我收到陌生人寄來的電子郵件，上頭署名是外國名字，而我不知道寄信者是男人或女人時，這很令人不安。它應該是無關緊要的——我沒有想要把他們當擇偶對象——可是我卻感覺性別很重要。當我們見到一個嬰兒包著尿片，我們許多人問的第一個問題是：這是一個男孩或是女孩？

也許這個嬰兒也在回想並且問同樣的問題。[28]嬰兒一歲的時候，就能夠分辨男女兩性的臉，他們也知道男性的聲音是來自男性的臉，女性聲音是來自女性的臉。他們比較喜歡看著女性，儘管我們不清楚這究竟是因為他們對女性照顧者有一種天生的期待，還是因為大部分的兒童都是由女性照顧，而他們就像我們一樣，偏好他們習慣的情況。

嬰兒變成兒童，而且逐漸形成對男女兩性的看法。當然，男人與女人之間有各種差異，包括心理的差異，最明顯的差異就是關於和誰有性關係上的偏好，以及社會差異的偏好，比如誰比較傾向成為一位護士或警察。兒童很快學會這些——例如，男孩和女孩都知道，女孩比男孩喜歡女性化的玩具。這個現象一點都不令人意外。此種通則化在兒童生活的環境裡是事實，而且兒童也善於留意到這些事實。[29]

更有意思的是，兒童有一套關於為何存在有這些差異的理論。心理學家馬喬莉・泰勒（Marjorie Taylor）[30]探討了這個現象，她在研究實驗中，告訴兒童，關於一個男嬰生長在一個只有女孩和婦女的島嶼，以及一個女嬰生長在只有男孩和男人的島嶼。這個訊息會如何影響兒童呢？例如，這個男孩會想要玩洋娃娃嗎？如果你相信這種行為是文化產物，那麼答案就為是；如果你相信是本能，那麼答案就為否。泰勒發現，接受她測試的兒童比較傾向相信天生的潛能：不管環境為何，男孩會做男孩的事，而女孩會做女孩的事。只有成人才會思考社會化（socialization）。這個研究發現符合另一個訪談研究[31]的發現，兒童一開始是從生物的角度來看兩性差異。我在第一章曾提到，兒童會說：「男孩在他們體內有不同於女孩的東西。」過了一段時間，有些兒童會變成比較具有一種社會學與心理學的思考傾向——「因為我們是被用那樣的方式帶大的」，而且假定這是他們從其所生長的文化中學習而來。社會讓我們的本質主義色彩降低，而不是增多。

這並非只是我們相信男性有某些特質而女性有另一些特質；我們時常相信兩性應該就是如此。在舊約〈申命記〉中，婦女穿男人的衣服是一種嚴重的違法行為，反之亦然。[32]而且許多社會都有法律禁止婦女參與傳統上屬於男性的活動，比如：開車或是從軍。即使在自由社會中身為同性戀者或是變性者不是一種犯罪行為，許多人還是對他們感到厭惡並覺得不道德，有時候也會引起暴力的報復行為。

美國社會的兒童經常反對性別角色違反（sex-role transgression），尤其是反對男孩穿女裝。有些四歲兒童說，他們不會想要和這種人做朋友，這種行為是錯的，而且他們看到這種行為會感到驚訝及厭惡。[33]有些兒童甚至說，如果他們見到這種情況，會有暴力的反應。因此，兒童並不只是對於性別範疇的界限很敏感；他們願意去監督這種界限。

2. 此人是不是一位親戚？

心理學家強納生・海特（Jonathan Haidt）[34]敘述了以下這種道德的兩難：

茱麗葉（Julia）與馬克（Mark）是對兄妹。他們於大學暑假期間一起到法國旅行。有一天晚上，他們兩人單獨在靠近海邊的一間小屋過夜。他們決定，如果兩人做愛看看會很有趣又好玩。至少，對他們個別而言，都會是一個新的經驗。茱麗葉已經在吃避孕丸，但是為了安全起見，馬克也使用保險套。他們兩人都享受做愛，可是他們決定只此一次。他們把當晚的事當成一個特別的祕密，這讓他們兩人感覺彼此更加親近。你對此有何想法？他們做愛對不對呢？

每次我教初級心理學時，都會問學生這個兩難的情況，而我得到的反應都是：真噁心！我們對此反感，而且多數人都相信這是不道德的。可是為什麼呢？沒錯，兄弟姊妹對我們為什麼沒有性吸引力呢？許多人都承認他們的兄弟姊妹很迷人，但是很少人會想要和自己的兄弟姊妹發生性關係。很少有父母要擔心他們的青少年子女會彼此偷溜進車子後座，或是相約浪漫的幽會。[35]防止兄妹亂倫並不是教育學程的一個重點，教會牧師與政治人物們不表達他們的反對意見，心理學家們也不會拿到政府的研究補助去探討如何對治這個現象。這就像是吃排泄物的例子一樣；它並不是個問題，因為幾乎沒有人想要這麼做。

有些亂倫禁令時常受到違背，但是這些都是屬於比較遠親之間的關係，我們對此類行為並沒有像對兄妹亂倫一樣的反感。這些比較少憑直覺的禁令，時常是記載在法令與宗教聖典裡。例如，《聖經》〈利未記〉[36]對於一個男人和他的女兒或孫女兒之間的性關係是很嚴厲的，其標準可以用理查・道金斯（Richard Dawkins）自私基因理論（selfish-gene theory）中詩般語言來說：「你不應當暴露她的赤胸裸體，因為那就是你的赤胸裸體。」

在演化發展上避免亂倫的標準就是，基因上和自己有親戚關係的人一起生小孩是很糟的主意，因為他們分享太多你的基因遺傳。這就是所謂的「近親交配衰退」（inbreeding depression）——隱性遺傳基因比較有可能變成是同基因型組合的（homozygous）風險。但是要解釋這個想法在實際上如何運作，是相當困難的一件事。假設我們腦中有一本小書，書裡寫著：「不可與近親性交！」並且加上一句情緒化的敘述：「真的很噁心！」以及評價的話語：「這在道德上是不對的。」假設每個人都選擇遵守這個指導，這個問題依然存在：「你如何知道誰是你的近親？」

我們可以從出差錯的例子裡得到答案的線索。人們有時確實因錯誤而與親戚發生性行為，就如虛構的伊底帕斯王、約翰・塞爾斯（John Sayles）執導的電影《致命警徽》（*Lone Star*）中的人物，或是二〇〇八年發生於英格蘭的真實案例，一對雙胞胎在出生時就分離，長大成人後兩人相遇並且結了婚。然後還有些情況是人們並沒有任何血緣關係，卻認為彼此之間是親戚。這方面最常被探討的例子是在卡布茲（kibbutz）社區裡被撫養在一起的以色列兒童，以及中國社會和台灣早期社會媒妁婚（arranged marriage）的童養媳。在這兩種例子裡，隨後的性與愛情關係並不容易發生。[37]

這些例子說明，被撫養在一起時，有某種因素扼殺了性欲。二〇〇七年在《自然》（*Nature*）期刊中有一篇重要文章，黛伯拉・李柏曼（Debra Lieberman）、約翰・陶比

（John Tooby）以及利達・寇思米得思（Leda Cosmides）三位作者探討了兩個觀念，是關於這種因素究竟是什麼。[38]人類學家愛德華・韋斯特馬克（Edward Westermarck）在一八九一年想出了一種可能性。共同居住的期間是個關鍵：長時期被撫養在一起生活的兒童，在其人生稍後階段將發展出一種性反感。第二種可能因素就是，注意到某個人的母親與其他嬰兒之間的關係。如果我見到我的母親在給某個小孩餵奶，那麼很有可能這個小孩是位親戚。如幾位作者指出，這個第二道線索只能用在兄姊對弟妹的情況；年輕弟妹不可能見到兄姊身為嬰兒的模樣。

為了比較這兩個理論，三位作者詢問成年人一系列問題——關於他們是否與手足一起被撫養長大，他們對手足的關心程度，以及與手足發生性關係的想法令他們感到噁心的程度（如果有的話）。

他們發現，如果成年人沒有機會見到手足在嬰兒時期被照顧的情況，那麼共同居住的期間長短就是個重要因素——你與手足住在一起的時間越久，性欲就會越少，關心程度就會越多。可是如果人們目睹其手足在嬰兒期間被照顧的情況，這個因素就會勝過共同居住的因素；你的性欲比較高（關心程度也高），而共同居住的期間長短就沒影響。換言之，見到某個人以嬰兒角色和你的母親互動，是稍後人生階段的性欲殺手，即使你和他們同住的時間並不長。

這一切都是在潛意識層面。你可能非常熟悉某個和你沒有血緣關係的人，如同卡布茲社區的例子，可是如果你們的童年時期都是生活在一起，那麼自然而然就會出現對亂倫的反感。與此相反，你可能非常清楚某個人和你有血緣關係，可是如果你從未和此人在一起生活過，性行為的想法並不會讓你感到噁心。我想這就是英國雙胞胎的例子；一旦他們發現彼此是手足關係，他們就嚇壞了，大受打擊（而且他們確實也宣告他們的婚姻無效）——但是這個事實並未讓他們的性欲與愛情消逝。

你要擔心的不只是手足而已。知道你自己的子女是誰，是極其重要的事。你想要避免他們成為你的性伴侶，你也想要為他們付出你的愛和關心。

對婦女而言，這很容易；婦女的子女是她們子宮的果實。得為這事擔心的是男人。他們絕對無法確定哪個子女享有他們的遺傳基因，而且就如我們對目前DNA鑑定的了解，就算男人認為他們知道，他們也往往是錯的。[39]許多男人都戴綠帽，在不知情的情況下撫養了別的男人的小孩。「戴綠帽」一詞的典故來自杜鵑，這種鳥把蛋下在其他鳥兒的巢裡——是一種巢計（nesttrick）。

上述有關手足亂倫的線索——共同居住的期間長短——似乎也能應用到親子亂倫的情況。如果你在自己的子女出生以來就與他們同住一起，你或許就不會想要和他們發生性關係。繼父的問題就在於，他們經常是後來才加入成為家族一份子。[40]如果有個男人在子女年輕時期就沒有與他們同住，那麼他比較有可能在性方面受到他們的吸引，同時也比較可能對他們有暴力行為（確實比較可能殺了他們）。

同樣的，我們的直覺也受到這些線索而不是明顯的知識所驅使。如果你領養一個小嬰兒，你對它的情感依附將會像對自己親生的小孩一樣的強。你對這個小嬰兒的關心，就好像他或她是你的親骨肉。換個角度來看，如果一個男人是在後來才與已屆青少女階段的女兒初次見面，可能還是會受到她的吸引，即使DNA鑑定顯示他們有血緣關係。

另一個完全不同的有關親族關係的線索是，嬰兒的長相。小嬰兒長得越像某個男人，越有可能是他的後代。這點說明了父親們留意其子女外表以決定父子女關係，這一點已經引起某些研究者預測，小嬰兒會比較像父親而不是母親[41]——這個想法在於，小嬰兒會從散發出與其周圍的成人男性有基因關係的訊號中受益。

不過，我們不清楚這樣的預言是否有道理。如果戴綠帽是共通的現象（而且它必須多少得是共通的，如果男人需要安慰的話），這會是一種相當糟糕的演化發展策略。不是成年男人子女的小嬰兒就有被拒絕或被殺的風險；他們就會看起來像是錯的人。的確，雖然有個初始研究認為嬰兒看起來比較像父親，後續缺乏相關研究來支持這個研究發現。[42]

3. 此人在過去有什麼樣的性歷史？

我們知道，從古至今，童貞（virginity）一直很重要。《聖經》的〈創世紀〉中，在描述利百加時，就引進了童貞的概念（「那女子容貌極其俊美，還是處女」），而且整本《舊約聖經》不斷重複提及這個概念（這個字被使用了七百次，就一個罪狀而已）。在《新約聖經》裡，童貞比較不是重複出現的主題，但是由於基督是處女懷孕所生，所以童貞依然是基督宗教信仰的主要核心。

依此脈絡，童貞指的是沒有經歷過插入的性交經驗。此種對插入的強調讓某些人士大感不解。在二〇〇七年九月，網路雜誌《石板》（*Slate*）問最富盛名的性專欄作家一個問題，什麼情況令他們最感到百思不解，而其中一個回應——來自艾瑪・泰勒與羅芮蕾・夏奇（Emma Taylor and Lorelei Sharkey; Em & Lo）——就是針對童貞。

> 我們一直無法理解為何童貞的概念仍然是狹隘地用陽具插入的角度來定義。……一對異性戀夫妻怎麼可能在能夠進行口交、輔助的性、互相手淫，甚至可能肛交（如果你相信有關天主教會學校女學生的傳言的話）的情況下，依然宣稱他們是在「為了婚姻而持守他們自己」？當然，在製造小孩方面，性交在各種性行為當中略勝一籌。可是如今的生育控制、家庭計畫，以及生殖複製技術，都意味著性交本身比較少是生育的工具，

而比較像是為了讓人快樂。加上女性主義與同志平權運動的影響，你也會覺得在法定的性範圍上還有一些空間。[43]

性的定義似乎是獨斷的。這令人想到，在一九九〇年代晚期，柯林頓總統堅稱口交並不算是「性關係」一說所引發的口水戰。但是我們為何在性方面會有偏見，一點都不神祕。當泰勒與夏奇說，性交在製造小孩方面，在各種性行為當中「小勝」。何止是小勝而已！

沒錯，如今性交和生小孩之間是有一種區隔。一個人能夠有性生活但不要有小孩，也能夠明確地採取步驟來不要有小孩。偶爾還能夠在沒有性交行為下成為人父。但是我們的心思以及我們的性欲，並不那麼理性現代。我們並不完全活在當下。我們的欲望有兩套歷史，一套是個人史，一套是演化史，而多數時候人類這個物種生小孩的唯一方式是插入性交。我們給予它一個特別地位，與互相手淫、電話性愛，以及搓背調情（backrubs）等不同，這並不令人驚訝。

童貞的核心概念甚至比泰勒和夏奇想的還要更為狹隘。童貞是女性才有的特徵（英語「處女」〔virgin〕一詞源自拉丁字，指「年輕婦女」）。女性童貞比男性童貞重要，因為女性能確定誰是她們的小孩，男性則經常持疑。撫養一個與自己基因無關的小孩，對男人可說是一種演化發展上的災難，也因此其伴侶先前和誰有過性關係就相當重要，最好的答案就是：無人。

處女的吸引力導致某種不尋常市場的形成，一個極端的現代版本就是，有關一個二十二歲女學生納塔莉・迪倫（Natalie Dylan）的研究，她在網路上拍賣自己的童貞（她答應用婦科檢查以及測謊方式來保證自己的貞操）。迪倫並非第一位做這件事的人，可是全國及國際媒體注意到她的拍賣舉動，而且她還獲得超過一百萬美元以上的出價。然後有假童貞現象；[44]在美國，有些已婚婦女花錢做處女膜修復術，讓她們能夠假裝是處女之身，以此作為送給先生的禮物。

對童貞的迷戀是人類性心理中最醜陋的層面之一。許多社會裡，都有在婚前測試童貞的儀式，以及各種毀傷生殖器的形式，讓一個婦女在進行侵入的性行為時備感困難與不愉快，以強制實行貞操。有些社會還有恐怖的暴力行動來對付被發現失去貞操的婦女，包括那些遭受強暴者。對童貞的迷戀激發對年輕婦女與女孩的性剝削，而且，由於一種對純潔觀念的恐怖普遍激發了一種迷思，認為與處女性交是愛滋病的一種療法。[45]

深入一點

即使當你從對的性別、關係，以及歷史中篩選出候選人，要選擇一個長期的伴侶依然是件難事。當達爾文二十九歲的時候，對於要不要結婚一事感到相當苦惱。如下一頁所示，他寫下「娶——娶——娶 Q.E.D.」（Marry-Marry-Marry Q.E.D.）筆記，而幾個月之後他結婚了。

達爾文考慮的結不結婚的優缺點，恰是維多利亞時代的人以及進化論者的一種混合。子女位於「結婚」清單的第一要項，可是他們也出現在「不結婚」清單中，因為子女的花費與焦慮。性並沒有被明確提起，不過他提到了身體接觸。但是結婚優點中的主軸並不是性或小孩，而是達爾文認為，婚姻會豐富他的生命，給他一個朋友與伴侶。[46]

在他給愛瑪・韋格伍德（Emma Wedgwood）的其中一封情書裡，在他們結婚前一週，達爾文寫著：「我想妳將教化我，而且不久我將領悟到，與在沉默與獨立中建立理論與收集事實相比，人生中還有更大的幸福。」她辦到了；他們的關係相當親密，甚至對他的作品有一種本質上的影響，因為他對艾瑪的宗教觀的關心與尊重，讓他在演化如何塑造人類心智的主張變淡了。[47]

結婚

子女——（如果得神恩寵）——固定的伴侶，（以及老年階段的朋友）只對一人有興趣，——被愛以及一起玩的對象。——無論如何都勝過一隻狗。——家，而且有個人照顧家裡——迷人的音樂與女性的閒談。——這些事物都對一個人的健康有益處——**可是失去相當多的時間**。

天啊，想到要花一生的時間，像隻蜜蜂一樣，工作，工作而且此外無它，就令人難以忍受。——不，我不想這樣做。想像一整天獨自一人生活在被煙灰燻得髒兮兮的倫敦屋子裡。——只有當你想像自己有一位溫柔的好妻子，坐在爐火旁的沙發上，或許再加上書本和音樂——用這個版本和大馬堡街的髒污環境相比。

不結婚

想去哪就去哪的自由——選擇社交以及不太社交。——和俱樂部裡才思敏捷的人交談——不會被迫要拜訪親戚，也不用屈就每件小事。——沒有子女的花費與焦慮——也許口角——**失去時間**。——夜晚無法閱讀——肥胖與懶散——焦慮與責任——買書及其他等等的錢變少——如果子女太多就被迫得為麵包工作——（可是這樣一來，工作過度對一個人的健康有很大的壞處）

或許我的妻子不會喜歡倫敦；那麼這一句就要去除並且改成懶散、遊手好閒的傻子。

在擇偶時，達爾文追求的不只是身材的勻稱以及恰當的腰臀比例。他想要的是一個善良且特別的人。你能夠從一個人的臉孔與身體來研判年輕與健康，可是人也追求如聰明及仁慈等特質。聰明及仁慈的人在這個世界過得很好，他們的子女也是如此。你也想要有個忠實照顧子女的人，幫助你與支持你的人。目前規模最大且橫跨三十七個文化的一項調查研究人類擇偶偏好，就發現男女兩性最重視的因素是仁慈，[48]這個結果一點也不令人驚訝。

和達爾文一樣，我們在擇偶時，都希望找一個聰明、忠實而且仁慈的對象。重點在於看清對方是誰。

這就令我們想到生物學家所說的性擇（sexual selection）。想一下孔雀七彩繽紛的羽尾。它們一無是處——龐大而笨重，讓孔雀行動緩慢，又難以保持乾淨，給了肉食性動物「來抓我」的訊號。在發展出性擇理論之前，達爾文稱一見到孔雀羽尾就讓他很不舒服——這是對天擇論邏輯一種不光彩的反駁。

他想出的解決之道就是，這些羽尾對於生存並沒有直接幫助；它們並不是用來逃避肉食動物或捕食獵物，也提供不了溫暖或任何其他功能讓孔雀得以應付生物世界。可是它們可以吸引雌孔雀。[49]如果雌孔雀比較喜歡與色彩豐富一點的雄孔雀交配，那麼下一代將同時包括色彩比較豐富的雄孔雀以及愛好繽紛色彩的雌孔雀，所以，隨著演化歷史的開展，最後結局就是雄孔雀的羽尾。

在一九五八年，演化生物學家約翰・梅納德・史密斯（John Maynard Smith）把達爾文的這項分析擴展到解釋雄果蠅複雜難懂的飛舞。此種飛舞看似沒有什麼用途，而且的確如此——除非你把性擇的功能納入考量。雌果蠅用這種飛舞來決定和誰交配，是一種合理的演化選擇，因為你必須要有好身材，舞才跳得好。挑剔的雌果蠅得到身材好的子女，這種激發雄果蠅跳舞而雌果蠅尋覓舞者的遺傳基因就傳遍了整個果蠅物種。

心理學家吉爾費・米勒（Geoffrey Miller）則論述，人類天性中許多更有趣與炫耀式的面向，也是透過性擇而演化發展出來的，目的是向對方宣傳自己的價值。我們也是透過這種方式來顯露自己的好身材，米勒在此也把舞蹈納入，還有大部分的運動、藝術、慈善活動，以及幽默感。米勒認為大腦是一個「壯觀的性裝飾品」。[50]

此處我不打算仔細討論米勒的鉅型理論，但是他有兩個關於性擇的見解，值得我們探究一下。第一個見解是昂貴傳訊，我在前一章討論人們為何要花那麼多錢買瓶裝水時提到這個理論。這個想法是個人特質的展示只有在其涉及某些花費、某種程度的困難或犧牲，才會被他人當真。如果任何人都可以很輕鬆地做這樣的展示，那麼它就沒有什麼價值，因為人們不費吹灰之力就能充充樣子。昂貴傳訊出現在人們贈送彼此禮物，尤其是求愛期間。米勒以誇張的語氣問：「一個男人為何要送女人一只毫無用處的鑽石訂婚戒指，他大可買一顆上等的馬鈴薯送她，至少她還能夠拿來吃？」[51]他的回答是，禮物本身的花費與毫無用處就是它的重要特徵。鑽石象徵愛情，馬鈴薯則不是，因為多數人只會送他們在乎的人鑽石，所以發出的訊號就是財富與承諾的某種結合。

財富的價值並非承諾的唯一訊號。經濟學家泰勒・柯文（Tyler Cowen）指出，送給枕邊人最好的禮物就是那些你自己不會想要的東西。他說即使他的妻子會喜歡全套DVD互動遊戲「太空堡壘卡拉狄加」（Battlestar Galactica），[52]這仍然是個很糟的禮物，因為他本人也會從中得到樂趣，所以送這個禮物發不出對她有特別愛意的訊號。

其他訊號包括：改名、搬家，以及情人名字的大號刺青（而且不能是熱水一洗就掉的那種刺青貼紙！）。婚姻很顯然是一種承諾，而且只要離婚很難的話，結婚的代價就越高（也越成為愛情的一種象徵）。無論是多理性的婚前協議都有反效果，因為你是公然地把憂慮的訊號傳給對方，認為關係有結束的可能，而你要保護自己免於損失。一個男人在妻子不再能受孕之後，做了輸精管切除手術，傳達的訊號是，他不會離開她和年輕一點的婦女生小孩（可是同樣的，如果輸精管切除手術可以回復，就不算浪漫。）

這些都是關於承諾、愛情的訊號，儘管此種高成本的傳訊並不總是受人歡迎。例如，把一個人的耳朵割下來，通常就是一種極端，而第一次約會之後把對方名字刺在身上和自殘也是一樣。儘管這些訊號成功地傳達出興趣與奉獻，他們也傳達出絕望與瘋狂。

米勒提出第二個很棒的概念是「熱門選舉人」（hot chooser）。這個概念指的是，當我們擇偶時，我們要找的對象是帶給我們快樂的人。從個人角度來看，這點似乎顯而易見，但是米勒從一種適應主義的觀點來探討，認為它是某些特質的演化力量。

一個簡單的心理學例子就是陰莖。人類與其他靈長類動物在身體上有各式各樣的兩性差異——男性長鬍鬚，女性有較大的胸部與臀部、較窄的腰部——可是最顯著的差異在於男性生殖器。某些靈長類動物的生殖器看起來比人類生殖器還有趣。大狒狒有亮紫粉紅色的陰囊與紅色陰莖，長尾黑顎猴有藍色的陰囊與紅色陰莖，諸如此類。但是人類陰莖有明顯的觸覺優點，它比較長、比較厚而且比較有彈性——非常不同於其他靈長類動物較小、鉛筆細的陰莖，其長度只有兩至三英寸，而且有陰莖骨頭固定撐持。米勒提出一個有爭議的主張，認為這是女性在性擇下的產物；女性受到帶給她們性愉悅的男性所吸引，所以物種便演化出一個更好的陰莖。[53]

米勒認為，大腦的演化與陰莖非常相似。人們費心注意令人愉快的伴。我們比較喜歡與那些帶給我們快樂的人相處或結為伴侶。這一點給予演化理論新的角度。演化心理學家通常不是把心智視為一種科學的資料計算機，建構關於自然環境的理論，不然就是視其為一種試圖在社會支配的零和遊戲中以詭計智勝他人的陰謀家（Machiavellian schemer）。或許心智也是一個娛樂中心，受性擇力量所形塑，帶給他人快樂，擁有說故事、魅惑以及幽默的能力。

真愛

到目前為止的論述就是，性欲可以是很精明的。雖然我們已經演化發展出一種能力，對於臉孔形狀與臀部線條很敏感，我們也注意深層因素，包括性歷史、承諾的象徵，以及風趣、溫暖與仁慈。

此處我想要強調這種深層因素的另一面向，就是我們並非完全受臉孔或身體所吸引，甚至也不完全受人格或聰明所吸引。某些吸引我們的人剛好具備這一些特質。畢竟，我們愛上的是個別的人而不是人的某些層面。如同蕭伯納（George Bernard Shaw）所言：「愛情是全面誇大一個人與其他所有人之間的差異。」

愛情如此運作的理由有二。第一個理由是，愛情的誘惑力量。如果你跟我在一起是因為我的聰明、財富或美貌——與我個人情況是完全相反——那麼我們的關係就很脆弱。心理學家史迪芬・平克[54]扼要敘述了這種憂慮：

你如何能夠如此確定，一個未來的伴侶不會因為理性的原因而離開你呢——像是，如果有個十全十美的人搬進了你家隔壁。所以答案就是，不要接納一個一開始就基於理性理由而想和你在一起的人做伴侶；找一個因為你是你而承諾和你在一起的人做伴侶。

這樣的承諾似乎不理性，但是它是一種有吸引力的不理性，而且如果對方也對你有興趣，這就會更加吸引人。「抱怨你的情人長相、經濟能力與智商符合你最低限度的標準，或許會扼殺浪漫情調，」平克注意到。「要擄獲一個人的心是要做相反的宣告——你愛上對方是因為無法自拔。」的確，神經科學家已經找出專司愛與情感依附的系統，[55]有些學者則辯論說，你能夠以同樣方式像對古柯鹼上癮一樣，對某一特定的人上癮——不過此處所探討的上癮並非浪漫愛，比較是母親對子女的愛。[56]

不過，以個體為焦點並非只是一種誘惑的策略。我們為何能夠愛上對方是因為其擁有對我們很有用的一切事物。這是我們思考藝術作品、消費產品，以及具有情感物品的方式。如果我擁有一幅夏卡爾的畫作，會很不高興某人把它換成複製品，即使我看不出任何差異。我要的是那幅畫，不是看起來像那幅畫的東西。一支仿冒的勞力士手錶的價值要比真品來得低，不管它有多好，而當我們把兒童的安全毯或泰迪熊換成一模一樣的複製品時，他們是不開心的（我們在實驗室所做的研究——請見下一章）。

有個關於愛情的例子，想一下你最愛的人。現在想像世界上有另外一個人，外表長得與你所愛的人幾乎一模一樣，以致於大部分的人都無法分辨。現在想像他或她和你身邊的伴侶的基因相同，而且由同樣的父母親在同樣的屋簷下撫養長大。

換言之，想像你的伴侶有一個一模一樣的雙胞胎手足。如果你是受到一個人的特質而不是他或她的人所吸引，那麼這份吸引力應有相當程度延伸到雙胞胎手足。有趣的是，另一半為雙胞胎的相關研究結果並非如此。[57] 浪漫的吸引力是針對你所嫁娶的人，而不是他或她的表面特質。

同樣的，性欲也是針對個人而不是屬性——雖然在此可以是較不熟悉的人引發較大的反應。以薩・巴希惟思・辛格（Isaac Bashevis Singer）所寫一齣關於一個偶然床計的戲劇[58]，就是一個很好的例子。故事裡一個傻子離開他所住的村莊切爾姆（Chelm）去流浪，迷了路，最後回到村莊，但是他搞不清楚狀況，以為自己到了另一個村莊，只是那裡的人長相和他自己村莊的人一模一樣。他見到自己的妻子，他們已經結婚很久，他的性欲也被強烈地喚起。在知覺層次上，她看起來當然是很面熟——但是我們並非靠知覺的生物。就我所知，從來沒有人做過這方面的研究實驗，但是我肯定雙胞胎的另一半們將會受到很不尋常的影響，如果見到丈夫或妻子的雙胞胎手足裸著身體，或許就會被挑起性欲，雖然在知覺層次上，對身體是完全熟悉的。

的確，每天在網路上，都有人在進行這種實驗的各種變化版本。色情網站吹噓一些宣稱從電影剪輯而來的明星裸體照片，或在某些例子裡是從偷窺鏡頭而來。認為這些照片能引發性欲，其假設並非在視覺經驗本身（這些照片有時模糊而且無法辨識）；而是關於此人是誰的認知。如果有人告訴你，這張照片是另外一個人，那麼性欲就會消退。雜誌將付大錢買一張有吸引力的名人裸體照片，而不是買一張長得像這位名人的某個人的裸體照片，即使在知覺層次上，看起來是同一張照片。這像是性欲版的弗米爾對上范・米格倫。

也想一想正在發展的領域，電子性愛機（teledildonics），在這個領域裡，一個人能夠在網路上透過附件提供的不同類型刺激而與一個真實的人性交。如果我是投資人士，我會投資這個領域，因為我想像這樣的一種活動，在科技行得通的情況下，會大受歡迎。它將提供機會讓人與一個真實的人（雖然在遠方）性交而不會有什麼後果。這也會是一個有用的例子，用來說明我先前討論過的關於性吸引力的深層因素。人從這個經驗裡所可能得到的快樂，很大程度上將取決於在網路另一端是誰在壓按鈕。一位美麗的電影明星？某位同性別的人？你的母親？在身體層次上，可能都一樣，但是重要的並非身體層次。

有關欲望的本質主義性質的最後一個實例說明，是一種少見的失調症，稱為卡波格拉斯症候群（Capgras Syndrome）。[59]患者相信，與他們親近的人，包括配偶在內，已經被實在的複製品給取代。有個理論認為，它是由於大腦中主司我們見到親愛的人時會有情緒反應的區域受損所引起。患有此失調症者，可能因此經驗到，某個人看起來長相就像妻子，可是感覺不像是她。患者的直覺反應是，她是個陌生人，所以解決之道就是把她當成一位冒牌者——或許是一個複製人、外星人，或機器人。

患者典型的反應是出現恐懼與憤怒，而且患者有時會謀殺家人。但是據我所知有個例外，是辛格的流浪傻子的真人真事版本。這是一九三一年的個案研究，有個婦女抱怨她的情人在性方面無能；他的生殖器有缺陷，而且很拙劣。但是當她腦部受創之後，她認識了某個「新」人。他看起來就像是她所認識的男人，[60]可是卻「富有、陽剛、英俊，而且有貴族氣質」。性欲與愛情是深層的，而她的腦部損傷允許她重新開始，把情人看成是一個完全不同的人，一個更好的人。這個實例就是吸引力的本質主義本質。如莎士比亞所言：「愛不是用眼睛看，而是用心去感受。」

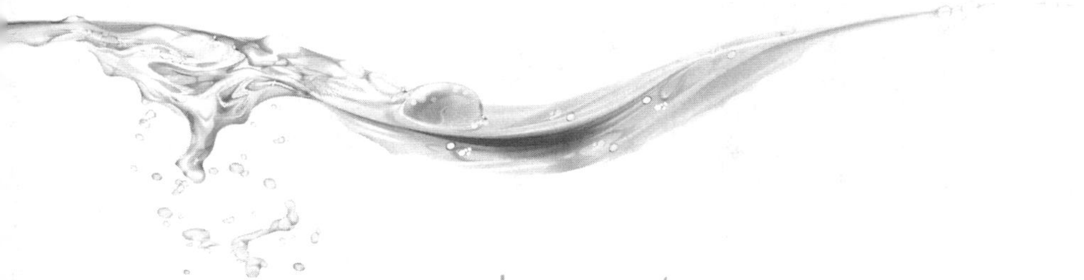

chapter 4

占有的快樂

我們常常拒絕某些物品可以用錢來交換的概念。金錢通常是一種不恰當的禮物，對那些你喜歡以及摯愛的人，你得送實質的物品。

你願意接受多少錢以交換你的一顆腎臟？你的小孩呢？性愛要多少錢？假設一位百萬富翁被逮捕或是被徵召入伍——多少錢你才願意取代他的位置？

人們從事類似的交換由來已久，但是如今它們在世界上多數地區都是非法的行為。哲學家麥可・華哲（Michael Walzer）以〈金錢買不到的東西〉（What Money Can't Buy）[1]為題所做的有趣討論中，提供一張美國地區黑市交易的清單，項目包括：

一、人（例如：奴隸）
二、政治權力與影響
三、刑事訴訟
四、言論、出版、宗教，以及集會結社的自由
五、婚姻與生育權
六、免除兵役與陪審團職責
七、政務
八、危急交換（desperate exchanges）（同意放棄最低工資法、健康與安全條例）
九、獎項與榮耀
十、神聖恩寵
十一、愛情與友誼

這些禁止的買賣都是「禁忌交易」（taboo trade-off）。[2]這並非只是我們個人不想要參與這些交換買賣，或是我們相信，這些買賣一旦開放，人們實際上就會每況愈下。更糟的是，許多人發現這種交易是駭人的、反常的、道德敗壞的。在一項巧妙的實驗中，心理學家菲利普・泰洛克（Philip Tetlock）及其同僚[3]告訴研究對象一個故事，說有人在深思熟慮後做了一項禁忌交易——某個醫院主管必須決定是否要花一百萬美元來挽救一個垂死的五歲兒童——他們發現不管這個主管最後有何決定，研究對象都表示不贊同，他們認為此種選擇是敗德行為。

這些禁忌交易的例子可能非比尋常。畢竟大部分事物都有其價格；我們買賣如汽車、襯衫與電視時並不覺得困擾。我們對日常用品是以其用途為基礎來決定其價值——它們能夠為我們做什麼。這就是參與一個市場經濟的意義。

在這一章，我要說明情況並非如此單純。一開始我要讓讀者看到市場對我們的心智有多不友善，我們有多常拒絕物品可以用錢來交換的這個概念。接著我轉向一個問題，我們為何喜歡擁有某種東西，我要論證雖然實用性很重要，但在這之外還有更有趣的事情在運作。我們是本質主義者，即使幼童在思考我們擁有的東西時，也是從其隱藏的本質來看，包括它們的歷史。這種本質主義解釋了我們喜歡日常物品的什麼部分——並且解釋為何有些物品能夠帶給我們豐富而持久的快樂。

市場的失敗

幾年前一個夏天，某個人闖進我的屋子，從一樓後面我們沒有關上的某扇窗戶偷溜進來。這扇窗戶很小，所以竊賊很可能不是成年人。在窗戶旁邊是一張書桌，書桌上是一台新的筆記型電腦（我的），以及一台舊一點的桌上型電腦（我太太的），還有我的皮夾。這個竊賊沒有拿走這些物品，他（或她，但我根據一些檔案資料猜測是個他）也沒有偷走房間內的電視或錄放影機。他反而拿走我們的Xbox以及所有的遊戲。就只有這些。

我們和警察同樣感到困惑。皮夾沒有被拿走特別讓人不解，因為裡面裝滿了鈔票。我猜最簡單的解釋就是，竊賊沒注意到它。但是我可以想出一個更有趣的解釋。

也許這個竊賊並不把自己當成一個竊賊。經濟學家丹・艾瑞利（Dan Ariely）發現，金錢具有一種特殊性。[4]他發現麻省理工學院的大學生以及哈佛大學企管研究生比較可能偷罐裝可樂而不是小額紙鈔。這點根據直覺來看是有道理的。我不會想要走進心理學系前面的辦公室，打開零錢抽屜，然後拿走五塊錢，讓我在回家路上可以買點東西給我的小孩。我不是一個竊賊。但是走進儲藏室去找其他材料，並且順手拿起一些膠帶、剪刀和紙張（淨值五塊美元），帶回家給小孩子做他的美勞作業，又是另一回事。

我並不是說到我家的竊賊覺得自己沒有罪惡感，但是他可能猜想得到，把現金拿走是不同層面的犯罪行為，比他想要的還要嚴重。

人類學家艾倫・費斯基（Alan Fiske）提出的一個分析架構，有助於我們了解這個現象。他注意到在全世界有幾種交易體系。[5]最自然且普遍的是公共分享（Communal Sharing），這是在家族與小團體之間的一種體系（我的就是你的；你的就是我的）；以及公平匹配（Equity Matching），這是牽涉貨物與服務的對等交換（你幫我抓背；我也幫你抓背）。這些交換方式甚至也可見於非人類的靈長類動物。[6]最後一種自然的交易體系是市場定價（Market Pricing）。這種體系包括金錢、債務、利息、高等數學，諸如此類。這可能是一種最佳的理想體系，但是它並不是普遍的，其他物種並沒有這種方式，而且只有透過相當多的經驗與實踐才能理解。

這些交易體系觸發不同的心理狀態。市場定價——任何事情都必須與金錢有關——是嚴厲且不講人情的，依法律來行事。艾瑞利的研究就是這方面的實例。另一個實例來自於我自己的研究——並非從真正的研究結果而是從我們的研究方法而來。當一個研究生以大學生為研究對象時，他或她有時候會坐在校園裡一張桌子前，請學生填寫問卷或回答一些訪談問題。耶魯學生都很忙，而且通常都是有錢人，如果我們回饋他們兩塊美元，很少有人願意止步。我們改用果汁茶飲（Snapple）或M&M's巧克力。這個方式進行結果比現金回饋還順利——雖然我們提供的小禮物價值不到兩塊美元。金錢會讓我們的請求成為一種商業交易，而且還不是一種吸引人的交易，而提供零食卻能把人性較好的一面引發出來。

同理，空手到某人家裡作客吃晚餐可能沒禮貌，可是拿出幾張二十塊美元現鈔給主人就更糟——或者是用餐後整個人往椅背一靠，然後說：「太棒了。記到我的帳上。」一金錢通常是一種不恰當的禮物，雖然就使用效率的準則來看，金錢是完美的禮物。它比花束、葡萄酒或珠寶還要好，因為如果你送錢，對方就可選擇要買花、葡萄酒、珠寶或其他東西，或是存下來改天再買。問題在於，金錢是作為冷血市場交易之用；對那些你喜歡以及摯愛的人，你得送物質品。

有些例外情況。金錢可以是一種結婚禮物，對一對新婚夫妻的財務需求展現關心（不過，如果這對新婚夫妻的年紀比你大或是比你有錢，那麼送錢就不恰當）。你也可以送錢給一個兒童，這是因為我們假定成人與兒童之間的地位差異是如此之大，以致於送錢不會被當成是一種污辱。

解決金錢禁忌的方法各式各樣。人們可以「登記」禮物。取代收受金錢並用它來買東西（禁忌），收禮的人預先選擇禮物，然後送禮的人買那些品項送他們（非禁忌）。在我的經驗裡，許多已婚夫妻在生日與結婚週年紀念日上都使用這種方式：他們明確讓對方知道買什麼送自己。

還有一種禮物卡，這是一種幫助送禮者（不用選擇禮物）與收禮者（得到一些選擇）的機制。然而這種卡片與金錢雷同，讓它顯得特別怪異：一張五十元的禮物卡就像是一張五十元鈔票——除了它只能被使用在一間商店或連鎖商店，以及不久就會過期之外。從那些販售禮物卡的業者角度來看，這是一種天才發明——公司行號每年都因未使用或過期的禮物卡而賺進數十億美元。[7]

我們學會了適應市場交易。我們能夠為一台iPod或一條巧克力棒貼上一個價格。我們甚至也為非法或不道德的交易進行這類的金錢計算；畢竟，人們有時候的確從事禁忌交易如性、選票或腎臟等，所以他們一定有關於這些活動與物品值多少錢的制度。

一般而言，如果我們沒有把日常用品與服務附上價值，就會不知所措。並非只是市場定價需要如此，公平匹配與公共分享體系也需要如此。當我們盡力要平均分配不同的資源如玩具等等給子女時，就必須做這些計算。我們不付錢給煮晚餐請我們吃或幫我們拿信的朋友，但會送禮物給他們，因此也就必須計算恰當的禮物價值。那一瓶葡萄酒應當要多貴？如果有人幫忙照顧我的狗一個月，我回家後若送這個人一盒口香糖，就是接近失禮的小氣（不送反而還比較有禮貌），可是若送對方一輛汽車，則是接近病態的大方。

此外，在一個資源珍貴的世界，我們也相當理解一切東西都有其價格。例如：我不該用錢來計算我陪家人的時間——從泰洛克的角度來看，這是一種禁忌——但是我的做法顯然是這樣，因為我離開家人去進行一場演講來賺錢。我的婚戒有情感價值，我也不會用一百美元賣給你，但是一萬美元我就會把它交出去。

更可怕的是，在世界上多數地區，有人被迫要做恐怖的選擇，比如婦女從事性交易以餵飽自己的兒女。甚至在最富庶的社會——政府一定要在各方面的價值間取得平衡，如環境、為窮人安置住居、補助藝術、醫療保健等等——也很難避免這種交易的發生。生活可以是零和遊戲，每花一分錢支持一個劇團，給兒童注射疫苗的補助就少了一分。保險公司就某人斷了腳趾、手臂，或失去雙眼而計算要賠償多少錢。即使人也是被用錢來計算。如果政府要花一千萬美元才能拯救十條人命（比如透過一個疫苗注射計畫），應不應該實施？要是十億美元救十條人命呢？

我們不可能在思考這些問題時，不去做市場定價中可能最困難的延伸——把人類生活標上一個價格。

個人史

現在我們來想一想那些相對而言比較容易用金錢交易的東西。不是性和腎臟，而是杯子與襪子。我們是如何計算這類東西的價值？

顯然這裡存在一種東西能為你做什麼的功利主義考量。一輛汽車有價值，因為它能帶你到各地；一件外套可讓你保暖；一支手錶告訴我們時間；一間屋子可讓你用來居住；一瓶葡萄酒可讓你喝醉，諸如此類。這些財產是基於這些物品的物質屬性，此外無它。如果有人拿走我的手錶並且以一支完美的複製品替代，手錶的計時效用並不會改變。

比較有趣的是，一件物品的歷史也很重要。假設你問某人，她願意付多少錢買一只咖啡杯，假設她說五美元。你收了錢，也交出咖啡杯，然後你就問她願意以多少錢讓你把杯子買回。理性的答案會是五美元——或許多付一點以支付來回遞送的麻煩。如果她以六美元賣出，她只花十秒鐘功夫就賺進一美元利潤。但是我們的頭腦並非如此運作；人們通常不會只賣六美元。杯子的價值激烈增加。杯子現在不同了。那是她的杯子，這一點就提升它的價值——又稱為稟賦效應（endowment effect）。[8]實際上，一個人擁有一項物品越久，它就變得越有價值。[9]

個人經驗所扮演的角色的另外一個例子，是有關人對於一項物品所做的決定。你可能認為我們選擇我們喜愛的東西。這當然是真的。但是比較不明顯的事實是，我們喜歡我們選擇的東西。

社會心理學家傑克·布倫（Jack Brehm）在五十年以前已經證實這個現象。[10]他請家庭主婦就她們對一系列家用電器比如咖啡機和烤麵包機的喜愛程度進行排名。他拿出那些婦女評比為具吸引力的品項，告訴她們，每個人可以選擇其中一項並帶回家。每一位婦女在選好之後，要針對所有品項再排名一次。布倫發現，被選中帶回家的物品名次上升，而其他物品名次下降。（題外話，那個時代的倫理標準不同；當實驗結束時，他讓所有受試的家庭主婦知道他說謊——她們無法真的把物品帶回家。一位婦女當場掉淚。）

你喜歡你選擇的東西；你不喜歡你沒選的東西。有個簡單的實驗，讓人可以在酒吧內進行。拿三個一模一樣的東西，比如杯墊，把其中兩個放在你的實驗對象面前。請他二選一。沒錯，它們看起來都一樣，但是還是要從中挑出一個。一旦選好之後，就把選中的那個交給他，接著拿出第三個杯墊，請他現在在沒選的那個及新的杯墊之間二選一。你將發現被拒絕的那個物品的價值是下滑的——這是受到初次就沒被選中所影響，所以受試者傾向於選擇新的物品。

沒有人真的知道為什麼如此。也許這與自我提升有關；我們想要自我感覺良好，所以我們就提高我們所選物品的價值並且貶低沒選的那條路。或者這也許是一種發展出來的心理機制，要讓重複的困難決定變得容易些——一旦你在兩個封閉選項間做出選擇後，你的選擇將讓這兩個選項之間的差異變得更大，讓它在未來變成為一個較容易的選擇。第三個建議是自我知覺理論。我們評估自己的選擇彷彿好像是由別人做的一樣，所以當我觀察自己選A而不是B時，就等於做了一個結論，認為如果換成別人也會做這個選擇。A或許比B還要好。[11]

無論正確的解釋是什麼，顯然個人與某一特定物品的歷史關係影響他對該物品的評價方式。這個情況不只限於成人。我在和研究生路易莎・伊岡（Louisa Egan）（目前在東北大學的克羅茲管理學院），以及同僚羅莉・珊德斯（Laurie Santos）共同合作的一系列實驗中，做了一系列關於選擇的研究，實驗過程運用前述的三種物品。我們發現四歲幼童與捲尾猴身上都有預期的價值改變。[12]

接觸

另一個與物品有關的面向是它在屬於你之前的歷史——它從哪裡來，它最初是為了什麼原因而存在，誰接觸過它，誰擁有它，誰使用過它。有時候這類接觸是與某個名人有關。我們可以在一個心理學實驗室做這個研究，但是當我們反觀真實世界人們選擇買賣的東西後，這個現象就很明顯了。

只要在拍賣網站eBAY待個幾分鐘，就可以看到某個名人接觸過後，該物品的價值就會增加。在我們文化中很重要的一種接觸就是簽名。我在寫到這裡時，愛因斯坦的簽名是兩百五十五美元；一封甘迺迪總統的親筆簽名信，三千美元；一封吐派克・夏庫爾（Tupac Shakur）在獄中寫的親筆簽名信，三千美元；一張有《星際大戰》（*Star Trek: The Next Generation*）班底演員簽名的海報，七百美元。要做出這些簽名的副本是很容易的，幾乎與原作難以區別，而且簽名毫無用處。原作藉著歷史的力量而獲得其價值。[13]

與一個重要人物的日常接觸也能增加價值。例如，一九九六年的一場拍賣會上，甘迺迪總統的高爾夫球桿以七十七萬兩千五百美元賣出，而甘迺迪家用量尺則賣得四萬八千八百七十五美元。[14]曾經有人拍賣歐巴馬總統吃了一半的早餐（在它被網站移除之前，競標價格曾經飆高超出一萬美元，但網站並不允許拍賣食物），以及小甜甜布蘭妮嚼過的口香糖。講到布蘭妮，二〇〇七年十月的時候，一位攝影師的腳被她的車子壓傷；然後他就在eBAY上以「音樂名人收藏品」（music memorabilia）為題來拍賣他的襪子：

> 真正被布蘭妮壓過的襪子。當小甜甜的座車在星期四壓過TMZ攝影記者的一隻腳時，他正穿著這隻襪子。保證輪胎壓過的真品！

這種現象並不新鮮。在中古世紀，有人兜售據說是聖人骨頭或是基督被迫害使用的十字架碎片，這些人生意都很興旺。在莎士比亞[15]過世後，人們砍下他屋子周圍的樹木，作為製造高價物品的特殊木材。拿破崙墓園四周的樹木也都被拉倒並拆成碎片帶回家當紀念品（拿破崙的生殖器也遭受類似的命運，為他主持最後一場儀式的牧師把它割下來帶走）。[16]

我最喜歡的一個關於接觸力量的例子是作家強納坦・薩弗倫・弗爾（Jonathan Safran Foer）[17]對空白紙張的收藏。弗爾的這項收藏，是從收到友人寄來的一張空白打字紙開始，那是以薩・巴希惟思・辛格一疊未用過的打字紙其中第一張，他的朋友在協助整理歸類辛格遺物時拿到的。弗爾聯絡其他作者，請他們把自己接下來要使用的空白紙張寄給他，他就收到了理查・包爾斯（Richard Powers）、蘇珊・桑塔格（Susan Sontag）、保羅・奧斯特（Paul Auster）、大衛・福斯特・華萊士（David Foster Wallace）、莎娣・史密斯（Zadie Smith）、約翰・阿普戴克（John Updike）、喬伊斯・卡羅爾・奧茨（Joyce Carol Oates）以及其他人寄來的紙。他甚至還設法要哄騙倫敦佛洛伊德博物館的館長，希望他把佛洛伊德書桌上一疊空白紙其中的第一張給他。這個例子說明了最平凡的東西（空白紙！）如何能夠經由某人對它歷史的認識而獲得價值。

巫術

有個理論指出，人重視這些物品是因為直覺上知道別人對它們的評價。例如，我們可能付大錢買甘迺迪家的一捲量尺，因為可以向人炫耀自己擁有這件物品，或是指望他人以後用一個更高的價格向我們購買。另一個解釋是，這些物品之所以貴重，是因為它們有能力喚起回憶。它們讓我們想起懷念的人，而且我們也因為這一點而感到快樂。

儘管這兩種解釋所提供的答案很重要，但沒有一個解釋是充分的。人們喜愛這些物品往往有自己的理由，而不是去炫耀或賺錢。對於那些我們珍惜的個人物品，比如我們子女穿過的嬰兒鞋，沒人想要，也沒人在意我們擁有。而且儘管某些物品與個人具有正面關係，這也無法充分解釋它們為我們帶來的快樂。如果我只是想要回憶我兒子在嬰兒時期的歲月，那麼複製的嬰兒鞋也許有效果，但一片記錄他嬰兒時期的高品質錄影帶甚至更好。如果有人想要回憶甘迺迪，那麼一張巨型海報就行得通。此處還有別的因素在運作，那就是這些物體與特定人士之間的接觸關係。

也許這個別的因素與巫術有關。人類學家詹姆斯・弗雷澤（James Frazer）在《金枝》（*The Golden Bough*）一書裡談到某些普遍信仰，其中一種是接觸巫術（Contagious Magic）：[18]「從這個概念而來的是，曾經結合一起的事物，其結合狀態必定延續下去，即使彼此已經分離開來。」弗雷澤舉巫毒教為例來說明這個現象：「巫術的擬情假定是存在於一個人和這個人的任何分離部分，如他的毛髮或指甲；如此一來無論是誰擁有這個毛髮或指甲，無論距離遠近，都能驅使這些毛髮指甲的原有人根據自己意志來行動。」

這個理論能解釋某些物品的吸引力——透過身體的接觸，它們就充滿一個人的本質。那麼，這就不只是因為這個物品讓人想起這個人；這個物品確實保有這個人的某些部分。

最明顯的例子就是收藏真人的部分身體。文藝研究學者茱蒂斯・帕思寇（Judith Pascoe）注意到許多收藏家都從擁有名人的部分身體[19]而得到快樂。她的舉例包括拿破崙的生殖器與腸子，濟慈的頭髮，以及雪萊的心臟。雪萊的心臟還被他的妻子留在身邊，引發史上一樁偉大的監護權爭奪。帕思寇認為，浪漫時期的人們相信物品，包括人類的部分身體「充滿了來自其所有者身上的一種永久情操」。我同意，但是我認為這是人類歷史中一直都存在的事實。

不過，它並不一定要來自某人真實身體的一部分。曾經與這個人有過密切接觸的東西也有同樣效果。這就得以解釋為什麼拍賣名人穿過的衣物可以賺錢。這也解釋了人們最想要的關於衣物的某種狀態。一個販賣此種衣物的慈善機構曾經提供一項服務，把衣物寄給買家之前先送去乾洗——可是他們去除了這個選項，因為不受歡迎。人們要的是衣物被演員穿過之後的狀態，包括汗漬。[20]他們不要本質被洗掉。

我和耶魯同僚喬治・紐曼（George Newman）及心理學家吉爾・狄森卓克（Gil Diesendruck）合作的一系列實驗[21]中，我們以一種比較操控的方式來測試這個正向感染理論。我們請研究對象先想一個他們仰慕的名人（他們想的人包括歐巴馬與喬治・克隆尼）。接著我們問研究對象，他們願意花多少錢來買一件曾經是這個人所擁有並使用過的特別物品，比如一件毛衣。這項研究的主要重點是要了解人們對於某種約定條件與轉變的反應。有些研究對象被告知，他們無法轉賣這件毛衣，或是不能讓人知道他們擁有這件毛衣。這個條件造成價格往下降了一點，說明他們想要這件毛衣的一個理由，真的是與轉賣的價值或炫耀的權利有關。另一些研究對象被告知，這件毛衣在他們拿到之前，已經徹底消毒過。我們預期這會造成一種更大的影響效果，而的確如此；他們願意付的價錢往下掉了將近三分之一。在另一項研究中，我們告訴研究對象，名人的這件衣物原是份禮物，但是他們從未真正穿過——這個情況還是讓毛衣變得比較沒有吸引力；人們願意花的錢比較少。因此，一個名人接觸過的物品，其部分價值在於這個蘊含概念，認為它擁有名人的殘留在上面。這個發現與其他研究結果都一致顯示，人們比較可能購買一項被某位具有高度吸引力的人接觸過的產品。[22]

我們也問研究對象，他們穿這件毛衣會有多快樂。結果我們發現，不能公開這項購買行為以及絕對不能轉賣這兩項條件，並不影響他們穿毛衣的意願。可是，正如預期，研究對象若認為這件衣物被消毒過或是從未被名人穿過，穿這件毛衣的快樂感就會降低。

目前為止，我的討論都集中在正向的接觸。但是還有一種對應現象，那就是與一位不名譽的人接觸會造成一項物品的價值往下掉。心理學家布魯斯•胡德（Bruce Hood）

有一本迷人的著作《超感官》（*SuperSense*），[23]書中一開始就描述英格蘭格洛斯特（Gloucester）的市議會如何下令摧毀弗列德（Fred）和羅斯瑪麗・魏斯特（Rosemary West）的屋子。這件屋子是他們強暴、虐待並且殺害年輕女孩的地方，她們的屍體被埋在屋子地下室以及花園裡。市議會決議，移除房子的磚塊，把它們壓碎成灰並撒在一個匿名地點的垃圾掩埋場，且不公開地點。類似的方式也用於處理傑弗瑞・達莫曾經住過的公寓；它現在是一個停車場。美國某些地區有揭露法（disclosure law），規定房仲業者必須說明他們銷售的是否為「凶宅」（stigmatized home）。這種影響效果也出現在心理學家婁辛及其同僚的實驗研究中，他們發現人們不願意試穿一件希特勒穿過的毛衣。[24]

然而，有趣的是，此種負面物品也有一種魅力。有一些人會從住進達莫的公寓、穿上希特勒的毛衣，或是擁有一塊魏斯特屋子的磚塊中得到樂趣（想必這就是為何格洛斯特市議會要努力把這些殘餘的磚塊藏起來）。一些品項如查爾斯・曼森（Charles Manson）的頭髮、約翰・維恩・蓋西（John Wayne Gacy）的畫作，以及薩達姆・海珊的私人財產，定期以「特」拍的方式來銷售，有時候每項物品賣數千美元。[25]

不過，這是小眾品味。我們做了個喬治・克隆尼／歐巴馬實驗的變形，這次改問人們他們願意花多少錢來買一件被藐視者的衣服。許多人都不願花錢，並且說他們不會從穿這件毛衣中得到快樂。那些會買的人並不在意消毒的事，但是如果他們得知他們不能把它轉賣，那麼他們願意買的價格就大幅下降。這個現象指出，我們的研究對象重視這些被人藐視的物品，主要是因為他們以為別人會想要買。

對歷史的興趣

兒童評價物品是否以其歷史為準則呢？他們要這樣做，必須要能把物品想成是不同的個體。這不是小事。這一點比回應物品屬性還要複雜得多。天擇可以輕易地讓一隻飛蛾的腦袋演化出受光吸引，或是讓一隻狗的大腦對某些味道有所反應，或是讓一個嬰兒的腦袋去偏愛美麗而不是醜陋的臉孔。任何簡單的中性網絡能通則化，對類似刺激以類似方式回應。這種屬性的感受力是如此的簡單，以致於它甚至不需要一個頭腦；甚至抗體都是種類的探測器，能靈敏感應出任何具有某種特定屬性的抗原。

有些學者宣稱，大腦不過只是一台通則化的機器。我們理解這個世界裡的物品，是透過與這些物品所擁有的屬性產生共鳴的方式。哲學家喬治・柏克萊（George Berkeley）[26]在一七一三年恰好總結這個看法：「拿走柔軟、濕潤、紅色、酸味的感覺，你就拿走了櫻桃。因為這些感覺無法分開來看，我說，一顆櫻桃不過只是一個由各種感官所感知的印象或觀念的聚集體。」

可是柏克萊錯了。我們並不只局限在回應櫻桃的屬性而已；我們能夠把櫻桃當成個別物來思考。你能輕易地想像在一個盒子裡的櫻桃，每一顆都柔軟、濕潤、紅色，以及帶有酸味，但是你知道櫻桃有兩顆，不是一顆。這並不是因為我們只是敏感於屬性的重要而已——任何人都能分別在兩顆小櫻桃與一顆大櫻桃之間的差異。你能輕易地追蹤出某個人，即使其屬性是不穩定的，就像當一隻毛毛蟲轉化成為一隻蝴蝶，或是一隻青蛙變成一個王子，或當大都會區的好人看著天空某個模糊的形狀並且說：「那是一隻鳥、那是一架飛機……那是超人！」而如果某人拿一顆櫻桃，把它塗成綠色，注入鹽巴，還把它結凍成固體，它現在已經失去柏克萊所列的標準屬性，但是它並沒有消失；個體繼續存在，即使當它的屬性已經改變。

甚至是小嬰兒也有個體的想法。心理學家凱倫・韋恩（Karen Wynn）在一項以六個月大嬰兒為對象的巧妙研究中，示範說明了這一點。實驗人員給嬰兒看一個空白的舞台，然後再用簾子把舞台遮住。接著就給嬰兒看一個米老鼠布偶並且把它放在簾子後面，在嬰兒視線範圍之外。接著再拿出另外一個一模一樣的米老鼠布偶，也是把它放在簾子後面。然後就把簾子打開。嬰兒期待看到兩個布偶；如果出現一個或三個的話，他們就看得比較久，表示他們感到驚訝。這個研究結果通常被引用來作為嬰兒算數的證據（他們知道一加一等於二），[27]但是它也告訴我們另外一點，就是嬰兒會追蹤個別的物體。

這種對個體的推理能力出現在兒童大約一歲時候的用語。兒童的第一個單字通常包含了代名詞如「這」與「那」能夠用來指出環境中特定的個體。[28]在被研究過的不同語言裡的兒童都是如此，包括漢語、丹麥語、法語、希伯來語、義大利語、日語、韓語、克丘亞語（Quechua）、薩摩亞語（Samoan），以及瑞典語。有些兒童創造自己的代名詞來指出在他們周圍的物體。我的兒子麥克思在大約一歲大的時候，會指著東西並且用升高的音調說：「兜（Doh）？」[29]他不一定是想要我們對著他所指向的個體做什麼事；他只是想要指給我們看。

思考個體的能力，對於物體的本質主義來說是必要的，但是這還不夠。兒童或許能把一件東西和另一件東西分別開來，知道兩個有相同屬性的物體是不同的，但是這並不代表他們相信物體有本質或是他們認為物體的價值會受其歷史所影響。

要探索這個議題，我和胡德合作進行了一系列研究。[30]在這些研究中，我們需要一台複製機器，能夠創造真實世界物品的完美副本。

想一下人能用這樣一台機器來做什麼。人可能變得富有、複製黃金、鑽石、綠寶石，以及有價值的人工製品如手錶與筆記型電腦。但是並非所有的複製品都與原物的價值相同。如果你複製一疊鈔票，你可能會想要花這疊複製鈔，但是因為法律體系的認定，你用了可能得坐牢很久——偽造是被界定為某件事物的起源不對。你可能把一幅畢卡索的畫放進這台機器複製、或是你的婚戒、或是你收藏的吐派克親筆簽名，但是接著你會小心謹慎地把這些副本分開保存，因為它們的價值比原件要低上許多。複製你的倉鼠、小狗或小孩會產生其專屬的某種道德與情緒後果。

我們從小型實驗開始，探索兒童是否像成人一樣，領會某個東西如果曾經屬於一個名人就有價值。由於我們的任務有點複雜度，我們測試大一點的兒童——六歲大。即使是這個年紀的團體，我們也會立即遇到一個問題——他們並不知道任何名人（哈利波特不算在內——我們想要的是真人）。這個問題在女皇伊莉莎白二世訪問英格蘭的布里斯托（Bristol）時解決了，因為我們就是在當地進行實驗。我們在女皇的訪問之後立即開始測試兒童。

立體的複製機器不存在現實世界，並不是一個嚴重的問題。胡德是一個業餘魔術師，他發現要創造這樣一個舞台裝置，如圖所示，在一個布簾前面有兩個盒子，只是小事一樁。

示範一下這台機器，一開始把盒子打開。其中一個盒子內裝有一塊綠色的木頭，兩個盒子都關上。實驗人員調整一些控制鈕，然後啟動一個蜂音器。幾秒鐘後，第二個盒子的蜂音器啟動，實驗者打開兩個盒子的蓋子，每個盒子內都有一塊綠木（「複製」出來的那一塊是由藏在布簾後的另外一位實驗人員塞進盒子裡）。

當我們把這台機器展示給兒童看時，沒有人認為這是一個把戲。這點符合其他研究結果，兒童很輕易就相信了這個不尋常的機器。[31]他們沒有懷疑的理由。他們活在一個有飛天巨罐、切割金屬的雷射光束、說話的電腦等諸如此類事物的世界裡。而且我們已經有基本的平面複製機器——你可以拿著一張麥可・喬丹的親筆簽名，放進一台影印機，按下按鈕，結果就會出現一張與原作難以區別的喬丹簽名。一台立體的影印機有什麼好奇怪的？接受我們測試的兒童覺得這沒有什麼。當我們請兒童解釋他們看到了什麼，所有兒童都說，機器複製了木頭。

我們教兒童估價方式，給他們十個籌碼，教他們依據每對物品的價值，來分配這些籌碼。例如：一個迷人的玩具以及一顆石頭，而且當他們同意玩具比較值錢之後，他們就學習把多一點的籌碼分配給玩具。

接著我們給兒童看一只金屬小酒杯或是一根金屬小湯匙。實驗人員告訴他們，這個物品很特別，因為曾經是女皇伊莉莎伯二世所有。在轉換之後，盒子的門打開，每個盒子內出現一模一樣的物品（酒杯或湯匙）。接著再請兒童估算，每個物品值多少籌碼。

我們安排另外一組兒童，告訴他們，複製的物品是銀製的，所以很值錢；我們並沒有對這組兒童提到女皇。

一如我們的預期，女皇擁有過的物品比複製品得到更多的籌碼數。兒童知道這一類的接觸為一項物品增加價值，這種價值是一個複製品無法承載的。這個結果並沒有出現在另外一組兒童身上——一個物品之所以特別，因為它是銀器，與另外一個也是銀器的複製品並沒有價值上的差別。物質能被複製，歷史不能。

人是特別的

人尤其是本質主義化的個體。我們並沒有興致勃勃的衝動，要把某個石頭與它旁邊一個形狀類似的石頭加以區分，但是追蹤個別的人是很自然的事。一個嬰兒非常在意如何辨認某位婦女是不是他的母親；任何母親也應有類似的迫切興趣，想要知道那是不是她的嬰兒。就如我們在前一章討論過的，對我們都很重要的是，我們是和那一個特定的個人有性與愛情關係的交往。

兒童是否對於社會個體的特殊性特別敏感呢？這也是我和胡德目前在使用複製機器

的另一組研究中所要特別探討的問題。[32]在這些研究中，研究對象是四歲與六歲兒童，我們複製活倉鼠。倉鼠是小型動物，因此肉眼難以區分不同。（呃，事實上，在我們其中一個研究裡，一隻倉鼠很愛吃，結果長得比牠的「複製品」稍微大了一點。我們就把牠換掉。）

這些研究都還在進行中，但是目前為止，我們發現兒童往往不相信複製品真的是複製品。換言之，儘管他們傾向於同意，我們成功複製了倉鼠的身體，他們不太願意接受我們也複製了倉鼠的心理狀態，包括他喜歡什麼以及知道什麼。他們把機器當成是一個身體的複製器，而不一定是個心理的複製器；複製出來的倉鼠是一隻不同的個體。

為何要停在那裡？要是有個人建造一台大一點的複製機，有櫃子而不是盒子，所以人可以走進櫃子裡且接著從另一個櫃子裡（偷偷地從櫃子後面的布簾）走出來呢？再不然你用兒童的母親來做，讓它看起來好像從櫃子走出來的人是個複製人，一個假的母親？兒童會不會畏縮、因對陌生人感到焦慮而退卻，大聲哭著要真的母親回來？

由於倫理與實際的原因，我們並不進行最後這項實驗。可是作家亞當‧考伯尼克（Adam Gopnik）[33]以他的五歲女兒奧莉薇亞為對象，溫和地進行了類似的實驗。當他女兒不在家的時候，她的魚死掉了。考伯尼克與妻子決定用另一隻一模一樣的魚來代替，所以帶了一隻魚回家，牠與布魯艾（Bluie）難以區分。可是在最後一刻，他們決定不想欺瞞女兒，至少不想永遠欺瞞，所以就編造了一個折衷故事——他們對女兒說，布魯艾在魚醫院待了一段時間，所以暫時作為替身的這隻魚是布魯艾的兄弟。面對這隻看起來一模一樣（行為也一模一樣）的替身魚，奧莉薇亞並不開心。

「我討厭這隻魚，」她說。「我討厭他。我要布魯艾。」

我們努力安撫她，但是都沒有用。

「可是，瞧，他就像布魯艾！」我們稍微反駁。

「他長得像布魯艾，」她承認。「他長得像布魯艾，但是他不是布魯艾。他是一個陌生人。他不認識我。他不是我的朋友，不是我願意和他聊天的朋友。」

雲朵裡的軍隊

我們探討過一些實例，物體或對象之所以特殊是因為接觸的關係——典型是身體的接觸——像與社會人物的接觸，比如名人以及我們所愛的人。我們也探討過一些實例，對象之所以特殊是因為其本身就是社會人物、動物，或是人。在下一章，我們將探討物體能成為特殊物體的第三種方式，就是當物體以某種方式與人類的精湛技藝連結在一起時，這將帶我們進入藝術的世界。

其他物體評價的例子都具有一種有趣且不尋常的情況——這些個體並非社會人物，可是我們傾向於把他們當成是人。人類傾向於人格化他們周遭的物體，或是賦予它們人的特質。[34]大衛・休姆（David Hume）[35]在一七五七年時就觀察到這個現象：「我們在月亮上看見人臉，在雲朵中見到軍隊；並且在一種自然的習性下——如果沒有被經驗與反省糾正的話——我們把一切事物都歸類成惡意或善意，對我們有害或使我們歡喜。」如一位認知的宗教科學家所言，我們有一種「社會智能的肥大症」。[36]

這能協助我們理解兒童對於喜愛物品的情感依附，像是泰迪熊、毛毯，與柔軟的玩具，有時候這種情感依附延續到成人時期。小兒科醫師與心理分析師多納・威尼考特（Donald Winnicott）認為，兒童使用這些物品作為母親的替代品（或是母親胸部的替代品）。他把這個現象稱為「過渡時期的物品」（transitional objects），[37]用來代表它們是介於情感依附與獨立之間的一種中繼站。這就解釋了一切。它解釋了為何兒童強烈地依附這些物品，以及為何此種物品是柔軟而且令人想擁抱，就像母親一樣。它也解釋了跨文化的差異：與美國兒童相比，日本兒童比較沒有擁有此種物品的傾向，大概因為他們比較可能睡在母親身邊，因此對於此種替代品的需求比較低。[38]

如果這種物品被看成是代理人，那麼兒童應當把他們當成像與眾不同的個體一樣來依附。[39]它們應當是無可取代的。的確，父母親有時會說兒童的行為就是這樣，拒絕讓他們去修補他們有情感依附的物品，而且對於替換的建議感到猶豫。[40]

胡德和我使用複製機器來探索這個議題。我們公開徵求擁有情感依附物的兒童。要符合此種物品的條件，必須符合好幾項規定，包括：兒童睡覺時必須都有這個物品陪伴，而且這個物品必須至少陪伴他們超過他們生命三分之一的時間。父母親帶著他們的小孩來到實驗室，並帶著他們的依附品。作為比較組，我們也帶進另一組沒有情感依附物的兒童；他們的雙親只被要求帶任何其子女喜歡的物品到實驗室，比如他們喜愛的小玩具。

這些兒童是三到六歲。研究流程很單純。他們到達實驗室後，我們給他們看複製機器並示範操作給他們看。接著實驗人員就建議，要複製兒童自己的物品。如果兒童同意，實驗人員就把物品放入盒子裡，複製它，並且（兩個盒子都關上的情況）問兒童想保留哪一件。

當這些對物品沒有情感依附的兒童把玩具放入盒子裡後，大部分的人選擇複製的那一件。那很酷，因為它是這台機器創造出來的複製品。當我們解釋這完全是個把戲，機器並沒有真的複製他們的玩具時，他們感到很失望。

對物品有情感依附的兒童，則有不同的行為反應。有些兒童拒絕讓實驗人員把他們的物品放入機器複製。願意把物品放入機器的兒童，大多數都偏好帶原來的物品回家。

當這項研究被大眾媒體報導之後，布魯斯[41]收到下面這封來信：

親愛的胡德博士——

我的母親八十六歲了，她每天晚上睡覺時用的還是她嬰兒時期的小枕頭。八十六年來，她只有和它分離過一個晚上，那是有一次空襲警報期間，她忘了帶著它進入防空洞避難。她已經在遺囑中交代，枕頭要跟著她入葬。這個枕頭甚至有個名字，叫比利。

我不認為她會願意拿枕頭來交換它的複製品。

大部分的物品並不像比利。我們不在意失去，也願意用複製品來取代。但是所有事物要不就是一個社會人，不然就是與某個社會人有過接觸，所以即使是最平凡的物品也有其歷史。這就是它們的本質。而對於某些物品，如比利或布魯尼、甘迺迪的量尺、喬治・克隆尼的毛衣、拿破崙的生殖器，或是我的子女在嬰兒時期穿的鞋——這些本質是極大快樂的來源。

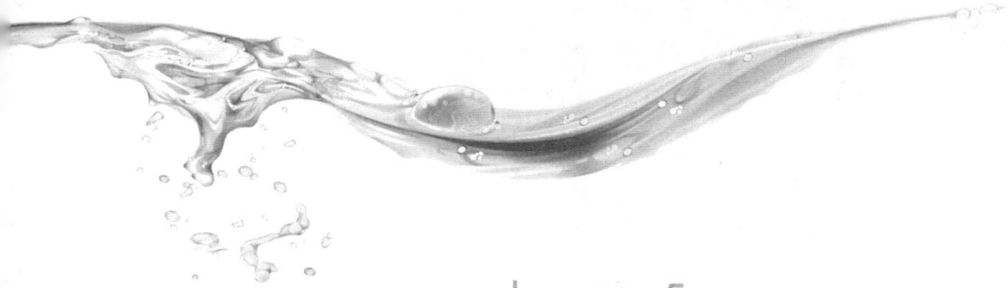

chapter 5

藝術帶來的快樂

我們執迷於歷史與脈絡，從藝術品當中得到的大部分快樂，是源自我們欣賞創作背後的人類歷史。

二〇〇七年一月十二日早晨，一位頭戴棒球帽、身穿牛仔褲及長袖罩衫的年輕男子，走進華盛頓特區的地鐵站，拿出一把手提琴來。他放下提琴盒，擺在自己面前，在盒內撒了幾張紙鈔和一些零錢，然後接下來的四十三分鐘裡，他演奏了六首古典樂曲，期間大約有一千多人經過。

他不是一位普通的提琴手。他是約夏・貝爾（Joshua Bell），世上最了不起的提琴手之一，他拉的那把提琴價值三百五十萬美元，是一七一三年由安東尼奧・史特拉第瓦里（Antonio Stradivari）親手製作。就在幾個晚上以前，貝爾才在波士頓交響樂廳演出。現在他站在通勤族面前，表演賺取硬幣。這是華盛頓郵報一位記者吉妮・溫葛騰（Gene Weingarten）的實驗，[1]不動聲色地評估大眾品味（unblinking assessment of public taste）：人們在不知情的情況下，面對世俗環境中的絕美藝術會有何反應？

人們失敗了。一千多人經過貝爾面前，結果貝爾所得到的硬幣總共只有三十二美元。不算差，可是一點也不特別。通勤族對於他們聽到的音樂無動於衷。溫葛騰請教國家美術館的資深館長馬克・雷索爾（Mark Leithauser），他從一個比較廣的脈絡來談群眾的冷淡：

這麼說好了，假設我拿館內一幅比較抽象的畫作，比如艾斯華士・吉里（Ellsworth

Kelly）的作品，移除畫框後，我帶著它向館外走，在五十二步之外的地方，途中經過巨型圓柱，然後進入一間餐館。這間餐館內有一些待售的畫家創作，都是可可蘭學院一些好學生的作品，我把吉里的畫掛在牆上，標價一百五十美元。沒有人會注意這幅畫。某個藝術館長可能會瞧一眼，然後說：「嘿，那畫看起來有點像艾斯華士・吉里的作品。請把鹽遞給我。」

就如溫葛騰所言，在地鐵站的約夏・貝爾就是少了畫框的藝術作品。

在表演快要結束之時，史戴西・富如卡瓦（Stacy Furukawa）剛好經過。她幾個星期前聽了一場貝爾的演出，在離這個音樂家約十英尺遠的地方，她停下腳步，微笑而困惑。當他演奏結束，她介紹自己，然後拿出二十美元給他。溫葛騰沒有把這二十美元算進投幣總數裡：「她投幣是因為認出貝爾身分的緣故。」富如卡瓦的贈與是因為貝爾的人，不是（或不全是）因為他的音樂。

這個實驗提供了一個戲劇化的明證，告訴我們，當人們欣賞一場表演時，背景脈絡是多麼重要。在音樂廳裡，貝爾的音樂是一回事，在地鐵站裡戴著棒球帽又不起眼的傢伙演奏的音樂則是另一回事。

這是一個巧妙的實例，但是或許不令人感到意外。每個人都知道，如果人們發現某一副畫的作者是個著名藝術家，畫的價值就會上揚，而如果被發現作品是件贋品，價值就會暴跌。《夜巡》（*The Night Watch*）是荷蘭國立博物館（Rijksmuseum）最著名的畫作，但是假如明天有人發現這畫是件偽作，它的價值就會從無價變成一文不值。藝術品的源頭很重要。

這個說法似乎不合理。如果你喜歡〈夜巡〉，當你買這副畫的時候你以為它是林布蘭（Rembrandt）的作品，結果發現它是喬・牟伊（Joe Shmoe）所畫，你喜歡畫的程度為何會有改變呢？如果你願意花大錢去聽約夏・貝爾的演奏，你應當也會喜歡由一位陌生人所做的相同演出。都是畫布上的同一幅繪畫，都是同樣的旋律。人們的反應不同，顯示出人性的弱點。人既勢利又充滿團體迷思和思考怠惰。

這是亞瑟・柯斯勒（Arthur Koestler）的看法。他在一九六四年一本論創造力的著作《創造的行動》（*The Act of Creation*）中，講述他一個朋友凱瑟琳的故事。凱瑟琳收到一份禮物，是一張素描，她把它當成是畢卡索古典時期的複製畫。她很喜歡，並且把它掛在家裡樓梯的牆上。可是當凱瑟琳請專家來評估畫作，發現它是畢卡索的真跡時，她高興極了，就把畫移到室內比較顯眼的地方陳列。凱瑟琳對柯斯勒強調，她現在看這幅藝術品的角度不同了。這畫看起來更好了。

柯斯勒不太高興：「這證明了我一再重複要她了解的道理顯然沒有用，這件藝術品的來源及其稀有價值並不會轉變藝術品本身的品質——因此，如果她真是如她所想，基於純粹美學的標準來看的話，她對此藝術品的欣賞程度不應有所改變。」[2]他接著說，如果她就承認自己只是因擁有一幅畢卡索的畫而感到極度興奮，那也很好。真正讓他困擾的是，她堅持與當初她以為這只是件複製品的時候相比，現在這件藝術品看起來更美了。

柯斯勒認為，凱瑟琳是個勢利鬼。勢利鬼就是那種用不恰當的標準衡量一切的人。一個社交勢利鬼在交友時，是看人的地位來選擇朋友，而不是他們深層的特質。柯斯勒還提到一個性愛勢利鬼的例子，在希特勒時代之前，有個柏林的年輕女子，她願意與任何作家發生性愛關係，而且不論男女，只要該作家的書籍銷售超出兩萬本以上就好。柯斯勒認為這很荒謬：「此人把《愛經》（*Kama Sutra*）與暢銷書排行榜單無可救藥地搞混了。」對柯斯勒而言，凱瑟琳是個藝術勢利鬼。她從藝術品得到的快樂並非來自作品本身，而是來自創作者的身分。

在柯斯勒之前，荷蘭偽造畫家哈恩・范・米格倫也同意這個說法。米格倫討厭現代藝術，並且以生產林布蘭風格的畫來開始他的生涯。他並不成功，而且一點也不受評論家青睞，有個評論家還用相當精確的字眼說：「他什麼美德都有，除了原創性之外。」[3]部分是出於復仇的舉動——部分是為了賺大錢——米格倫於是開始畫維梅爾的作品。評論家極力稱讚。〈以馬忤斯的晚餐〉或許是他在荷蘭最著名的畫作。荷蘭巴洛克藝術的重量級評論家欣喜若狂：「我們這裡有一幅——我要強調是這幅——維梅爾的傑作。」范・米格倫是個超級自大狂，他會到鹿特丹美術館去，大聲地告訴美術館訪客這幅畫是贗品，只是為了要看訪客的反應，聽他們回答說：這真是胡說八道，只有像維梅爾這樣的天才才能畫得這麼好。

他的偽造行為可能從來沒有被抓包過，可是卻因為他把一幅維梅爾的畫賣給納粹賀曼・戈林而被捕並被處以判國罪。接著他告解自己賣的並不是維梅爾的畫，而是范・米格倫的作品——還有其他許多維梅爾的畫都是范・米格倫所畫。

本書一開頭我就以戈林的角度來描述這個故事情節，但是現在換個角度想，對評論家來說，這是極度的羞辱。無可否認，那時某些評論家曾有懷疑，而某些當代評論家則覺得難以置信，竟有人會受騙上當（除了其他抱怨外，〈以馬忤斯的晚餐〉中有一個人物的長相令人起疑，因為好像女演員葛麗泰・嘉寶〔Greta Garbo〕）。[4]但是當時許多評論家都曾稱頌這些畫作的美妙。不過，當發現真正作畫者的身分後，他們紛紛撤回先前的評語。如一位專家寫道：「范・米格倫露餡了，顯然他畫的贗品相當怪異醜陋，很難看，完全不像維梅爾的畫。」

還有一個類似的案例。兩年以前，在一場冗長辯論中一群人討論誰是〈坐在維金納鍵琴前的年輕女子〉（*Young Woman Seated at a Virginal*）的作者是誰，最後蘇富比以三千兩百萬美元的價格賣出這幅畫。專家們都斷定它是維梅爾的畫，因此值得這個價格，但是如果這一切如某些人所想是專家的判斷錯誤，那麼畫作的價值就會歸零，而且同樣的，某些藝術專家將會非常難堪。想必他們當中有某些人將斷定，這幅畫作不如他們先前所想的那麼令人喜愛。

如果評估過後認定這幅畫是個贗品，〈坐在維金納鍵琴前的年輕女子〉就會落腳在康乃迪克州格林威治鎮的布魯斯博物館（Bruce Museum），離我的房子約一小時車程的地方。當我寫到這一段的時候，〈以馬忤斯的晚餐〉正在該博物館展出，那是該館偽畫贗品特展的一部分。這是一個小型但令人愉悅的博物館，而當我正站在這幅畫作前面時，我突然有個念頭，我可以把畫從牆上拿下來，帶著它經過在博物館入口的一位老婦人面前，小心翼翼地把它放在我的休旅車後座帶回家。如果我在一九四五年初做這事，我犯下的罪就會是有史以來最大的藝術竊盜案之一。現在只會被當成是個笑話；頭條新聞上將會寫著：「一名失常教授竊取一文不值的畫作。」

什麼改變了畫作價值呢？這幅贗品為何帶給我們的快樂如此少呢？本章將回答這個問題。我將從繪畫與音樂開始，然後再談一般藝術，接著轉到相關的快樂活動，如運動。我要指出的是，我們執迷於歷史與脈絡——如我們在貝爾實驗、凱瑟琳的故事，以及〈以馬忤斯的晚餐〉的興衰當中所見。這些人並非勢利也非愚昧。我們從藝術品當中得到大部分的快樂，是源自於對創作背後的人類歷史的欣賞，也就是它的本質。

動聽悅耳

從本書的旨趣來看，與目前為止我們討論過的其他快樂，像是性行為、食物以及消費產品相比，我承認我們對於音樂及繪畫的某些反應並不深入。有些事物本身好聽或好看的原因，是無關本質主義或歷史或脈絡的。

這並不是說我們知道這些原因是什麼。一八九六年，達爾文認為對唱歌或音樂的熱愛是人類最神祕的特徵之一，[5]至今依然如此。我們享受食物、水、性、溫暖、休息、安全、友誼，以及愛情——就生存意義與繁衍意義來看，這些都是值得擁有的美好事物。但是為何我們如此喜歡某種音樂旋律呢？世界各地的人為何投入那麼多的時間在歌曲與舞蹈上？亞馬遜流域的馬跨拉諾提（Mekranoti）[6]族裡的女人每天白天唱歌一到兩小時，男人則在夜晚唱兩小時以上。他們過著一種勉強糊口的生活形態，卻花數小時唱歌！這就像是一種完美的浪費，如此多餘以致於它可能讓人想離開演化論的生活規律，轉向一種有神性介入的信仰。馮內果（Kurt Vonnegut）[7]給自己的墓誌銘是：「他要證明上帝存在所需的唯一證據，就是音樂。」

音樂是一種人類獨有的快樂。音樂可以平撫野蠻的心，但是平撫的只是人類的心，而不是老鼠或狗或黑猩猩的心。或許有所謂的反例存在——如果你告訴我，你的貓因為你的吉他演奏驚訝得動彈不得，我不會反駁——但是沒有科學實驗證據顯示，人類之外的動物表現出對樂聲的愛好。[8]一個測試的方法就是把動物放入一座迷宮，在迷宮中不同位置發出不同聲音；我們藉觀察動物行進的位置，推敲動物喜歡什麼樣的聲音。使用這個方法的研究者發現，靈長類動物如獠狨與狨猿喜歡安靜勝過搖籃曲，而且對調和或不調和的音樂形態沒有特別偏好。猴子則不在意你讓牠們聽搖滾樂曲或是指甲劃過黑板的尖銳刺耳聲。

相較之下，幾乎所有的人都喜歡音樂。要測試嬰兒比猴子困難，因為你無法讓嬰兒在一個迷宮裡靠手臂爬上爬下，但是有其他方法能夠測出他們的偏好。其中一個測試程序是讓嬰兒轉頭去聽聲音，觀察他們比較注意什麼樣的聲音。測試結果發現，嬰兒偏好調和音樂勝過不調和音樂，而且他們喜歡搖籃曲。[9]此種在音樂中得到快樂的情況持續一生；雖然此種快樂的程度相當多樣化，但只有對大腦受損的人沒有差別。[10]

心理學家史迪芬・平克把音樂描述為人類宇宙，它呈現的是身為一個意外事件的最清晰記號。在他看來，音樂是「聽覺的起司蛋糕」，[11]一種觸發人類腦部的發明，就像起司蛋糕觸發我們的味覺一樣：「起司蛋糕裝載一種官能的快感，不像自然界的任何一種事物，因為它就像是一瓶純釀且大罐裝的怡人刺激品，為了觸動我們的快樂按鈕而調配出來。」平克認為一般藝術的功能也是如此，可能的例外就是小說。[12]

音樂所可能觸發的快樂按鈕包括什麼呢？平克討論了幾種可能性，包括語言。語言與音樂一樣，特殊地享有某種規則基礎及自我複製的屬性，並能以一定數量單位（語言方面是字詞或隱喻，音樂則是音符）並把它們統合成無數的層級結構順序。[13]可是兩者也有差異。語言是一種表達有意義命題的體系，就像你邊讀邊理解這個段落一樣。音樂能傳達情緒（想一下《大白鯊》電影主題曲所引發的緊張情緒），但是音樂作為一種溝通系統則變成廢物，連最簡單的命題都無法傳遞。音樂透過聲音帶給人快樂，語言通常不是——我們通常享受的是說出來的語言內容，不是語言被說的方式。從另一個角度來看，唱歌是一種快樂，歌曲包括了音樂與語言，而每個嬰兒也喜歡母親的聲音。

其他學者認為音樂是一種演化的適應結果。這並無法否認音樂帶來的快樂在某個程度上是從腦部在演化上比較優先發展的部分中建立起來的。在生物學裡，所有的新事物都是來自於舊事物。可是要說音樂是一種適應結果就是要做進一步主張，認為它的存在是因為它給予我們祖先一種繁衍優勢。那些創造且享受音樂的人取代了那些不是這樣做的人。

此一觀點的現代主要擁護者是心理學家丹尼爾・列維廷（Daniel Levitin）。他認為，同步歌曲與舞蹈是作為社會適應而演化發展出來的。音樂有助於協調各方戰爭，也能讓集體工作容易進行，最重要的是，它能讓人與人之間建立情感關係。[14] 如果列維廷的主張是正確的，那麼音樂的演化故事，就會如同把人與其團體連接在一起的其他特質（如團體凝聚力與社群情感）的演化故事。

不過，即使音樂具有這些社會優點，適應主義的例子要成立仍需要證據證明，音樂的存在是因為適應的結果。適應主義者必須提出令人信服的想法，證明我們的祖先沒有音樂就比較不被其同伴接納，以及與有音樂能力的鄰人相比，在找配偶方面也比較不順利。再者，還要解釋音樂獨有的特徵是如何演化發展出來的。例如，如果同步很重要，我們為何不齊聲咕噥、吶喊、尖叫就好？我們為何會被音樂的複雜度、音調、和聲等等所感動？

無論如何，列維廷的說明捕捉了某種關於音樂快樂的深層部分，是許多學者沒有注意到的。那就是節拍的重要性。唱歌和跳舞在許多語言中都是單一的字，而當人們聽音樂時，雖然偏向靜態，但部分的運動皮質與小腦——腦部與動作有關的區位——是活化的。這就是為何我們時常聽音樂會擺動，對小孩來說也是無可抗拒的一種衝動。如果提出一個音樂理論卻只把調性模式當成最主要的現象來探討，那麼就犯了科學方法上的疏失。這就像是提出性理論卻只研究電話性愛，或是提出食物理論但是焦點只集中在沒有味覺的研究對象一樣。

確實有證據指出，如果其他人的步調和你一樣，你會比較喜歡他們，覺得和他們較有連結，對他們也比較慷慨。[15]歌曲與舞蹈是建立團隊的終極練習。我們大部分人都熟悉在猶太婚禮中大家手臂相連並一起跳舞、或是參加狂歡聚會、或是在酒吧裡與酒醉朋友在一起時所帶出的情緒衝擊。我們從觀看別人唱歌跳舞的間接經驗中也能有此感受，就像著名的YouTube影片「與全世界共舞」（Where the Hell Is Matt?）中，一群快樂的平凡美國人在全世界各地與人一起跳舞。音樂的這種效果解釋了宗教為何有這麼多的唱歌、吟誦與舞蹈：音樂讓同一信仰社群內的人建立團體凝聚力。

歌曲與舞蹈是有適應功能的，因為它們把你和你的社群連結起來，只是這解釋讓我們又回到問題本身：我們為何要如此組成才能感覺親近那些與我們一起唱歌跳舞的人？沒有人真正知道為什麼。有一些適應學說的解釋，可是我懷疑它是不是因為這個系統出了點小差錯。如果我和別人一起跳舞，而他們和我一起擺動，當我打算擺動自己身體時，他們也跟著擺動，我就會產生困惑，於是擴展我自己的身體範圍，把他們也包括進來。

至今我們的研究已試著以正常人的角度考察音樂。或許，是無可救藥式的一般。人所喜歡的音樂有部分取決於他周遭的音樂——在印度排行前四十名的音樂，與美國的排行音樂就不一樣。甚至在同一個國家內，個體也有所差異。在我自己的家人裡面，對於藍草鄉村音樂、滑板音樂、經典搖滾，以及歌劇的看法就大異其趣，而且在長途開車過程中，對於誰有權調整收音機頻道也需要仔細協調好。

我們知道有些品味是在早期發展就建立起來的。在一項實驗中，懷孕的準媽媽對肚中胎兒播放某種音樂曲目（韋瓦第的音樂、新好男孩的歌曲等等），並且等到嬰兒生下來滿週歲之時才會讓他們再聽到這些音樂。這個經驗有某種影響——滿週歲的嬰兒比較偏好他們在出生以前就聽到的音樂。[16]

人們在清醒時通常都是消極被動地聽音樂。以一個非常簡單的假設出發，你可能預期我們傾向喜歡我們最常聽到的音樂——這是我們早先討論有關性主題的時候提到的重複曝光效應。熟悉是好的。不過，問題是太過熟悉就會變膩而且討厭。快樂其中一個法則就是，它呈現一種倒U形（∩）的過程[17]——當你初次體驗某種事物時，要吸收並產生快樂感受是很難的；一旦重複經歷，就很容易吸收並產生快樂；接著因為太容易了，所以就感覺枯燥或甚至厭煩。我們一開始可能對某種食物有種戒心，連續吃了幾次之後就有愉快感受，但是很少有人會連吃同樣主食一千遍而還能樂在其中。音樂方面，在倒

U的中央頂端能夠持續一段時間，但是如果你太常聽同一首歌，就會覺得難以忍受。這個曲線模型受音樂複雜度決定倒U的曲度是擴大或縮小。一首複雜的音樂可能要花一段長時間才會讓人喜歡，而且也要一段長時間才會令人生厭；像〈瑪莉有一隻小羊〉（Mary Had a Little Lamb）之類的歌曲，通過曲線的速度就會很快。

另一個決定你有多喜歡一首歌，或是更一般來說你有多喜歡一種音樂類型的因素就是，當你初次聽到那些歌曲時你幾歲。在一九八八年，神經科學家羅伯・賽波斯基（Robert Sapolsky）以一個非正式實驗來考察這個現象，他接洽電台並且詢問他們，何種音樂在何時第一次引介給聽眾，以及當時他們的聽眾平均年齡是幾歲。他發現，多數聽眾在聽到他們喜歡的音樂類型，而且決定餘生都想要聽這種類型的當下，都是二十歲左右的年紀。如果你是在超過二十五歲時首次聽到某種新的音樂類型，你就不太可能會欣賞它。如賽波斯基所說：「並非每個世代的十七歲年輕人都會在十七歲時開始喜歡聽安德魯姊妹〔Andrew Sisters〕，現在走進退休老人社區也不太可能聽到討伐體制樂團〔Rage Against the Machine〕的音樂，而最迷詹姆斯・泰勒〔James Taylor〕連續六十分鐘演唱的歌迷，已經邁入要穿寬鬆休閒牛仔褲的年紀。」[18]

為什麼呢？此處我們傾向使用一種簡單神經學的解釋。我們的大腦一開始是完全鬆散而有彈性的，隨後才逐漸變得堅固。但是賽波斯基指出，並不是說我們就會喪失接受新經驗的能力；從其他諸如食物品味的角度來看，新的音樂品味之窗在人生的不同階段仍是打開的。

列維廷的想法更好。[19]音樂是社會性的，而決定音樂偏好是與生命時期相連的，是在你與某個社會團體建立關係的時候——在你決定自己是什麼人的時候。在現代西方社會裡，這個現象發生得晚：大約在一個人青春期晚期與二十歲出頭的階段，這點符合賽波斯基的發現。這種社會理論可能可以用來解釋另外一個現象，也就是在年輕人的音樂環境當中，他們喜歡的音樂類型通常是最近時期的音樂。這是因為他們想要確定自己與他們的當代同伴有連結，如經濟學家泰勒・柯文（Tyler Cowen）所言：「老音樂的問題很簡單。已經有人喜歡它了。更糟的是，這些人可能是你的雙親。」[20]

賞心悅目

就像音樂一樣，某些視覺為主的快樂也是表面的。當我們看視覺藝術時，某些顏色與模式就是以某種方式吸引我們的目光。當新手父母為他們的嬰兒房牆壁漆上亮麗顏色與有系統的圖形時，他們的時間並沒有白費。嬰兒喜歡這種東西，而且這與本質主義沒有關係。

此種偏好已經有人研究，屬於實驗美學（Experimental aesthetics）領域的一部分。[21]心理學家創造不同的形狀如多邊形，再利用參數如特徵與對稱性來操縱多邊形的形狀，然後問研究對象他們喜歡什麼。這種研究的結果支持前述討論過的倒U理論架構，以及先前討論過美麗臉孔為何悅目的解釋——人們喜歡容易吸收的影像。

不過，這研究最後只為視覺快樂的探討提供了一個脆弱的基礎。你如何能夠給人們看他們通常不會選擇去看的視覺模式而學習到有關視覺的快樂，這令人難以理解。我並不是要貶低這種研究的價值——為了其他目的，去了解人們為何偏好這個幾何形狀而不是那一個，可能還是很有趣。但是我們不會花費金錢與時間去盯著一台電腦螢幕上的黑白多邊形，它並不會帶給我們快樂。

什麼才會帶給人們快樂呢？一個隨處可見的觀察就是，人們喜歡看著詳和的家庭景象、花朵、食物，以及迷人風景，而且最重要的是，人們喜歡看著人，包括那些我們所愛及我們欽佩的人。如果你現在是在家或辦公室，我打賭如果你看一看在你周遭的人造影像，你一定會發現那些代表圖像。你的螢幕保護程式圖案可能是一座森林或一片沙灘、你的書桌上可能有家人相片。有許多藝術並不適合這種模式，稍後我將轉向波洛克（Jackson Pollock）等人的藝術畫作，但是此處值得注意的是，我們周遭有這麼多的代表圖像都試圖要呈現我們在現實生活中所喜歡、所欣賞的種種人事物。

此一現象的一個簡單實例就是色情圖片。很多人喜歡看裸體，出於世俗達爾文學派的理由。可是當你有此需求的時候，往往沒有迷人的裸體人士在你周圍。所以我們就創造出平面替代品來刺激這個經驗，因而產生出原是由真實物所激起的同一種性欲反應。[22]你不是把替代品當成藝術品來反應，而是對呈現在眼前的裸體女人（或男人、或情侶、或三人性愛等等）有反應。

佯裝裸體的快樂並不局限於人類。在一項近期研究中，研究人員把公獼猴放入一個實驗環境裡，讓牠們在其中以擺動頭部的方式來選擇是要一些甜果汁或是看一張照片。有兩種照片會讓猴子放棄果汁而選擇觀賞機會——母猴的臀部與地位崇高的公猴的臉。兩大敗德行為——色情與名人崇拜——並非人類的專利。[23]

常識以為欣賞現實主義圖畫的能力需要學習，而且人類學家也發現，原始部落社會的人無法理解他們從未見過的景象照片。

這個看法在一九六二年被一項記載下來的聰明實驗研究證實是錯的。心理學家朱利安・何曲保（Julian Hochbery）與維吉妮亞・布魯克斯（Virginia Brooks）以一個小孩為實驗對象，在他滿十九個月以前這段時間，沒有見過任何圖片（他們在文章中並未說明，不過這是他們自己的小孩）。然後他們給他看照片以及一些熟悉物的素描，請他說出圖片內容物的名字。他很輕鬆地就辦到了。[24]新近研究發現，即使是嬰兒，對於一張實物照片與它所描繪之物的對應關係也有某種心照不宣的領會。[25]如果你讓一個五個月大的女嬰玩一個娃娃，接著把娃娃拿走，再給小孩看兩張圖片，一張是那個娃娃，一張是另一個不同的娃娃，她會對著不熟悉的娃娃照片看得久一點，顯示出對於熟悉娃娃與其照片之間對應關係有某種敏感度。

兒童會受到圖片強烈吸引，以致於有時他們對它的態度就像對實物一樣。對此有觀察的父母會注意到孩子奇怪的行為，例如：他們的子女嘗試著要踏入有雙鞋子的圖片，或是抓刮圖片想拿到其中描繪的物體。進一步的實驗研究則發現，這種現象不只在兒童接觸圖片經驗相當豐富的美國地區，在象牙海岸地區，一些少有機會接觸圖片的文盲與貧窮家庭的兒童也是如此。兒童知道圖片與實物之間的不同（他們很少會去抓取圖片內的物體），但是兩者有著相似性的誘惑有時難以抗拒。[26]

這個現象在成人之間也是如此。有時候我們很難不把某個代表物想成是它所代表的那個真實物體。心理學家婁辛及其同僚做了一系列可愛的研究，[27]他們請人拿著他們從嘴裡吐出的橡膠製嘔吐物，或是吃烘焙成狗糞形狀的軟糖。對許多人來說，這是很難做到的——它是嘔吐物，我們仍感覺它是糞便。在我的同僚和我最近做的一系列實驗中，我們拍下人們珍貴物品的照片——比如，他們的婚戒——並且要他們剪破照片。他們願意這麼做，可是根據對皮膚傳導的檢測顯示，他們是在一種心理焦慮的狀態下同意的，彷彿他們正在摧毀自己鍾愛的事物。[28]而且如果你請人對著嬰兒照片射飛鏢，他們通常有射不中的傾向。[29]

展示與健美

以下是人們可能重視一幅畫作的某些理由：

1.從低標準的角度來看，它可能有吸引力；這個圖案可能是悅目的。

2.它可能類似某種有吸引力的東西，像是色彩鮮豔的花朵或是一張美麗的臉龐。

3.它可能很熟悉。這就是重複曝光效應：某個程度的熟悉感會產生快樂。

重複曝光對畫作是否有效？心理學家詹姆斯・可廷（James Cutting）提出，為何法國印象主義派畫家比其他畫派更受到喜愛？在一項研究中，他發現成人而非兒童，通常比較喜歡上一世紀經常被出版的畫作，勝於那些比較晦澀難懂的作品。[30]

當然，這個現象可能不是受熟悉度的影響。或許剛好相反：也許那些經常被出版的畫作比其餘畫作更好，成人回應的是這是因為優秀品質而不是曝光頻繁性。可廷在第二份研究中對此進行檢測，他讓上視知覺（viaual perception）課程的大學生看比較晦澀難懂的印象派作品，每一幅畫給他們看幾秒鐘，沒有提供任何評論，作為其他主題的投影片報告內容。接著他在期末時測驗學生，問他們最喜歡的畫是那一幅。結果這個簡短的曝光翻轉了常態的偏好模式。現在他們對這些晦澀難懂的畫作的喜愛勝過比較著名的畫作，只是因為簡短的曝光效應。只是見到一幅畫，就會讓你更喜歡它。

4. 它可能讓人與某種正面的回憶聯想在一起。這點對於攝影照片而言很重要，它展示的經驗包括婚禮、畢業典禮，或是登上聖母峰。
5. 它可能恰巧為一個房間增色（畢竟，一幅畫作的形狀的確影響其價格）。[31]
6. 它可能提高你的地位，讓那些見到你擁有這幅畫的人留下深刻印象。一幅基督在十字架上或是安息日晚餐的畫，宣傳你的虔誠之心。一幅現代主義畫作呈現你對於藝術有多麼了解，對藝術有多麼關心。一幅爭議作品能夠象徵宗教或性的複雜度。而一幅名家的繪畫原作，則是以一種輕鬆又不露骨的方式告訴大家，你是多富有而成功。其中當然有快樂。
7. 它可能從正面感染中得到價值。上一章討論過，一項物品只要被某個名人接觸過或珍藏，就能提升它的價值。

不過，這張清單還少了一個關鍵因素。我們對於畫作是如何被創造出來的同樣有興趣，而且我們也從推論藝術品創作過程的本質中得到快樂。

這就是哲學家丹尼思・道頓在其重要著作《藝術本能》（*The Art Instinct*）中所要辯護的看法。[32]道頓認為，藝術作品的部分魅力在於他們有達爾文學派的健美試驗（Darwinian fitness tests）效果。他是在藝術原作的性擇論脈絡中發展這個主張，性擇論最初是由達爾文提出，隨後加以擴展發揮的是心理學家吉爾費・米勒，我們在先前性脈絡的章節中討論過他的作品。根據這個理論，藝術就是公孔雀的羽毛。它已經演化發展為一種達爾文健美論的訊號，用來吸引配偶。

作為人類藝術類比在動物界的最佳實例，米勒轉向花亭鳥（bowerbird），這是在新幾內亞與澳洲發現的鳥類。公花亭鳥是藝術家。牠們在四處收集色彩豐富的物體如莓果、貝殼，以及花朵，把它們帶回來並用它們來製作成協調而複雜的形狀——涼亭。母花亭鳥是鑑賞與苛刻的評論家。牠們檢查亭子，尋找最有創造力的公鳥，並且與創造最美亭子的公鳥交配。一隻成功的公鳥可能與十隻母鳥交配；失敗者將會獨身。交配後，母鳥飛走產卵，公鳥則不會再見到她。一隻成功公花亭鳥的一生非常像是畢卡索的一生。[33]

這完全解釋了花亭鳥創造力的性擇論——母鳥對於花亭很敏感，花亭作為健美的一種指標，例如：智慧、技能、訓練等等，這些對於撫育後代都是有用的特質。米勒與道頓都認為人類的藝術欲望是以同樣方式形塑而成的。要創造出好的藝術很難。一位好的藝術家也是一位好的學習者與規畫者，展現智慧與創造力，而且也能成功克服生活中的即時困難（找尋食物、避難所等等），有時間與資源可以使用在這些非功利的創造上。女性喜歡這類事物：當母花亭鳥發現公鳥身上有創造力的特質時就會深受吸引，而人類女性也受到有此特質的男性所吸引。雷諾瓦有一句箴言：我用我的陽具作畫。

達爾文在討論音樂時也有類似看法，認為藝術有部分是源自於「為了吸引異性的緣故」。[34]音樂與舞蹈如何能夠令人稱羨，並不難理解——發展並維持某種律動一段延伸時間，是展示智慧、創造力、毅力，以及動力控制的一個相當有用的方法，這些特質都是一個配偶的正向特質。人們也不必做經驗研究才能發現，現代成就非凡的音樂家・從米克・傑格（Mick Jagger）到約夏・貝爾，在擇偶方面都沒有什麼問題。音樂技能是迷人的，而性擇理論在解釋這方面的起源相當具有說服力。

但是儘管我同意道頓與米勒的看法，認為藝術可以是一種健美的展現，而且創造的衝動及我們從中得到的快樂可能在某種程度上受性擇所形塑，但是這個理論無法解釋我們為何喜歡藝術。

其中一個原因就是，公孔雀羽翼只有公孔雀獨有，母孔雀沒有，這個事實很明顯。做亭子的是公花亭鳥，母鳥則做評價工作。這就是性擇運作的方法。因為女性付出的性成本通常大於男性（對大部分動物而言，雌性動物撫育後代，雄性動物的貢獻則是提供精子與一丁點時間），性擇只往單一方向進行——雄性動物競爭雌性動物的注意，雌性動物則評判雄性動物。

這個理論在解釋人類現象時就顯得很貧乏。米勒認為，與女性相比，男性比較有創造藝術的動力，女性則是比男性有欣賞能力。這個說法可能某種程度為真，但是在人人都有同樣機會去創造藝術的社會裡，常常可見女性詩人、作家、畫家、歌手等等。

對這個理論一個比較公平的回應就是，人類不是孔雀；[35]我們比較是一夫一妻的物種，而且對人類而言，性擇可能往兩個方向進行，在擇偶上人人都在展示健美特質，同時評估潛在配偶的特質。不過問題依然存在，我們對藝術的欣賞時常是與性趣無關的。一個男人不必成為同志才會崇拜畢卡索；兒童尚未進入求偶的階段，往往已經是最熱情的藝術家；而老人，包括已經過了生育年齡的女性，也從創造藝術與欣賞藝術中得到快樂。

還有一點很重要。性擇論的說法能夠解釋畢卡索為何在求偶時如此成功——他的創造力就是達爾文學說優點的明證。但是它所解釋的是藝術家本人的魅力，不是人們從藝術中得到的快樂。人們為什麼如此喜歡畢卡索的畫，儘管此人早已經離開人世許久？

現在我們來思考一下這理論修正的版本，包含兩個部分。

首先，聰明、紀律、力量、速度，以及諸如此類特質的展現，引起我們的興趣，因為它們透露出一個個體的相關屬性。

這不就是米勒和道頓的論證嗎？沒錯，一部分是如此。男人在展示自己特質時確實希望有女人願意和他們配對，而且女人確實評估男人的展示以找到擁有最佳DNA的配偶。但是不只是性而已。我們也評價個體其特質是否適合作為朋友、夥伴，以及領導人。的確，我們往往也必須評價我們子女的特質，看看誰比較有機會生存下來以及在未來繁衍子孫，雖然這聽起來很冷酷。在小說《蘇菲的抉擇》（*Sophie's Choice*）[36]中，威廉・史泰隆筆下的主角被迫得在她的女兒伊芙和金髮碧眼的兒子當中做一抉擇，送進奧許維茲（Auschwitz）集中營的毒氣室，而她選擇犧牲伊芙，這是一個殘酷卻合乎邏輯的決定，如果真的比較誰有機會從集中營裡存活下來的話。即使在一個富足的世界裡，此種兩難處境依然存在：身為父母的人時常處在要為子女分配資源的處境，而且往往無法做出完美的公平分配。於是，子女為自己的利益著想，就要用自己的優秀本領來影響雙親。

此處正好強調，健美評價的主張和藝術如何演化發展有關，我們為何強烈感到必須要去創造藝術以及喜歡藝術。它並非來自心理動機的主張，不論是意識或潛意識層面。當一個兒童驕傲地向父親炫耀她的畫畫時，她並不是在意識或潛意識層面對自己說：

「這將令他印象深刻，他給我的食物將比給我兄弟的還多。」當你欣賞一幅畫時，你通常不是想：「這件作品的精湛技巧表明有一個具備卓越本領的藝術家；我將嘗試和他交往或是當朋友。」演化論的功能與心理動機沒有關係。威廉・詹姆斯很久以前就曾以食物為例指出這一點，當時他提到，吃東西的時候會思考食物效用的人，不到十億分之一：「他吃是因為食物味道很好，讓他想再多吃一點。如果你問他為何想要多吃像那樣味道的食物，他或許會笑你是個傻子，而不是尊敬你像個哲學家。」[37]

這個理論的第二部分是，我們已經演化發展出從藝術愛好者的展示中得到快樂。這一點激發我們尋求這樣的展示，驅使我們自己去創造藝術展示，而且在我們受藝術家吸引的背後，提供了一種心理機制——他們有能力創造這些帶給我們無比快樂的物件，而我們也傾向於喜歡那些帶給我們歡喜的人。

如果繪畫與其他靜態藝術作品都是展示，那麼我們對它的理解與欣賞，有部分是基於我們認為它是如何被創造出來。藝術作品的歷史本質是許多學者所強調的，[38]但是二十五年以前道頓則極力論證：

如同表演，藝術工作代表藝術家解決問題、克服障礙、以可取得材料來創作的方式。最終的作品，是設計供我們沉思之用，也許它是與其他藝術品區分開來或是與藝術家的活動區分開來，而就其自身而言具有一種特定旨趣的物體。可是這種經常以我們對美學物品的注意方式為特色的孤立狀態，不應令我們對一個我們可能視為理所當然的事實視而不見：藝術工作來自人類的起源，而且一定要如此來理解。[39]

因此，某種展示——包括藝術作品——提供我們關於另一個人有用且正面的資訊。我們已經演化發展出從這種展示中得到快樂的能力。這是藝術本質主義的另一個例子，是物品具有某種讓它們之所以是它們的無形本質。對於比如一塊肉這種東西而言，本質是物質的；對於如一幅畫作這種人類工藝品，其本質是構成其創造的基礎所暗示的表演。

人們是否真的認為藝術工作具有無形本質且這種本質是根源於它的歷史？我認為即便是學齡前兒童也是這麼想的。我對於藝術心理學的興趣大約從十年前開始，當時我的兩歲大兒子在硬紙板塗抹畫畫，然後很驕傲地告訴我那是「一架飛機」。作為一個發展心理學家，我相當驚訝，因為在我的領域中，大家的共識是兒童的命名能力是以表相為基礎：對一個小孩來說，「飛機」一詞應是指某件看起來像飛機的東西。但是麥克思的圖畫看起來一點都不像飛機；它看起來是一團色彩。他的行為並不獨特，我快速查閱了相關文獻後，[40]發現兒童創造圖畫並且為它命名是相當典型的現象——一隻小狗、一場生日派對、媽咪——儘管他們的塗鴉一點也不吻合實物。

在我的研究生羅利・馬克森（Lori Markson，目前在聖路易市的華盛頓大學）協助下，我對這個觀念加以探究，發現這些名字並非是受圖畫的內容像什麼而產生的；它們是以圖畫的歷史為基礎而被挑選的。[41]麥克思畫的是一架飛機，因為他希望那是一架飛機。這個看法也受到一系列相關研究的支持，研究發現，即使是三歲兒童也會以他們希望自己的創造物是什麼這個想法為基礎，來為自己的圖畫命名。我們發現人們對於他人的塗鴉也有同樣看法。如果一個三歲兒童看到某人盯著一支叉子並且塗鴉，之後就會把那個塗鴉取名為「一支叉子」；如果同樣的塗鴉是在當事人看著一根湯匙時所畫，她將會把它取名為「一根湯匙」。近年我和一個博士後人員馬麗莎・艾倫（Melissa Allen，目前在蘭卡斯特大學）進行的研究中，我甚至發現兩歲大的兒童在決定要稱呼某個圖畫為什麼名字時，對於其歷史也很敏感。

表演者

此種對於歷史的專注有助於解釋我們為何偏好原作。

上一世紀，哲學家之間有所爭論，認為正在發展中的複製技術將讓人們對原作的偏好消失。華特・班雅明（Walter Benjamin）認為：「這在世界史中是頭一遭，機器複製讓藝術世界得以從對現實世界的依賴中解放出來。」[42]安德烈・馬爾羅（André Malraux）就認為原作會變得不再重要，因為每座博物館都可收藏世界的所有藝術作品。甚至我們為何還需要博物館呢？想一想比爾・蓋茲在西雅圖的豪宅，牆壁上有超大螢幕，展示著各式視覺藝術作品。然後想像一下每戶人家都有這樣的螢幕，能夠重現任何你想要看的畫作。

但是在定義上原作就只有一幅，所以見到原作，或者更進一步，擁有與原作的獨特意義也將永遠存在。此外，原作是與創造它的藝術家有所聯繫，如我們在前一章討論過，此種正面的感染是迷人的。尤有甚者，原作有其特別的歷史，當它透過一個創造的過程而出現時，遠比偽造者的複製技能還令人印象深刻。就是我們對這種歷史的感受性，解釋了為什麼人們對原作的熱愛不會消失。

以表演為焦點，也有助於我們理解有關藝術的分歧見解。以傑克森・波洛克（Jackson Pollock）的抽象畫為例。許多人對這些作品都沒有印象。這種負面反應是因為它們沒有展現出明顯的技巧。它們看起來相當容易；有一句經典就是：「我的小孩也做得到。」藝術教育工作者菲利普・葉納溫（Philip Yenawine）對這個立場持反對意見。他用波洛克的作品《一》（*One*）（一九五〇年，第三十一號）來回應。他提到這畫的超大尺寸（約九英尺高，十七英寸寬），並且對於這幅畫的綿延弧形、維持分別的創作元素及其所牽連的技術與想像力大表欽佩。如果你認為這並不難，他說你何不自己試一試？[43]

此外，有關波洛克作品的歧見，有部分是關於歷史的歧見。如果葉納溫能說服持疑者，讓他們相信創作這些畫是多麼不容易，他們就可能轉而對他的作品有比較好的正面評價。同理，若葉納溫見到一個六歲兒童在一幅巨型帆布上潑灑顏料，十分鐘就創作出與《一》（一九五〇年，第三十一號）不相上下的作品，我敢說他從此再也難以從波洛克的藝術中得到什麼樂趣。

當我們評估表演時，我們尋求的是什麼呢？一個粗糙卻相關的考量因素就是，我們在意創作努力程度。心理學家賈斯汀．庫魯格與同僚以一種相當直接的方式來進行實驗，他們給研究對象看一首詩、一幅畫或是一套盔甲，並且告訴他們不同的故事，關於他們花多久時間做出這些東西。例如，實驗者給研究對象看畫家黛博拉．克理文（Deborah Kleven）創作的一幅抽象畫；一半的研究對象被告知，這畫耗時四小時完成，並讓另外一半的研究對象以為耗時二十六小時。不出所料，認為這幅畫花比較多時間才完成者，在評比這畫的品質、價值，以及喜歡程度上都給予較高的評價。[44]

（我懷疑這也稍微解釋了關於藝術的標價：尺寸很重要。對某個特定藝術家而言，畫的尺寸越大，花費的代價就越高。這一點可能也反映出我們的直覺反應，即畫大幅畫比小幅畫來得困難一點。努力程度越多，就會帶來較多的快樂，然後產生較高的價值。）

我們在評價自己的創作時也是用努力程度來衡量。當速成蛋糕烘焙粉在一九五〇年代剛上市時，一點也不受人們青睞——直到製造商改變配方，家庭主婦得花一點功夫來做，情況才改觀；主婦得多加一顆蛋，這個調整讓烘焙粉變成較好的產品。這種透過自己的努力而使價值增加的現象，就是心理學家麥可．諾頓（Michael Norton）及其同僚所稱的「宜家效應」（IKEA effect），[45]以流行的瑞典家具品牌名稱來命名，你在這家店裡買的家具，通常需要自己組裝。他們在實驗室裡，發現研究對象重視自己動手做出來的物品，像是簡易的紙摺青蛙，勝過對其他人所做的同樣物品。

努力程度是一個因素，但並非最重要的因素。畢竟，當我們對維梅爾的喜愛程度勝過對范．米格倫時，一定不是因為我們認為維梅爾作畫時投入較多的心血。更重要的是，我們對於創造力與天才的直覺。

這些直覺有多重要呢，瑪拉．歐姆斯德（Marla Olmstead）[46]因抽象畫而成名，畫作價值數萬美元，這就是一個令人驚訝的例子。她的畫賣得很好，部分是因為她是個兒童；這位「小波洛克」在四歲時就賣出她第一幅畫作。她的畫作可能在表面上與其他人的畫難以區別，可是，身為一個兒童，歐姆斯德並未受過藝術的指導，對藝術世界也很陌生，而她的作品卻具有創造型天才的光澤。一個意外轉折就是，她的名聲引起一個電視節目《六十分鐘II》的注意，電視台於是為她錄製一個專輯，之後人們從影片中發現她的父親在指導她。這一點改變了人們對於她表演本質的印象，而她的畫作價值也因此筆直下滑。

表演的焦慮

這種本質主義理論能否告訴我們，什麼是藝術以及什麼不是藝術？

或許不能。藝術與非藝術之間並沒有明確的界限。就如道頓的看法，[47]有好幾種屬性是典型藝術具備的，而包含這些屬性就是藝術嗎？這並沒有正確答案。此外，藝術也是一種以自我意識為主的奇怪領域，一旦某種藝術理論受到歡迎，某些自以為是的藝術家就急忙要去證明它是造假歪曲。這裡有個主要的例子就是上個世紀最重要的藝術作品之一——馬賽爾・杜象（Marcel Duchamp）的《噴泉》（*Fountain*），這件作品的部分目的是要嘲諷認為藝術一定是美麗的理論。

儘管如此，如果藝術是一種表演，就會延伸出兩個事實：

1. 藝術作品是有關意圖的。

2. 藝術作品傾向要有一位觀眾。

首先是意圖。我們能在沙灘上留下腳印、把紙團揉皺丟進垃圾桶裡，以及留下凌亂的床鋪，而這些通常都不是藝術。可是它們如果是在對的意圖情況下做出來的，那麼就會是藝術，而我們也能在博物館裡找到這類的創作。例如，崔西・艾明（Tracey Emin）的《我的床》（*My Bed*）就是各種物品堆在她未整理的床鋪上；它是在泰德美術館展出。那麼一個人可以有兩個一模一樣的創作，但是一個變成是藝術，而另一個則不是。這分別是以創作者的心理狀態為基礎而有所不同。[48]

無論如何，這些都是某些哲學家的直覺。心理學家蘇珊・葛曼和我有興趣了解這個看法在多大程度上符合我們的常識。所以我們以三歲兒童為研究對象，讓他們看物品並分享物品的起源故事給他們聽。[49]例如，我們給兒童看在帆布上的一團顏料，然後告訴他們那是另一個小孩不小心潑灑顏料而成的畫，或是那是某個小孩小心仔細用顏料畫成的。不出所料，說法不同造成很大的影響：聽說這是不小心潑灑做出來的畫，兒童傾向使用如「顏料」的字眼來描述它；但是聽到這是有意創造出來的作品，他們就傾向把它視為藝術——是「一幅畫」。

這就產生一個謎題，我們應該如何思考非人類的創造，比如某些大象與黑猩猩的畫。許多這類畫作都相當迷人，可是很難把它們看成是藝術。[50]問題在於，動物並不知道牠們自己在做什麼。如果我把倉鼠的爪子放到顏料裡，讓牠在帆布上跑一圈，可能會很好看，但那不是一幅畫。我懷疑大象與黑猩猩做出來的成果會超過這個。牠們對自己所做並沒有規畫，而當牠們完成後，也不會欣賞自己的作品。受過訓練的動物需要人類協助，不只必須給牠們工具，而且也必須要適時讓牠們停住——如果沒有人把顏料拿開，動物就會繼續做畫，創造出棕色髒污的帆布油畫。這些動物的行為與學齡前兒童相當不同，兒童開始藝術創作，結束一切時會停住並且欣賞自己的作品，也給其他人看。

這就帶我們到第二個考量，也就是藝術注定是用來展示的；它是為了觀眾而創造。這一點讓藝術與其他具意圖性的活動如賽跑、煮咖啡、梳頭髮，或收發你的電子郵件等活動區別開來。這就像是噴泉與尿壺的不同；安迪・沃荷（Andy Warhol）的《布理洛盒子》（*Brillo Box*）與布理洛盒子的不同；以及約翰・凱吉（John Cage）的《四分三十三秒》（*4'33"*）與某個人因為受到恐慌症襲擊而坐在鋼琴前面四分鐘又三十三秒的狀況不同。

我承認有某些反例的存在。有一些創作作品從來沒有意圖要用來展示——如羅丹的素描——可是它們依然被當成是藝術作品。[51]還有一些物品是有意圖地被創造出來展示給觀眾看，但是沒有人會稱它們是藝術（本書是有目的地為了觀眾而創造出來，但是從一般角度來說它並不是藝術作品）。

例如，某個耶魯主修藝術的大四生，畢業製作主題是自我引發的重複流產。[52]如她所描述，在她月經週期初期，她會使用志願者捐贈的精子來進行人工受孕。在她週期的第二十八天，她會注射一種墮胎劑，接著就腹絞痛及流血。當她的作品被國家新聞頻道報導後引起了爭議，而且地方也傳聞不斷，流言她是否真的有這些經歷，而耶魯校方則強調那是杜譔的。

或是想一下皮耶羅・曼佐尼（Piero Manzoni）最有名的作品：一系列九十個罐頭內裝滿這個藝術家的糞便。[53]它們賣得很好；二〇〇二年，泰德美術館以六萬一千美元的代價買了其中一個罐頭。這個藝術創作在許多方面很有趣，而且恰好連結到本質主義的主題。那就是正面感染的典範，其想法是我們從某種物品得來的快樂是基於這個信念，認為它們承載了創造者或使用者的殘餘物。如同曼佐尼所說：「如果收藏家真的想要某種親密，那麼擁有藝術家自己的糞便便是一種方式。」此外，這藝術品後來還衍生出一個如漫畫劇情般美妙的發展。曼佐尼故意不好好地蓋好罐頭，因此這些罐頭至少有一半以上的糞便後來都爆了開來——驕傲地在博物館及私人收藏處展示。[54]

人們對這些例子有不同的反應。許多人覺得驚訝及荒謬，另外有些人是讚嘆不已，從中得到相當多的快樂。我在此的目標並不是要提出贊成或反對的理由，而是指出即使是最嚴厲的批評家也能看得出這類展示是某種具有創造力的表演。我們明白流產為什麼發生（如果真是如此的話），或是藝術家為何把他的糞便放入罐頭裡。

再者正如波洛克，我們對於此種藝術創作品質有衝突不協調的直覺，大部分是從我們認為表演是什麼而來。如果你對於一項創作背後的能力評價不高，那麼你就會把它看成糟糕的藝術，也無法從中得到快樂——除了或許有嘲弄的歡樂之外。我們對曼佐尼作品的反應與對林布蘭作品的反應並不相同（不過，基於在泰德美術館網站上的討論，結果發現要在罐頭裡儲存糞便是相當困難的事）。你得要欣賞這個主意才能讚嘆這個藝術。

這就是為何人們對於現代及後現代作品的反應如此負面；他們的技巧是不明顯的。[55]就如批評家路易斯・麥南德解釋，藝術家的興趣已從藝術的內容轉移到藝術的方法。傳統藝術是有關這個世界裡有什麼；更多的現代藝術是有關表現的過程。因此，對大部分現代藝術的欣賞就需要特定的專家知識。任何人都會對一幅林布蘭作品驚歎不已，但是只有少數菁英能夠理解比如雪莉・勒文（Sherrie Levine）的《噴泉／在馬賽爾・杜象之後》（*Fountain/After Marcel Duchamp*），因此也就只有少數菁英會欣賞它。曼佐尼曾經把雕像的臺座上下顛倒，讓它的臺面頂著地面，然後他宣布這樣一來整個地球行星都是他的藝術創作。當我讀到這個訊息時，我發現實在很有趣，但是對我而言，它就像是十歲兒童可能開的一種玩笑。藝術界人士或許有不同看法。

戲劇《藝術》（*Art*）就是對新手與專家之間這種緊張關係做評論。[56]這齣戲一開始，沙吉（Serge）買了一幅沒有鑲框的白色帆布畫，上面有某種難以辨識的斜紋刮痕，他把這畫給朋友馬克（Marc）看：

馬克：你為了這個一文不值的東西花了二十萬法郎？

〔稍後，沙吉向另一位朋友抱怨。〕

沙吉：他對這幅畫沒有特別反應，我並不怪他，他沒有受過訓練，你必須得完成學徒見習才行。

我們不必評斷沙吉最後說的那句話。或許馬克的看法沒錯，他後來認為沙吉在該畫中所見的東西並不存在。馬克會欽佩那些在現實生活中專家搞錯的真實故事，比如倫敦皇家藝術學院（Royal Academy）當代藝術展在公開徵求作品時，大衛・韓索爾（David Hensel）就用一件雕塑作品提出申請，他稱之為《離天堂又近了一天》（*One Day*

Closer to Paradise）的大笑頭像。他把頭放在石板的底座上面，裝進箱子裡。評審人員以為這兩個物品是兩個獨立的申請作品，他們拒絕了頭像卻接受底座。[57]專家對於歷史與表演的直覺並不永遠都是正確的。

運動

我們從在地鐵站的一位音樂家開始，接著討論一位有名的偽畫大師，然後再轉向一般的藝術。我們討論了藝術快樂的許多來源，但是主要把重點放在表演，想法是我們從一件藝術作品中得到的快樂，部分來自一個信念：我們在意它是如何被創造出來的。

這種快樂並不是藝術所獨有。據說希臘人把運動與藝術歸入同一類別，這在現代學術成果中是前所未聞的事。有少部分大學研究運動的課程，使用與藝術課同樣的知識工具；也有一些教授是專研巴洛克音樂或普普藝術，但是他們當中沒有人是撐竿跳或足球的專家。

運動受忽略，可能是個錯誤。藝術與運動顯然有所不同。藝術是非功利取向的，經常是沒有用途的。運動具有比較實用的基礎；運動帶來的快樂有部分是磨練技巧所得的快樂，我們發展這些技巧在適時環境中是有用途的，比如跑步及格鬥，因此人們就有動機進行運動，即使運動並非是為了展示。或許因為如此，藝術通常涉及要有觀眾的期待心理，但是運動則不然——如果你和朋友打壁球而且沒有旁人觀看，它依然是一個壁球遊戲。

同理，藝術與運動兩者都是人類較深層特質的展現，所以它們的相似處是在深層運作。我們欣賞藝術和運動受演出地點與時間影響。如果我要用排泄物為創作去申請藝術競賽，我贏不了。太遲了。杜象在一九一七年就已經做過。如某位藝術專家寫道：「創造出某件新物是一種成就。愛因斯坦是第一位發現$E=MC^2$的人。在他之後，任何表演者都能戴上一頂毛絨假髮，在一個黑板上畫出同樣的方程式。但是這個舉動並不會讓他成為愛因斯坦。」[58]

優先性在運動中也是一樣重要。某部分也是由於原創性的緣故，就如在一九七四年拳王阿里（Muhammad Ali）在對抗喬治・福曼（George Foreman）時大膽使用以逸待勞戰法（rope-a-dope）。但是在運動上，優先之所以重要還有其他的理由。羅傑・班尼斯特（Roger Bannister）[59]在一九五四年破紀錄地以四分鐘跑完一英里，雖然並非是一種創造性的藝術——這並不是說人們從未跑那麼快——而是那絕對是一場獨特而且重要的演出。是什麼讓它特別？記得道頓提到我們對於藝術的評估方式是留意「藝術家解決問題、克服障礙、以可取得材料來創作的方式」。在運動方面也是如此。班尼斯特沒有教練；他是在醫學院時期利用午休時間與朋友進行訓練。如今任何把競跑一哩賽當一回事的人都會配有一位醫生、教練、營養師，以及按摩師。這會是一種全職工作，不是某種可以安插在其他工作職責空檔間的事。我們崇拜班尼斯特的原因部分是因為他一英里跑四分鐘的紀錄，這真的是一場比那些追在他後面的同賽者還要優異的演出。

因為藝術與運動都是表演，所以兩者都有作弊的可能。作弊是對一個人演出本質的刻意扭曲。

典型的藝術作弊就是偽作，但是作弊還有其他種方式。我們欣賞一場錄音演出的李斯特（Liszt）〈梅菲斯特華爾滋〉（Mephisto Waltz），並對演出者雙重彈跳的速度大表驚嘆——直到我們發現那是一個錄音工程師做出來的。[60]群眾在一場現場音樂秀歡呼，然後當他們發現是一場假唱的對嘴表演時（如一九八九年米利・瓦尼里〔Milli Vanilli〕事件）就會改以噓聲。作弊顯然也是運動的一個議題。羅絲・魯易思（Rosie Ruiz）在一九八〇年紐約馬拉松比賽以不到兩小時三十二分鐘的時間跑完全程不再能打動粉絲，因為有人揭穿她搭地鐵作弊。一個棒球投手吐口水在球上為了投得更好的行為也貶損他的演出，或是一個拳擊手手裡藏石膏的作弊行徑，也貶損他因此而取得的勝利。

然後因人為做作所強化的表演還產生諸如使用類固醇及其他藥物等道德不法行為。如作家馬空・葛雷威爾（Malcolm Gladwell）所言，使用類固醇的行為違背「努力的誠信」。[61]一位使用類固醇的運動員將不再具有演出資格。可是使用類固醇為什麼比使用其他可接受的中介物如維他命、荷重機器或昂貴的泳衣來得更糟呢？我的研究生以賽特・賈如迪（Izzat Jarudi）[62]訪談了在紐黑文及紐約的美國人，關於類固醇的道德問題，發現他們持強烈反對態度。有意思的是，他們無法解為什麼。有些人提到他們憂心負面的健康後果，可是當他們被提醒類固醇對健康無害時，他們仍然堅持類固醇是非法的，使用類固醇的運動員就是在作弊。

或許在這種直覺背後完全沒有標準可言，而這些直覺常常引來軒然大波。試管嬰兒首次引介給世人時，引起震驚的反應；如今只有怪人才會反對這個方法。目前多數讓我們備感驚訝的事，在未來都將司空見慣。與類固醇有關的這種道德爭議，很可能主要是根源於一種本能的保守主義，[63]一種對新事物的恐懼。

此外，如葛雷威爾指出，這種憂慮還與某種頑固想法有關，我們認為藥物強化的結果可能為某人帶來不公平的優勢。生來具備讓你強壯的基因是天生優勢，還有什麼比這更不公平的事？但我們的直覺認為，先天和後天的優勢不同。我們傾向重視天生的才賦，因為這是一種代代相傳的能力。我們崇尚天生的才能，藐視人為的增強。我們先前已經在美容這件事看到這特質；人們對天生麗質的喜愛勝過植髮和整形手術。這些偏好可能讓演化論聽起來更有道理，而且難以推翻。但是這個看法無法讓天生優勢變公平。

表演變醜陋了

藝術與運動是特別顯眼的表演種類，特別受到重視。有種種社會結構在支持它們：藝術學校與運動營隊；《滾石雜誌》與《運動家畫刊》；羅浮宮與洋基棒球場，每日新聞的個別專欄等。可是表演的歡樂——觀賞的快樂以及演出的快樂——是比藝術與運動更普遍而且更原始。

發展心理學家長久以來都很驚訝，兒童如何自然而然地指向某物、揮手以及嘀咕，把注意力轉向環境中有趣事物。這些技能似乎很簡單，直到你發現只有人類這個物種有此能力。據說，這種要分享我們想法的欲望，與我們人之所以為人有很大關係，包括語言與我們繁複的文化。[64]

還有另外一點可能同樣重要——去炫耀某種技巧的衝動。一個幼童翻了一個筋斗，堆高一疊積木，並且能夠單腳站立。這些都是技巧的展現。這些有時顯然是在雙親的同意下完成的，但是兒童單獨時也會做。有一種快樂是來自單獨玩耍。

表演也發展出一種競爭味道。每個人類社會都有競走與摔角比賽。任何事情都能以競爭為基礎。一個兒童打嗝，然後另一個兒童也打嗝，不久就會出現打嗝比賽。一個七歲兒童說了一個故事，另一個試著接下去（於是小說就此誕生）。青少年圍坐一圈，輪流說笑話，你搭我唱地逗眾人歡笑（脫口秀誕生）。競爭可以是針對你過去的自己，如跑者努力要打破自己先前的紀錄（我的隔壁鄰居，經濟學家雷・菲爾〔Ray C. Fair〕是一個馬拉松選手，他記錄他的賽跑時間如何隨年齡下降）。[65]其他例子如縱橫填字遊戲與猜數遊戲，我們努力要得勝，即使身邊沒有任何人。

我們是剛愎自用又具有創造力的物種，我們能夠發明的表演種類也沒有限制。我在八歲大的時候，就知道我絕對不會成為最快的男孩，可是我很迷彈簧單高蹺，試了好幾個月，還是無法打破連續彈跳的世界紀錄。我知道我必需要贏，因為我有一本《金式世界紀錄簿》（*Guinness Book of World Records*），[66]這正如道頓所言，這是人類可以嘗試去超越的極佳實例。

並非所有表演都是平等的，因為並非所有人都有同等程度的健美展現。成為猜數遊戲專家是一種快樂，但是它缺乏西洋棋的知識豐富性。一個人可能看到吃烤起司世界大賽[67]的贏家會很驚奇（一〇三磅松亞『黑寡婦』湯瑪斯），但是這與觀看魯道夫・紐瑞耶夫（Rudolf Nureyev）或喬丹（Michael Jordan）並不相同。單詞拼寫比賽很好，但是在選擇研究生時，我不會因為某個學生是全國拼字冠軍而被打動。人能領會要成為電腦遊戲 Donkey Kong 的冠軍需要大量的訓練與合作，但是各種觀看此種表演而生的快樂，因擔心這個人正在浪費他的生命的想法影響而受到破壞。

有些展示具有自我矛盾的味道。長久以來一直有藝術作品是描繪醜陋，如希羅尼穆斯・波希（Hieronymus Bosch）的繪畫。有杜象的尿壺、曼佐尼的糞便、赫斯特（Hirst）的腐爛牛頭，以及無數使用體液與動物部分身體的當代作品。有個故事（或許杜撰的）是關於愛德華・金霍茲（Ed Kienholz）的雕塑必須要從路易斯安那的現代藝術博物館中移除，因為有人看了就嘔吐。

此類醜陋藝術的其中一個動機就是要駁斥藝術應該是美麗的這個概念。然後還有一個角度就是，美麗太容易預測、太簡單、容易接近，以及美麗是中產階級的。大膽而具有創造力的藝術必須要遠離這一點。許多藝術家會不太高興，如果你認為他們的作品提振人心。此外還有對於古怪展示的訴求；對於殘缺的反常迷戀，這或許是根源於人類天性中一種較少受到補償的部分，一種朝向病態殘忍及嘲諷的驅力。[68]

可是有時候醜陋也能是比較正面的。在英格蘭鄉間地區，有扮鬼臉（gurning）比賽，[69]參賽者競相扭曲臉孔，要做出最醜陋的表情。這個遊戲的規則很簡單。[70]參賽者把頭放入一個馬軛並在規定時間內要盡可能把自己的臉孔扭曲成最駭人或最愚蠢的表情。有裝假牙者，可以選擇是要留在嘴內、拿出來，或是把它上下顛倒。

這個競賽有某種打動人心的一面。人類把相當多的能量投入在不同形式的藝術、音樂、運動，以及遊戲，而正如我在本書的論證，這些典型上都是與繁衍相關的能力之展現，它們是最好的人類特質：智慧、創造力、力量、機智等等。我們是本質主義者，自然而然會受一個表演的歷史所吸引，因此我們能從此種自然天賦的展現中得到快樂。但是我們也有足夠的聰明可以扭轉方向，偶爾也從某種——以達爾文學派的觀點來看——我們不想要的展現中得到快樂。這是相當令人快樂的平等。扮鬼臉還不是奧林匹克競賽項目，但是我希望將來有一天它會被納入。

chapter 6

想像力帶來的快樂

凡為安娜·卡列妮娜掉淚的人，都充分了解她不存在。即使我們在意識層面上知道某件事是虛構的，我們心中有部分仍相信它是真實的。

美國人如何使用他們的休閒時間？答案可能讓你吃驚。美國人最常見的自主活動不是飲食、飲酒或吸毒。也不是與朋友的社交活動、投入運動或是與家人輕鬆一下。儘管人們有時描述性是令他們最快樂的行為，時間管理研究[1]發現，美國成年人平均每天只花四分鐘時間在性事上——幾乎和填政府的報稅表格時所花的時間一樣。

長話短說，我們的主要休閒活動是參與我們知道不是真實的經驗。當我們有時間做任何我們想做的事時，我們就退回到想像的世界——他人創造的世界，如書籍、電影、電動玩具，以及電視（美國人平均每天花四小時以上的時間），[2]或是我們自己創造的世界，如做白日夢和幻想。儘管其他國家的人民看電視的時間比較少，英格蘭及歐洲其他地區的研究[3]發現，歐洲人對非真實的世界也有類似的執迷現象。

對一隻動物來說，這樣過日子是很奇怪的方式。我們當然最好是追求比較具有生存適應的活動——飲食與私通、建立關係、建造庇護所，以及教育我們的子女。人類則不是如此：兩歲幼童假扮獅子，研究生整夜不睡玩電玩遊戲，年輕父母躲著子女去讀小說，還有許多男人看網路色情影片的時間比和真實女人相處的時間還多。一位心理學家在她的網站寫的這句話剛好道出了這個謎題：「我有興趣了解人們何時以及為何選擇觀賞電視節目《六人行》（*Friends*）而不是花時間與真實朋友相處。」[4]

這道謎題的解答就是，人類從想像中得到的快樂，控制了為真實世界的快樂而發展出來的心理系統。我們享受想像的經驗，因為在某種層次上我們並不把它和真實世界加以區分。[5]這是一個非常強大的觀念，我認為這基本上是正確的，所以我將以這一整章篇幅來為這個觀念辯護，並且帶出這觀念更驚人的含意。只是我不認為這個觀念完全正確，所以這一章隨後會探討某些現象——包括恐怖片與受虐狂的白日夢——它們需要一種不同的解釋，來自我們解釋食物、性、日常物品，以及藝術偏好時同樣的本質主義理論。

偉大的假裝者

各地所有正常的兒童，都喜歡玩遊戲及假扮。[6]在遊戲的類型與頻率上有文化的差異。一個在紐約的小孩可能假裝是一架飛機；一位狩獵採集社會的小孩就不會。在一九五〇年代，美國的兒童玩牛仔與印地安人；現在已經不時興了。在某些文化裡，遊戲是受到鼓勵的；在其他文化中，兒童卻必須偷偷摸摸地進行。但是遊戲永遠都存在。沒有辦法玩遊戲及假裝是一種神經問題的徵兆，是自閉症兒童的一個早期症狀之一。

發展心理學家長久以來就對兒童如何領會假裝與現實之間區別很有興趣。我們知道已經滿四歲的兒童傾向發展出一個相對複雜的理解力，因為當我們請他們直接說明什麼是真的，什麼是假的，他們總是能答對。[7]

那麼再小一點的幼童呢？兩歲幼童假裝是動物與飛機，而且當其他人做同樣的事情時，他們也能了解。一個幼童看見自己的父親像隻獅子一樣地吼叫與巡行時，可能會逃跑，可是她的舉止並不會表現出認為她的父親真的是一隻獅子；如果她相信了，她就會驚恐萬分。如果幼童沒有一個合理的複雜理解能力，知道假扮不是真實的，我們就會無法解釋幼童從此種假扮活動中得到的快樂。

這種理解能力有多早出現，至今仍是個開放的問題，而且有某些精巧的實驗研究在進行探討。我自己的直覺是，甚至嬰兒對於假扮一事也能領會到某種程度，你也能從不經意的互動中看到這一點。[8]逗弄一歲嬰兒時，你把臉靠近，等嬰兒抓你的眼鏡、鼻子或頭髮。一旦有了接觸，你就把頭往後退，並且假裝生氣的樣子吼叫一下。你第一次這樣做的時候會看到嬰兒有點嚇一跳，或許有點害怕，可是接下來你還是把頭靠近，等嬰兒再抓你一下。嬰兒會的，然後你就假裝驚訝的表情。許多嬰兒會發現這樣很有趣（如果嬰兒喜歡戳人眼睛，那麼你可以改用鑰匙）。不過，要做到這一點，嬰兒必須知道你一點兒也沒有生氣；嬰兒必須知道你是假裝的。

當然，嬰兒這方面的領會並不完美。人們有時候很難區別消磨時間和嚴肅認真，所以對於跟一本俄羅斯小說差不多大小的生物，你也不應有太多的期望。達爾文說了一個他大兒子威廉的故事：「當這個孩子大概四個月大左右，我在他面前製造出許多怪聲和扮鬼臉，想做出像野蠻人的樣子；但是這些聲音只要不是太大聲，就像鬼臉一樣，都被他當成逗他開心的玩笑；而我當時把這個結果歸咎於我在假裝之前或是同時所露出的微笑。」但是後來威廉卻被他的護士給愚弄：「在威廉滿六個月大之後，有一天他的護士假裝在哭，我看到他的臉立刻露出一個憂鬱的神情，伴隨著沮喪的嘴角。」[9]

遊戲和假裝是否為人類獨有？狗和狼等動物會和同伴彼此以一種像是遊戲方式互動，尤其是搏鬥遊戲，而且也會發出訊號讓對方知道牠們不是當真要攻擊，透過「弓身遊戲」[10]的方式，動物的前肢蹲伏，後腳仍維持站立，同時讓頭部低於和牠互動的動物的頭部。這樣的姿勢大約意指「我想要玩」，或是「我們還在玩」。不嚴格來看，這算是一種假裝。但是這種遊戲方式很可能是這種動物與生俱有的能力，作為一種磨練人生後期階段重要技能的手段。無論如何，牠們都不需在心理上把它譯成電碼，當成是模擬真實博鬥。

人類有時候也是如此。當一個兒童和一隻狗一起在公園奔跑，他們想的可能是同樣一件事——也就是，沒有想什麼。但是兒童會比較聰明一點。他們的想像力是有彈性的——任何真實事物都能被當成是假裝的。你可以在一個兒童面前做出全新的行為舉止，比如把一張紙剪成兩半，然後示範這個行動的假裝版本（以手指頭作為剪刀，假裝在空中剪東西），而且如果你做得夠好，兒童就會懂——你在假裝剪一張紙。這好像很簡單，但是我懷疑除了人類之外，沒有其他動物能領會。

後設表徵能力

人們有一種特別能力，是在心裡想著某件事物，對它進行推理並且有情緒反應，可是知道它不是真的。這顯示的是處理後設表徵的能力（metarepresentation）——也就是關於表現的表現。

要了解這是什麼意思，首先來想想我們有的最簡單念頭，比如：

雨傘在櫃子裡。

此種陳述（或命題）解釋了人的行動。如果外面正在下雨而你不想要淋濕，你可能開櫃子拿雨傘，而這是因為你相信雨傘是在櫃子裡——你心裡有個事物符合上述句子。

其他動物能夠做出類似行為。例如老鼠能夠解開比如以下這個命題：

食物就在角落旁邊。

現在想想這個特別的部分。瑪莉說她不想要淋濕並且她想要一把雨傘，所以她就走到櫃子前。

你看在眼裡並產生這個信念：

瑪莉認為雨傘在櫃子裡。

這是一種特別的想法，因為你能夠把它放在心裡，同時相信這個嵌入的句子是錯的——你很有可能相信瑪莉認為雨傘是在櫃子裡而且還相信雨傘不是在櫃子裡；雨傘其實是在客廳。

這種去推論另一個人錯誤信念的能力是重要的。它讓教導成為可能，它涉及的技能是要記住另一個人知道得你比少。它構成了說謊與欺騙的基礎：當我說我從未收到你的電子郵件時，即使我真的有收到，我正設法在你心裡置入一個並非事實的信念。兒童很難對錯誤的信念進行推論，不過近來有一些實例顯示，如果任務夠簡單，就算是一歲兒童也能成功做到。[11]

後設表徵能力是想像的快樂之核心。我們看這齣戲時知道，喬卡絲塔（Jocasta）是伊底帕斯（Oedipus）的母親，這故事之所以好，是我們知道他們兩人彼此並不知道這一點。文學研究者與認知科學家麗莎・沈珊（Lisa Zunshine）描寫電視影集《六人行》的某一集情節中，菲比（Phoebe）發現摩妮卡（Monica）和錢德勒（Chandler）兩人之間的戀情，就決定開一下玩笑，要跟錢德勒調情。摩妮卡發現菲比知情，於是為了報復，她就告訴錢德勒，要他接受菲比的殷勤，如此一來菲比就得打退堂鼓，自己出糗，但是菲比接著就明白摩妮卡在想什麼。她對朋友說：「他們以為他們可以整我們。他們設法要整我們？他們不曉得我們知道他們知道我們知道的事！」[12]

沈珊也以我喜歡的《紐約客》（*New Yorker*）雜誌其中一幅漫畫標語為例子：

「當然我在乎你是怎麼想我以為你以為我要你感受的。」

of course I care about how you imagined I thought you perceived I wanted you to feel.

這種後設表徵能力是從哪裡來的？對這個起源有兩種可行而且相容的解釋。上述的例子就是第一個解釋。他人的行動並非受到這個世界真實樣貌所驅使，而是受到他們認為這個世界是什麼的影響，而要了解他人的行為，你就需要推論你已知不是事實的部分。那麼，最初後設表徵能力可能是在理解他人想法的脈絡下發展出來的。

第二個可能解釋則是，想像非真實的能力，允許我們去計畫未來，評價尚未存在而且可能從未存在的世界。就如批評家納透（A.D. Nuttall）[13]所言：「我想卡爾・波普（Karl Popper）說過的最聰明的一件事就是他的一句評語，我們的假設『代替我們而死』。人類一族已經找出一個方式，如果不是丟棄，至少也是去延緩及削弱達爾文學派的死亡踏車。我們預先傳送出我們的假設，一群可犧牲的軍隊，並且看他們倒下。」

要了解這一點是如何運作，可是假設你正在規畫一個假期。你可能選擇到沙美島（Ko Samet），泰國的一座小島。你想著這個地方，並且基於你對這個地方的了解，你得出各式各樣的結論——例如，你斷定你將會離海灘很近。這個地方似乎很好玩。你比較這個地方與在倫敦渡假一週的魅力，你在倫敦步行就可以到一些很棒的博物館。重要的是，這些結論都是各自獨立，而且也與目前現實分隔開來。這想像以這個形式呈現：

如果去沙美島，我可以走去海灘。

如果去倫敦，我步行就可以到一些很棒的博物館。

你具有這些信念而不用相信這些嵌入的命題是真的；你具有這些信念而不用相信它是真的。

我可以走去海灘。
我步行就可以到一些很棒的博物館。

這點好像很顯而易見，但是創造這些分隔世界的能力，允許我們以一種別的生物不能的方式去做計畫，因為我們可以想像並且評比可供選擇的未來。這往往是快速而且無意識的，就像當你婉拒第二杯馬丁尼，因為你晚一點還必須工作而不想酒醉：

如果我喝第二杯馬丁尼，我將會酒醉。

但是我們的想像還可以更加審慎——回想一下在第三章提到達爾文要不要娶韋格伍德時所評比的優缺點的討論。

這兩種後設表徵能力的起源說都是適應主義的觀點。不過，一旦我們建立這一套系統，我們的想像力量就能夠使用在與適應好處無關的其他目的上，諸如做白日夢、看電影，以及閱讀。

後設表徵能力是假裝遊戲的核心。在一項精緻的研究中，心理學家艾倫・萊斯利（Alan Leslie）[14]請兩歲幼童假裝倒水到一個杯子裡，接著再把杯子裡的水倒在一隻玩具熊身上。他發現，幼童們知道熊其實是乾的，但是他們也知道，在一個假裝的世界裡，這隻熊濕透了而且得擦拭，因為：

在這個遊戲裡，杯子裡的水是滿的。

而且他們知道在假裝的時候那是真的（就像在現實世界一樣），因為如果你把一杯滿水倒在某人身上，他或她就會濕透。我的三歲姪女用手指對著我，然後說：「砰！」然後我就倒在地上，舌頭吐了出來，死了，但是她也知道我還活著。

故事時間

這個「砰！」的例子顯示，想像的快樂不必是複雜的，但是它們經常是複雜的。它們經常以故事的形式出現。

一個可行的分析觀點是類似諾姆・杭士基（Noam Chomsky）[15]及其同僚描述語言的方法，是從普遍原則的有限變化來解釋差異。在語言方面，普遍性是與某種意義層面以及傳達這種意義的指定方式有關。故事同樣存在普遍的情節。

我在稍早一章討論過一個特定的例子——性的花招長久以來就讓人們著迷，而且某人在床上假裝是另外一個人的這個想法，在一個又一個的故事中出現，從古印度經文到《舊約》再到《魔法奇兵》（*Buffy the Vampire Slayer*）。床計的故事自然地從一個文化輸出到另一個文化；報導指出，電影《亂世浮生》片名在中國大陸卻以《天啊！我的女友有老二》為中文片名，[16]這個方式很不幸地扭曲了主要劇情。好故事具有普遍的吸引力。儘管一個來自完全不同文化的人可能很難理解《黑道家族》（*Sopranos*）的特色（例如，以諷刺方式提及有線電視網對義大利裔美國人的描繪），但是其劇情主題——對子女的擔憂、與朋友的衝突、背叛的後果——卻是普遍性的。

小說家伊恩・麥克伊旺（Ian McEwan）[17]把這種普遍性的主張做更進一步的解釋，認為你可以在所有十九世紀英國小說中發現侏儒黑猩猩的生活：「結盟形成又解散，他人挫敗時就有個人興起，陰謀策畫、復仇、感恩、受損的驕傲、成功與不成功的求愛，悲傷與哀悼。」

我們很容易就遺漏這種普遍性。麥克伊旺指出，每個世代的批評家與藝術家都會堅持他們正在做的事是尚未有人做過的。畢竟，一旦我們停止像哲學家或科學家的思考方式，差異就變得很重要。如果我在首爾向人問路，而他聽不懂我的話，對一位語言學家而言，不須說明就能理解，英語和韓語是同樣普遍語言的兩種不同版本。如果我在一間書店裡挑一本小說，語言並不相關，因為在一個夠抽象的層次上，所有故事都是相同的。威廉・詹姆士曾經在對方同意下引述「一位未受過教育的木匠」的話，他說：「在一個人和另一個人之間，只有些微差別；但是這個些微的差別，卻是非常的重要！」[18]

我們不應把故事與語言過度地類比。對許多語言學家而言，語言的普遍性是因為某一種專門的語言器官或模組。但是並沒有故事器官或故事模組的存在。故事是類似的因為人們有類似的興趣。例如，受歡迎的主題常與性、家人、背叛有關，並非因為某些特別的想像力特徵，而是因為人們在現實世界裡著迷於性、家人，以及背叛。

感動

把世界想成不是它本來的樣子通常是很有用的，但是我們尚未解釋我們為何喜歡這麼做。我們受故事感動，以致於我們對於那些我們已知不存在的人物與事件有感情，這不是很古怪嗎？就如一篇經典哲學文章的標題所說，我們怎麼會被安娜・卡列妮娜的命運感動呢？[19]

小說所觸動的情緒是非常真實的。當查爾斯・狄更斯（Charles Dickens）在一八四〇年代寫到小尼爾（Little Nell）之死時，人們流淚——我也相信羅琳（J. K. Rowling）的《哈利波特》主角人物的死亡也會引起同樣的淚水（在小說最後一集問世後，羅琳在一次訪問中談到，她收到讀者來信，其中並非都是兒童讀者，請求她饒了小說中幾位深受喜愛的主角性命，比如海格、妙麗、隆恩，以及哈利波特本人）。我一位朋友告訴我，他不記得自己曾經有討厭過誰，到像他討厭電影《猜火車》（*Trainspotting*）當中的一位主角那樣的程度，而且還有許多人無法承受某些小說情節，因為情緒實在是太強烈了。我自己則是很難承受一些主角受苦太逼真的電影，還有許多人難以接受一些過於強調人們出糗行為的喜劇；這方面引發同感的反應實在太不愉快了。

與真實事件相比，這些情緒反應通常是溫和的。看一部電影中有人被一隻鯊魚吃掉所引發的情緒強度，是低於看到某人真的被一隻鯊魚吃掉。但是在每一個層面上——生理的、神經的、心理的——這些情緒都是真實的而非假裝。

事實上，這些情緒真實到讓心理學家使用小說經驗來研究並操弄真正的情緒。[20]如果一個實驗心理學家想要了解悲傷情緒是否有助或有害人們進行邏輯推理（附帶一提，不是壞問題）的能力，那麼就有必要讓研究對象處在一種悲傷情緒裡。但是要這麼做，心理學家不必去破壞他們的實際生活。取而代之的是，心理學家可以讓他們看一部電影的片段——比如電影《親密關係》（*Terms of Endearment*）中有一幕是戴博拉・溫姬（Debra Winger）扮演的主角，因癌末躺在醫院病床上，臨終前見她兒女最後一面的場景。如果有人因為對蛇恐慌而求助於一個臨床心理師，首先要做的並不是把一條蛇丟在案主的膝蓋上讓他適應自己的恐懼。當然，我們可以讓案主去想像令他恐懼的物體；然後治療師可以緩慢地引導到真實物。只有當對想像蛇的反應及對真實蛇的反應在程度上相符時，這個方法才有道理——兩者都算是恐懼。

如果情緒是真實的，這是否代表在某種程度上人們相信事件是真的？我們有時候是不是覺得小說人物確實存在，而且小說事件確實發生？當然，人們有時候會被騙，就如當父母親告訴子女關於聖誕老人、牙齒仙子，以及復活節兔一樣，或者是當一個成年人誤把一部虛構的電影當成記錄片一樣，或把記錄片當成虛構的電影。但是此處的觀念還更有趣一點；即使我們曾經在意識層面上知道某件事是虛構的，我們心中有部分相信它是真實的。

要把虛構與真實拆開，有時相當困難。有好幾個研究指出，我們所讀的故事中若提到一個事實，我們把事實當成真實的可能性就會增加。[21]這點聽起來有道理，因為故事大部分都是真的。如果你要讀一本小說，其故事是發生在一九八〇年代末期的倫敦，你會學到許多關於當時當地人與人之間彼此說話的方式，他們吃的食物，他們的穿著打扮諸如此類，因為任何一位良好的說故事者都必須把這些事實納入作為故事的背景。一般人對於律師事物所、急診室、警察局、監獄、潛艇，以及暴民攻擊等的認識並非根基於真實經驗或事實報導。他們是以故事為基礎的。某人觀看電視上的警察影集就會吸收許多有關當代警察工作的事實（「你有保持緘默的權利……」），而觀看一部寫實電影如《索命黃道帶》（*Zodiac*）的觀眾會學到更多。確實，許多人尋求某種類型的小說（例如，歷史小說）因為他們想要用一種不費力的方式來學習歷史。

我們有時候則會做過頭了，幻想與現實混淆不清；《達文西密碼》（*The Da Vinci Code*）的出版，造成了蘇格蘭旅遊業一陣興旺，因為人們相信小說對聖杯（Holy Grail）地點的宣告。然後還有個特別問題就是把演員與他們所扮演的角色混在一起。演員李奧納多・尼摩（Leonard Nimoy），這位在波士頓出生，講意第緒語（Yiddish）的俄羅斯移民，時常與他演過的最著名角色，來自星球火神星（Vulcan）的史巴克先生（Mr. Spock）混在一起。這個現象令人相當洩氣，結果他就出了一本書，書名是《我不是史巴克》（*I am Not Spock*）（然後，二十年後，又出了一本書《我是史巴克》〔*I am Spock*〕）。或者想一想演員羅伯特・楊（Robert Young），他最早主演的醫務電視影集《馬庫斯・威爾比醫生》（*Marcus Welby, M.D.*），有報導指出他收到數千封觀眾來信，請他提供醫療建議。[22]他後來利用觀眾的這種混淆，以他的醫生角色（穿上一件實驗白袍）出現在電視廣告中，販賣阿斯匹靈和無咖啡因的咖啡。在事實與現實之間偶爾會有一種模糊地帶。

不過，到最後凡是因安娜・卡列妮娜而掉淚的人，還是相當清楚她是小說中的人物；凡是因為羅琳把多比這個小精靈殺掉而慟哭的人，也充分了解他並不存在。而且，如我稍早提過，即使幼童也能領會現實和虛構的不同。當你問他們：「諸如此類的東西是真實或虛構的？」他們都答得出來。

那麼，為什麼我們還會為了故事而如此感動呢？

原念

大衛・休姆說過一個故事，是一個在鐵籠裡的人，他被吊在一座高塔外面。他知道自己很安全，可是他還是「忍不住渾身顫抖」。蒙田（Montaigne）也提出一個類似的例子，假如你把一位聖人放在一個懸崖邊緣並觀察：「他一定會像小孩一樣發抖。」我的同事，哲學家泰瑪・菅德勒（Tamar Gendler）[23]如此形容大峽谷天空步道（Grand Canyon Skywalk）：一個玻璃的步道，位於峽谷西側懸崖，全長七十呎。站在這個空中走廊是一種相當刺激的經驗。有些人為了體驗一下這種刺激，不惜駕車穿越一條數英哩的泥濘道路來到這裡，然後卻發現他們自己因為太害怕而無法走上步道。這些例子裡的人都知道自己是絕對安全，但他們還是感到害怕。

在兩篇重要的文章裡，菅德勒[24]介紹一個新術語，用來描述在這些反應背後的心理狀態：她稱之為「原念」（alief）。信念（Belief）是我們在回應事情是這麼回事時所持有的態度。原念是比較原始的。它們是對於事情似乎是這麼回事的回應。前述這些例子裡人們擁有的信念告訴他們，他們是安全的。但是他們的原念對他們說，他們有危險。或者想一下婁辛[25]的研究發現，人們往往拒絕從一個全新的便盆裡喝湯，也不吃糞便形狀的乳脂軟糖，或是拿一把沒有子彈的手槍對著自己的頭扣下扳機。菅德勒認為此處的信念是：便盆是乾淨的，軟糖是軟糖，槍是空的。但是原念比較愚蠢一點，它喊著：「危險物品，離遠一點！」

原念的重點是要捕捉一個事實，我們的心智對於我們相信是真實的事件，與似乎是真實事件或想像中是真實事件之間，這兩者的對比特別不在意。這個現象自然地延伸到想像的快樂。那些從觀看真實的人性交而產生快樂的偷窺狂，也喜歡觀看電影中演員的性愛畫面。那些喜歡觀察聰明人在現實世界互動的人也會從觀看電視中扮演這類人士的演員演出中得到快樂。想像就是淡現實（Reality Lite）——當真實快樂無法接近、風險太高，或太費功夫時，想像就成了一種有用的替代品。

人類已經發明許多利用原念的方法，創造出現實世界經驗快樂的替代。我們可以使用故事或甚至無聲遊戲（想一想一個父親或母親把小孩抱在空中旋轉，創造出騰空飛行的感覺）。我們可以用舞台或螢幕上演員的身影來作為想像的支援，縮小現實與虛擬經驗之間的落差。如果你想要贏取世界撲克牌大賽、在大都會上空飛行，或是與某個人做愛，那麼閉上眼睛想像一下這些經驗，你就會得到某種限度的快樂。

這個方法似乎不只是個把戲，我懷疑有其他任何動物具有同樣能力。狗做夢，但是牠們做白日夢嗎？我的狗兒大部分時候什麼也不做；當我寫到這裡時，她正在我旁邊，盯著我瞧。當人們獨自一人時，他們計畫、做白日夢，以及幻想，[26]可是我不確定狗兒泰絲是否做這些事情。我不知道她腦袋在想什麼——如果有的話。同樣的問題我們也可以問我們在演化上的近鄰：例如，猴子是有名的超級自慰狂，但是牠們在自慰時有沒有性幻想呢？作家林語堂的這句話是否說對了呢？「人類與猴子的不同就在於，猴子只是無趣，但是人類在無趣之外還有想像力。」[27]

我們往往經驗到自己是一個中介者，一個想像事件的主角。套用研究這個領域的心理學家們喜歡的一個詞，我們變得忘我（transported）。[28]這就是白日夢和幻想的典型運作方式：你想像贏了獎，而不是觀看你自己贏了獎。某些電玩遊戲也是利用這個方式：他們建立各種幻覺，四處追殺外星人，或是在滑板上耍特技，藉由虛擬的刺激，讓一部分的你相信——或原就相信（alieving）你，你自己，正在穿越空間。心理學研究[29]認為，在閱讀故事時，這是一個自然的預設；你體驗這個故事，彷彿你就在角色人物的腦袋裡一樣。

不過，在故事裡你接觸到的訊息是角色人物們所缺乏的。哲學家尼爾・卡羅（Noël Carroll）舉《大白鯊》電影中的開場畫面為例。[30]你不會只是站在青少年的觀點，當她在黑暗中游泳時，因為她很開心而你很害怕。你知道她所不知道的事。你聽到著名的，無所不在的音樂；她聽不到。你知道她正在一部吃人鯊的電影裡；她認為她正在過一個正常的生活。

這就是同理心在現實生活中的運作方式。[31]在她正快樂地游泳時，一隻鯊魚正在靠近，此時你也會有相同感受。所以，在虛構和現實之間，你同時從主角人物的觀點和你自己的觀點理解兩個處境。

這個探究方法可以解釋故事的一般吸引力。故事是關於人，而我們對人及他們如何行動有興趣。

從演化論的目的來看，並不難想像我們為何關心社會世界；的確，人類語言演化的一個主要驅力就是語言，作為一種用來進行溝通社會資訊的獨特強力工具——尤其是講八卦。[32]

無用

並非所有想像的世界都包含人——當我寫到這裡的時候，有本書正好出版，書名叫做《沒有我們的世界》（*The World Without Us*），[33]它提出一種想像的再造景象：如果人類滅絕的話，這個地球會像什麼樣子。然而，這樣的一種純粹非社會的世界是個例外，而且許多最初看起來像是非社會的例子，其實都還是與人有關——科普書籍與紀錄片，至少成功的部分，往往是關於科學家他們自己、他們的歷史、個人衝突等等。沈珊提出一個類似看法，她注意到純粹非社會的對自然的描述，在小說裡很少見，即使是在已經建立其聲譽的這類小說裡也是一樣。

「有可能，」她說[34]：「我們認為某些虛構文本充滿了這種描述，只不過是因為它們相對來說是少見的，所以特別顯眼。」當此種描述真的出現時，如同伊凡・屠格涅夫

（Ivan Turgenev）的小說一樣，它們也是充滿意圖的；它們展現出病態的謬論（pathetic fallacy）——約翰・拉斯金（John Ruskin）的用語，讓自然物品充滿思想、感覺，以及情緒的行動。

我們對人的興趣激發某些奇特的快樂。從這個物種的大部分歷史來說，重要人物的事件真的很重要。[35]這些人物支配我們的生活，我們需要向他們學習，向他們爭寵，避免他們生氣等等。當我們發現我們身處於擁有數千人、數百萬人、數億人的社會裡時，這種著迷仍然繼續。例如，戴安娜王妃之死，對世界大上多數地區而言，就是一個相當動人的事件，就如二〇〇五年演員布萊德・彼特（Brad Pitt）與珍妮佛・安妮斯頓（Jennifer Aniston）的分手事件一樣。我們渴求社會資訊，而名人的八卦與虛構故事中那些無關緊要的人以及不存在的人則可以飽足我們這方面需求。彷彿就好像我們快要餓死了，於是大口吞嚥無熱量的代糖一樣。

是這樣嗎？虛構的快樂就只是一個意外，只是事實的副產品，因為我們的情緒不在乎一個事件或人是不是真實的或是虛構的？

對某些人來說，這個想法不太可靠，而許多學者則找來適應說的解釋分析故事的快樂。沈珊[36]認為，我們有享受故事的本能欲望，因為它們有助於我們練習社交能力；它們提供我們有用的練習，讓我們去思考他人的想法。心理學家雷蒙・馬爾（Raymond

Mar）與基斯・歐特雷（Keith Oatley）認為，小說的功能是去獲得社會的專家知識。[37]道頓與平克探討這個主張時提出不同看法，認為小說幫助我們探索及學習解決真實世界的兩難。如平克所說：「生活模仿藝術的這種老生常談，說的沒錯，因為某些種類的藝術其功能的確是要讓生活去模仿它。」[38]

我不懷疑故事具備上述所有的功能，而且不只於此。它們也能夠灌輸道德價值並啟發道德變遷[39]——此外，我追隨學者如哲學家瑪莎・納思邦（Martha Nussbaum）等人的立場，我也認為故事是一種讓社會變得更好的一種主要機制，我也論述小說的道德見解如奴隸之惡，如何能夠被包裝在一種形式裡，用來說服他人，最後被接納成為社會現狀。故事也可以減輕孤獨感。它們可以幫助你贏取朋友並且吸引潛在伴侶——善於健談是一項有吸引力的特質。而且我將在下一章討論，故事能夠提供一種安全演練的機制，在故事這個領域內，可以做好心理準備去應對某些不快樂的處境。

故事能夠做到所有的這些事情。但是這並非我們擁有故事的原因。如演化論的解釋，這種說法是多餘的。一旦你擁有一個創造物，得以用快樂來回應某些現實世界經驗，而且並不完全把現實與想像區別開來，這種從故事中得到快樂的能力就隨意出現，作為一種幸運的偶然。

悲傷與強大

在《莎士比亞概論》（*Introduction to Shakespeare*）一書中，薩穆爾・強生（Samuel Johnson）寫著：「悲劇的樂趣來自我們的小說意識；如果我們把謀殺與背叛想成是真的，它們就不會討喜。」[40]

強生是一位優秀的作家，但是他顯然沒聽過辛普森（O. J. Simpson）的例子。如果他有，就會了解真實悲劇也帶給我們相當多的快樂。的確，莎士比亞的悲劇描繪的正是我們最喜愛在真實世界中直擊的各種事件，圍繞著性、愛、家人、財富，以及地位，從這些主題，開展出複雜與充滿張力的社會互動。

現實不僅有特別的悲劇，而且還有更一般來說的負面事件，它比小說更為有趣。當一本回憶錄被揭發是虛構的，其銷售量就會下跌而不是攀升。過去數十年來，每當發生一個令人恐懼的事件——比如蘇珊・史密斯淹死自己的子女，或是在華盛頓特區的狙擊手隨機殺人等案例——隨之而來的反應就是去拍一部相關電影。此處一個令人信服的假設就是，事件的真實性將使人增加興趣。

我已經解釋過，我們的情緒有一部分對於現實和想像之間的差別是不敏感的，但是那並非我們好像不在意——真實事件典型上比虛構還要更加動人。這有一部分是由於真實事件會影響在真實世界中的我們（虛構的狙擊手不會射殺你愛的人；真的狙擊手會），而且還有一部分是由於我們傾向反覆思考真實世界種種行為的含意。當電影結束或演出被取消，劇中人物的生命就結束，表演也告一段落。如果有人擔心哈姆雷特的友人將如何適應哈姆雷特的死亡，這就很奇怪，因為這些人並不真的存在；如果這樣想他們的處境可能就涉及創造一部新的小說。但是每個真實事件都有一個過去及一個未來，這一點能夠觸動我們。人們不難想到辛普森被指控謀殺的那些被害者家屬。

但是想像也有某些極為有趣的特徵。正如人工代糖比真糖來得甜一點，非真實的事件也能比真實事件更加感人。有三個理由說明這一點。

首先，虛構的人物通常比家人朋友來得聰明伶俐，他們的冒險生活往往也更為有趣。我與生活周遭的人保持聯繫，而這些人通常是教授、學生、鄰居等等。這只是人類的一小部分而已，或許不是最有趣的一部分。我的真實世界並沒有一個情緒受傷的警察追蹤一個連續殺人犯、心地善良的阻街女郎，或是一個妙語如珠的吸血鬼。就我所知，我的朋友當中沒有人謀殺自己的父親並與母親結婚。但是我在想像世界中可以遇到這些人。

其次，人生的長路就是緩緩前進，沒有什麼特別的。辛普森殺人案纏訟數個月，多數時候案情是非常乏味的。故事則沒有這個問題——就如批評家克里夫·詹姆斯所說：

「小說就是去掉沉悶乏味之後的人生。」這就是為何電視影集《六人行》比你的朋友來得有趣的原因之一。

最後，想像力的科技所提供的某種刺激，是我們在現實生活中難以得到的。一本小說能夠涵蓋一個人物從出生到死亡的人生，也能讓你見到某個人在種種情境中的行為，而那是你絕不可能觀察到的事。現實中你絕不可能真的知道某人正在想什麼；在故事中，作家可以告訴你。

此種心理的親密感並不局限於書寫的世界。在其他藝術媒介物中也有種種傳統手法是為了相同目的而被創造出來。[41]一場表演戲劇裡的一個角色可能轉向觀眾並且開始一段戲劇化的獨白，以表達出他或她的所思所想。在一場音樂劇裡，思想可能是一首歌曲；在電視以及電影裡可能使用旁白。現在這些都是司空見慣的事，但是當這種科技剛開始發明出來的時候，一定是一種啟示，而我也想知道幼童首次聽到某個人的想法以公開大聲方式表達出來時，他們有何想法。那一定是令人興奮的。

想一想終場，作為親密感的另外一個例子。偷窺狂[42]長久以來是電影的一個主題，從《後窗》（*Rear Window*）到《恐怖社區》（*Disturbia*），但是電影科技提供我們一種獨特方式以滿足我們對於別人心靈的好奇。還有什麼別的方法能讓你在直視某人臉龐時，對方不會回看著你？「有些觀眾對於看到臥室與浴室的景觀而感到興奮，」哲學家科林・麥金（Colin McGinn）寫著：「但是電影觀眾能夠更加接近他的對象（或犧牲者）的私人世界——他的靈魂。」

因此雖然現實有其特別的魅力，書籍、戲劇、電影，以及電視的想像科技都有它們自己的力量。好處是我們不用抉擇。我們可以在這兩個世界中得到最好的，拿人們知道為真實的事件，運用想像的科技，把它轉化成為一個與現實世界中能夠擁有的一般知覺相比，更為有趣、更強大的經驗。這方面一個最好的舉例，就是在我這個時代發明出來的一種藝術形式，這種藝術形式具有令人上癮的強大力量，我們已經在一些成功的節目中看見，例如：《真實世界》（*The Real World*）、《倖存者》（*Survivor*）、《極速前進》（*The Amazing Race*）、《挑戰恐懼》（*Fear Factor*）。還有什麼比電視實境秀節目更好的呢？

chapter 7

安全與痛苦

小說裡的人物發生壞事時，讀者會憂心不安，想像事件好像真實發生一樣。可是現實的我們是安全的。我們在他人的痛苦與死亡中得到快樂。

你會享受觀看一部為一位年輕女孩動頭部手術的電影，[1]畫面一開始就是把她的臉從頭顱上扯掉嗎？我懷疑。當心理學家強納生・海特與同僚給大學生看這部電影時，他們給予的評價是令人不安與作嘔，而且只有少數幾位把影片看完。一部關於猴子被鞭打到失去知覺，挖開腦袋並放在盤子上讓人享用的影片，也收到同樣的回饋。

前一章探索了一個關於想像快樂的簡單理論：我們的頭腦有一部分對於一項經驗是否為真，是不在乎的。如果觀看真實性愛會激發你的情欲，那麼觀看演員的性愛表演也有同樣效果；如果你有興趣於愛情與背叛的主題，你也會有興趣於一部講愛情與背叛的小說。想像的快樂是寄生於現實生活中的快樂。

然而，這個理論並不完整。有時候現實生活中的差勁或乏味或消沉，在想像中卻是極度有樂趣的。我們享受那些讓我們哭泣、在我們夢境裡迴盪，並令我們作嘔的小說。我們在虛擬世界所做的事情，可能在現實世界會令我們震驚，而且我們的夢境並不總是快樂的；甚至快樂的夫妻也會執迷於心裡最糟的恐懼。此處我要解釋為什麼。

最好的故事

從故事作為真實事件的替代而言，最好的故事就是那些我們忘記它們只是故事的故事。許多作家都有志於此。艾默・李歐納多（Elmore Leonard）提醒說故事的人，要避免「拐彎抹角」[2]——任何引起作家注意而遠離故事的事。理查・萊特（Richard Wright）寫說，他想要「加速讀者鞏固對字詞的基礎，以致於他會忘記話語並且只意識到他自己的回答」。[3]

閱讀需要讀者的努力；一個人很容易就在電影裡迷失自己。有些人在看恐怖電影時，蜷縮在座位上，從指縫間偷看。還有個老故事說到，早期的影迷在看電影時，當銀幕上出現槍枝並對準他們開火時，他們會尖聲驚叫並且迅速隱蔽。電影讓我們最接近虛擬實境，而且就如哲學家科林・麥金（Colin McGinn）所強調：體驗虛擬實境的最好方式就是透過大銀幕。[4]透過小電視機你就會喪失體驗的力量，或者，更糟的是你使用角落的一台電腦，一邊瀏覽電子郵件和網頁一邊看電影。

科技最終可能帶我們到達一個階段，現實與虛構的唯一差別將依賴我們對於兩者的清楚明確的知識。也許有一天我們甚至可以廢除這種清楚明確的知識。人們可能要為一場虛擬經驗付費，因為就像一場夢一樣，當人們置身其中時以為那就是真的。或許此時此刻你正在經歷這一切。笛卡爾擔心所有他的經驗都是假的，有個邪惡的惡魔在欺騙他。也許我們是桶中之腦（brain in a vat），或是住在一個基體（Matrix）裡。哲學家羅伯特・諾基克（Robert Nozick）[5]把這樣的憂慮轉化成一個快樂科技，想像出一個虛擬實體機器，可以提供人過著一種無盡快樂的生活的幻覺，並把你選擇要待在機器裡的這個記憶去除（你現在快樂嗎？也許你正在諾基克的機器裡）。

把這個觀念運用在低階科技上，想像一下你的朋友雇了演員來讓你進入一個他們想出來的世界，也許是一齣驚悚劇或一齣浪漫喜劇。你是這個故事的主角，但你並不知道那只是一個故事。[6]當故事結束時，你會感到很失望沮喪，但是當你置身其中時，它就像人生一樣令人興奮。

儘管如此，還是缺乏了某樣東西。我們從書本與電影等等當中得到的某些快樂，需要一個領會，即這個想像世界是別人有意圖的創作。

讓我們舉藝術為例。想一想進入一個陌生的屋子。你走進客廳，透過窗戶，見到草坪上有個包著尿片的嬰兒，正在一塊毯子裡睡覺。這個景象很迷人，於是你走靠近窗戶一點，以從一個好一點的角度看風景，接著你發現那並不是一扇窗戶，而是一個超極寫實主義的繪畫，一幅錯視畫（trompe l'oeil）。這一刻，畫面轉變了。當你研究這幅畫時，有一種領會的激動——嬰兒看起來還是很棒，但是真正令你感動的是這個令人驚奇的藝術作品。你已經轉移到一個不同的、強大的領會的來源。

或是想像你坐在一架飛機上，偷聽到在你座位後方一對夫妻的低聲對話。內容可能很吸引人（你嘗試要吻她嗎？沒有，可是我有這個想法。討厭鬼。）或是對話可能繼續，就像日常的對話（你買新燈泡了嗎？我們的廚房櫃子裡還有燈泡。不，我們沒有。沒錯，我們還有。）無論情況如何，它都不是講給你聽或任何其他人聽的。它是這個世界的某種真實面；它的吸引力是基於其內在特質。

但是如果你發現這是一場街頭表演，這對夫妻是因為你才進行這場對話的呢？畫面一轉，你看到的是一種新的角度。這場對話現在有意義了；你會受到它的影響，因對話的聰穎與想像力而留下深刻印象，或是因其可預測性或粗糙而失望沮喪。此種反應不同於當你以為它是真的時候，你的反應方式。

小說是一種表演形式，而且確切來說，我們從創作者的高超技藝與聰慧中得到快樂。這裡有一種身處於某人之手當中的興奮感，這個人控制著故事，這個人具有說服力、令人著迷與誤導，這個人（至少在這個領域）比我們還要聰明。

幽默就是一個絕佳實例。如果你見到某人單獨一個人邊走邊笑，他要不是正在講手機、想起一個有趣的事件，不然就是個精神分裂症患者。值得歡笑的情境出現是因為人們構思出來，如同踩到香蕉皮滑倒的經典畫面一樣。這個場景的標準版本是，一開始有個人正在走路，畫面轉到香蕉皮，再來是這個人接近香蕉皮的廣角畫面，再回到香蕉皮畫面，然後這個人的腳踩到香蕉皮，然後就跌倒了。[7]這個場景可以很有趣，尤其如果你還沒有看過太多遍，而且如果表演的演員很有技巧地表達他的驚訝的話。但是同樣的處境如果是發生在現實生活中，就不太有趣了。我大部分的時間是在蒙特婁生活，見過很多人在城市街道上因為結冰而滑倒的景象。旁觀者或皺眉、或伸出手協助、或轉身離開，但是他們通常不會笑。這種場景在小說裡很有趣，但是現實生活中則不然。

（我應該要說明一下：人們見到有人踩到香蕉皮滑倒或許會笑出來，但是那是因為人們本能地當它是一種對通俗鬧劇的無心致意。）

卓別林（Charlie Chaplin）曾經表演過一個進階版本的香蕉皮系列。從一個人走路開始，畫面再到香蕉皮，再回到這個人接近香蕉皮的廣角畫面，回到香蕉皮，然後，當他的腳即將踩到香蕉皮時，他踩過去了——只是跌入了一個人孔蓋打開的地下水道。這是卓別林的版本；我曾經見過一個不同版本，在其中的人避過了香蕉皮，接著就被車撞。無論哪一種版本，都很有趣，部分是因為這種虛擬的暴力死亡（我稍後會談這個主題）的吸引力，但是多數是因為電影製片人把我們騙倒了；我們的歡笑是一種讚美的形式。這類似於恐怖片中的把戲，有一個特寫的鏡頭，是一個青少年打開櫃子的門，背景是不吉的音樂，製造緊張感，然後，碰——一個很大的聲音，突然的動作——結果只是一隻貓。而且人們會笑，因為他們看出這個創作手法的聰明處，他們知道他們在知覺上被誤導了。現實中找不到類似的情況。

無可否認，我們有時候忽略一個事實，一個想像的世界是一個有意圖的客體。一個人可以落入一場電影或書裡，欣喜若狂，因此就無視於賦予這現實外在以及讓作者或導演消失所需的額外努力。當某事出差錯，道具服裝不恰當，或是對話不切實際時，創作者的存在往往是最顯著的。

然而，即使我們在意識層面沒有想到虛擬世界是有意創造出來的，我們對於創作者所做的選擇仍然敏感。我們回應這些選擇，而且我們在回應與我們經驗類型的經驗有關的時候是敏感的。歡笑歷程是一種聰明的發現，利用笑聲的感染力去讓電視喜劇有趣一點，但是近年來它們已經變得廉價及流於操縱，現在許多電視節目已經失去這個特色。相當重要的是，我們對電視節目笑聲的反應改變了，而不是我們對笑聲本身的反應改變，就如過去一個世紀以來，西方對肖像畫的品味改變了，但是這種改變不等同於我們看待真實臉龐的方式改變。

作家雅各注意到，十九世紀的法國，劇院會雇用喝彩員（claque），這些人擅長於笑聲、大叫安可，以及哭泣等動作。雅各有一個聰明主意，把罐頭哭聲加入電視節目裡——你正在觀賞一部醫護影集，而一個前額上有著球棒碎片的壘球員出現了，你會聽到背景一點嗚咽的聲音，接著變成一片哭泣聲。[8] 一開始，這種罐頭哭聲很怪異且令人分心，可是一旦它變得司空見慣，一個堅持不用這種效果的節目反而會令我們驚奇不適應。

在一本引發討論的書《開機》（*Everything Bad is Good for You*）裡，科學作家史蒂文・強森（Steven Johnson）[9] 提出一個通則的主張，關於我們的期待是怎麼改變的。他指出，觀賞二、三十年前製作的電視節目會令人覺得悶，其步調相當緩慢、劇情簡單、刺耳的笑聲。他拿現代節目《24》作為對比，這個節目有多重故事穿插交織在一起，對白也比較有隱義與寫實主義的傾向等等。我們的品味改變了。強森提出一個有爭議的主張，他認為這個改變與我們智力的提升是相符的，但是我偏向一個折衷的結論，那就是，關於電視，我們變得比較精明了。我們已經較能適應來自這個媒體的訊息，而且我們的專家知識也塑造了我們的偏好。

於是，當我們享受一本小說時，我們的審美回應經常是對創作者的聰明、知識、機智等等做出反應。就如在運動、音樂，以及繪畫方面的演出一樣，這些都能提供快樂。還有其他形式的人類關係是令人快樂的。一個兒童可能喜歡聽母親講故事，只是因為這種親子關係的親密感。而某些小說令我們相當欽佩甚至是敬畏作者的道德觀。文學學者喬瑟夫・凱羅舉一個小說為例來說明這一點，當狄更斯筆下的人物大衛・考伯菲

（David Copperfield）[10]發現了一系列書籍是他亡父所有時：「大衛從這些書籍裡得到的並不只是一塊心裡的起司蛋糕，一個滿足他自己所有願望的短暫幻想。他所得到的是栩栩如生而且感染力強的人類生活意象，充滿情感以及他理解了一個作者如何寫作出具有驚人才華與複雜度的小說人物。」

安全

當角度切換——從把某件事物看成真實，到把它看成是有目的的創作——就讓某種美感的快樂成為可能。還有另外一種結果。一旦你知道某件事是虛構的，你就能期待你的經驗是安全的，或者至少是比在現實中同樣的事情安全一點。

安全是指什麼意思？某種程度上，它是指字面意義的安全。某人在酒吧觀看一場打架可能會被酒瓶砸到臉；某人偷聽別人談話有被逮到而且出糗的風險。書籍與電影就沒有這個問題。確實，如我在前一章提過，小說的一個顯著特徵就是人能夠在自己最私人的時刻（最舒適的時刻），安全地觀察人，以一種在現實生活絕不可能發生的方式來靠近他人的臉和身體。只有在小說中你才能看進對方的眼中，而對方不會回看著你。

此外，在小說世界裡，其他人也都是安全的。當小說人物發生壞事時，讀者會感到憂心不安，因為我們反應的方式，就好像想像的事是真實事件一樣——這也是原念的作用。可是這種憂心不安是消音的，因為你知道真實世界裡沒有人會受到影響。這就減弱了我們對小說投入的同理心。

從第三種比較微妙的角度來看，故事也是安全的。真實世界就是如其所是；除非你相信神的手無處不在，許多生活是沒有含意的。如果你的電話鈴聲響把你吵醒，結果是打錯電話，你躺回床上也睡不著，算你倒霉。如果你在早晨看見一把槍，槍聲不見得會在下午響。但是在故事裡沒有意外。如果你正在看一場電影，有個角色在半夜裡被電話吵醒，這個情節是有意義的。那是有人在探查女主角是否在家。那是她的幽靈！那只是一通打錯的電話，但是她一醒來，人走到浴室裡，盯著鏡子看，明白包伯從未愛過她。人們把許多時間花在睡覺、收電子郵件、上廁所，以及看電視，但是這些活動很少出現在電影裡，因為它們與創作者的目標鮮少相關（某些較有實驗精神的電影工作者側重人生中這些無趣的或是意外的部分，但是這也是一種有目的的選擇），我們認為故事中的一切都有個目的這個想法形塑了我們的期待與喜歡的內容。

遺憾的是，這種可預測的特殊類型，帶走了電影的某些快樂。有一種事物叫作太安全。詹姆斯・龐德在阿爾巴尼亞貧民窟追逐一位美麗的丹麥女刺客時，越過一個又一個的建築物屋頂。這個行動可能很有趣，但是並不那麼刺激，因為對龐德電影稍有認識的人都知道龐德不會失足。他是刀槍不入的。如果有部龐德電影在開場後，他追逐刺客，追到了屋簷邊緣，踩到一塊香蕉皮，大叫一聲就失足跌入下方的街道，這情節就會很有趣。然後，電影就結束了。但這種情節不會發生，而我們知道這一切不會發生的想法，就降低了刺激畫面帶來的快樂。在這方面，與成人相比，兒童能夠從驚悚片裡得到比較多的快樂，因為他們比較不清楚這些傳統手法。

兒童不宜

正如成人，兒童一聽到「從前從前」，心裡的開關就會打開。兒童能夠區別小說與現實。他們知道蝙蝠俠並不存在，他們的朋友也知道。他們知道故事書中的夢幻事件不會發生在現實生活中，也知道故事書中的一些生物如龍等不必遵循正常的自然規律。他們知道一塊真的餅乾可以拿來吃，但是想像的餅乾則不能，而且他們把鬼怪、巫婆形容為「假扮的」，與狗、屋子，以及熊等「真實生活」正好相反。[11]

在一系列實驗中，心理學家迪納・史可尼克・韋斯伯格（Deena Skolnick

Weisberg）與我發現，學齡前兒童能夠跨越這一點，而且理解有多重的虛構世界，就像成人也理解一樣。[12]我們的研究動機來自於我們觀察到，成人擁有一個複雜的有關實體及想像的常識宇宙觀。他們知道有一個現實世界，但是也有一個關於蝙蝠俠及羅賓漢的世界，還有另一個關於哈姆雷特的不同世界，第三個是關於《黑道家族》（*Sopranos*）的世界等等。這些世界能夠以一種錯綜複雜的方式進行互動——例如，湯尼・薩普拉的世界以及他的黑手黨家族與蝙蝠俠的世界接觸，但是湯尼像我們一樣，是從蝙蝠俠是個虛構人物這個角度來看。

我們發現四歲幼童懂得一部分這些錯綜複雜的事物。他們同意，蝙蝠俠、羅賓漢，以及海綿寶寶都是假扮的，他們也能理解，蝙蝠俠認為羅賓漢是真實的（因為他們在同一世界），而蝙蝠俠認為海綿寶寶是假扮的（因為他們在不同的世界）。

此外，在涉及想像時，兒童是聰明的。但他們也是脆弱的。主要的問題與原念有關——其實我們的心並不完全在意已知為真實相對於已知為想像這兩個世界的差別。沒有人在讀到一場槍彈械鬥時被子彈擊中過，但是我們會對我們已知不是真實的內容感到憂心不安，甚至精神創傷。在上一章，我曾從某人消極地經歷到一個想像世界的立場來討論過這一點，但是這一點更加適用於正在扮演一個虛構角色的人。想一想去見你愛的人並且告訴對方，你將做某些表演。解釋一下你將大叫：「我恨你。我希望你死。」再次向他們保證，這只是一種實驗，台詞是來自劇本。（給他們看這一頁台詞）儘管如此，我認為說這些台詞是不舒服的，聽這些話也是不舒服的，而且我並不推薦做這個嘗試。不過，往好處想，據說有時候表演情人的演員們時常就真的愛上對方。治療師有時候建議憂鬱症患者裝出他們很快樂的樣子；微笑對於心情會有正面影響。[13]這就是原念的力量。

所有這一切對兒童來說是更為強烈的。要你的五歲孩子玩這個遊戲是缺德的，在遊戲中你假裝恨他，並且對他尖叫著說，他是個廢物。兒童會理解你是假裝的，但是與成人相比，他們比較難以封鎖想像經驗的情緒力量。這種假裝的虐待會成為真的虐待。

這方面在一個較為溫和的實例中，心理學家給幼童看一個盒子，請他們假裝盒子裡有一個怪獸。[14]稍後當研究者給幼童機會去接近這個盒子時，他們往往拒絕把手指頭放進盒子裡。並不是他們真的相信有怪獸，而是想像的怪獸在幼童心裡是如此強而有力，以致於感覺上彷彿是真的一樣。兒童相當容易被想像力給淹沒。這也是為什麼我們不讓他們接觸某些小說的關係。你不必看一份研究報告才能明白恐怖電影會讓兒童做惡夢。

這方面，兒童與成年人有程度的不同，而不是種類不同。我認為如果成年人接受怪獸盒子研究的實驗，他們在把手指頭放進盒子前會猶豫一下，就像我們不喜歡吃糞便形狀的軟糖，或從一個新的便盆裡喝蘇打水，或從一個貼有氫化物標籤的杯子裡喝水，[15]

即使我們知道那水才剛從水龍頭裡流出來。

兒童在某個方面也很脆弱，那就是他們對故事發展模式知道的不多。在一系列實驗中，韋斯伯格、大衛・梭伯（David Sobel）、約書亞・古斯坦（Joshua Goodstein）與我以學齡前兒童為對象，我們告訴他們故事的開頭，然後請他們選擇恰當的延續。[16]有些故事的開頭是很寫實的，比如一個男孩騎著他的踏板車；有些開頭則是幻想的，比如一個男孩有讓自己隱形的能力。我們期望兒童要不就是假定寫實故事會以寫實路線發展，而幻想故事以幻想路線發展，如成人的想法一樣，要不就是偏好以幻想故事形態來延續所有的故事，我們的推測是，兒童傾向於魔幻的想法。讓我們大感意外的是，兒童表現出不利於幻想的偏見；不管故事是那種形態，他們都偏愛寫實主義的故事延續路線。

兒童的無知讓故事變得比較不安全。幾年以前，我和家人在觀賞《威鯨闖天關2》（*Free Willy 2*）時，其中有一幕是劇中人物正在一艘下沉的救生艇上。我的兒子薩克利當時五歲，變得很焦慮而且開始低聲說，他們要淹死了。我解釋，大家都會沒事的。他問我怎麼會知道，因為我們先前沒看過這部電影，於是我就說，我知道這類型電影的故事發展模式——家庭溫馨影片不會讓可愛的兒童死掉。我說的沒錯，而他現在也已經知道。

那一年稍後，有天我們正在房子附近的一條河裡泛舟，結果翻船了。在恐慌的情況下，薩克利大叫，我們要淹死了。我們都有穿救生衣，而且河流只有三英尺深，但是他就是失去理性。除非人相信有個神為我們的生活寫好劇本，現實世界並沒有電影或小說的限制。人生不是一場輔導級電影；有時候可愛的兒童還是會死。

虐待狂與恐怖

這種安全如何轉化虛構的經驗呢？

其一是，它幫助我們在他人的痛苦與死亡中得到快樂。你可以在看到行人跌入打開的人孔蓋裡的鬧劇場景時笑得很開懷，因為你不用擔心他會因此死掉或是變成殘障，你不用考慮他妻兒的悲傷，你不用擔心任何事，因為你知道這個角色並不真實存在。

對暴力的容忍度增加顯現在電玩遊戲的快樂中。這些遊戲時常提供真實世界中快樂經驗的稀釋版本，如同飛行模擬器與競賽遊戲一樣，它們刺激飛行與競賽的快樂。電玩遊戲中大部分的暴力都可以用這個角度來解釋。在這種典型的遊戲中，你沉浸在一種刺激裡，你在做某種既刺激又不傷道德的事——悍衛這個世界不讓外星人入侵，殺掉納粹，殺掉殭屍，殺掉納粹殭屍——如果這種事情是安全的，電玩遊戲玩家樂於在真實世界裡做。

但是也有一種比較黑暗面的快樂。電玩遊戲的安全性使得人們去行使他們最惡質的衝動。大部分的玩家偶爾會決定射擊一個同隊夥伴的頭部、輾過一個平民百姓，或是架著飛機衝進一棟建築物（微軟於一九八二年所創造的飛行模擬器這個例子裡，最不費力的目標就是紐約市的雙子星大樓）。不久前，我和孩子們在玩一個電腦遊戲《模擬人生》（*The Sims*），這個遊戲讓你創造你自己的想像世界，我的孩子們和我剝奪了一個人的食物和睡眠好幾天，我們看著他尖叫、乞求和哭泣。當他死的時候，我們歡呼。

這種遊戲變糟了。在《俠盜獵車手》（*Grand Theft Auto*）中，你可以謀殺妓女。有一些遊戲，比如從日本進口的《糟蹋蕾》（*Rape Lay*），[17]主要目標就是邪惡佣金。有人會懷疑玩這種遊戲的人。無論如何，這些遊戲的安全性（免於傷害、免於法律訴訟、免於擔憂真實的人）允許表達虐待狂的衝動，這是人們假定在真實生活中不會行使的事。

安全也可能有助於我們解開一個關於虛構快樂的長久之謎，大衛・休姆在一七五七年做了一個精彩的概述：[18]

觀眾從一個寫得很好的悲劇中的悲傷、恐懼、焦慮，以及本身就是不愉快而且不自在的其他激情當中所得到的快樂，似乎是無法解釋的。讀者越受到感動以及越受影響，他們就越感到開心……他們的快樂是與他們受到的折磨相稱的，而且他們從未如此快樂，就像當他們流淚、低泣、大哭，表達自己的悲傷，以及釋放他們的感情，充滿最溫柔的同情心與慈悲一樣。

休姆對一個事實感到驚奇，那就是，觀看悲劇的人從通常不是好的情緒如悲傷、恐懼，以及焦慮中得到快樂——他們得到這種負面的情緒越多，他們就越快樂。

當我們轉向哲學家尼爾•卡羅所稱的「恐怖的吊詭」（the paradox of horror）[19]時，這個謎題就揭曉了。不同於悲劇，恐怖電影經常沒有救贖美學或說理特質。但是人們喜歡看，排隊要看無辜者受害、受折磨，以及被種種怪物吃掉，如殭屍、揮著斧頭的精神病患、殘酷成性的外星人、沼澤生物、尖酸刻薄的嬰兒，以及我記得在一部早期的經典片（《狂犬病》〔*Rabid*〕）中，一位美女的腋窩長出一個性器形狀的瘤。過去這十年出現的恐怖片如《恐怖旅舍》（*Hostel*）及《奪魂鋸》（*Saw*）系列，主軸都是對施虐折磨的描寫。這些並不只是某些怪咖的利基而已。在多部電影放映的戲院裡，你會看到施虐的色情影片[20]就在離婚女人重新找到愛情的深思劇情片，以及自作聰明的一群傻瓜等裝傻喜劇片的隔壁。

要記得，令人難解的並不只是我們如何無視於死亡和痛苦的不快樂。問題是在於，我們為何如此喜愛。如果傑森是拿著一支 Nerf 棒球棒來攻擊人，《十三號星期五》就不會成為一部受歡迎的影片，如同《哈姆雷特》，如果結局是哈姆雷特從此過著幸福快樂的生活，它就不會成為一部比較好的戲劇。人們喜歡恐怖片是因為它們很恐怖。至少在心裡感受上，現代電影比過去那些恐怖片要更加恐怖得多，而且這反映出供給與需求。電影越恐怖，賣座就越好。如果休姆還在世，他會說：負面情緒不是病；它們是個特色。

此種不快樂的吸引力並不一定是低格調的。在二〇〇八年，《紐約時報》討論了《驚爆》（*Blasted*）[21]——這是一部非常受歡迎的戲劇，演出時銷售一空，而且深受好評。時報的文章討論一個場景，一個男人強暴另一個男人，然後把他的眼球挖出來並吃下去。看劇的觀眾都是年紀比較大、心思細密，而且富有；他們並不是叫囂的青少年，彼此炫耀男子氣概的類型。但是關心這部戲劇者沒有人相信，如果減少一點強暴與食人劇情，它會更受歡迎。觀眾喜愛這個場景；這一幕是這齣劇為何如此受歡迎的一個原因。

有一個理論可以解釋這個現象，最早是由亞里斯多德所提出，後來由佛洛伊德加以詳細闡述而成名。這個理論就是淨化作用（catharsis）——某些事件引起一種心理的清除過程，恐懼、焦慮，以及悲傷在過程中得以釋放出來，之後我們感覺比較好、比較平靜，而且得到淨化。我們從令人厭惡的經驗中受苦，然後，因為最後的這個正面報酬——就有釋放的效果。

也許有時候是這樣——有人在大哭一場後就覺得好多了——但是淨化作用是一種貧乏的情緒理論，缺乏科學證據支持。[22]情緒經驗具有一種淨化效果並非事實。舉一個較多研究支持的情況為例，看一部暴力電影不會讓人處於一種輕鬆與平和的心理狀態——它會讓觀影者激動。人們看完恐怖片離開時不會感到輕鬆愉快與安全；悲劇片散場時不會感到開心。感覺很糟的典型結果是感覺更糟，而不是更好。因此，我們無法把恐怖與悲劇的快樂解釋為是某種極樂的回味。

為最壞情況做準備

讓我們暫時放下小說與電影，來想想另一件讓人困惑的事：為什麼年輕動物包括年輕人類在內，都喜歡格鬥遊戲？[23]為什麼兒童從扭鬥、拳打以及把人打倒中得到快樂？那並不只是一種要鍛鍊肌肉的欲望而已；如果只是如此，他們就會改做伏地挺身及仰臥起坐。那並不是施虐狂或受虐狂。他們的快樂是在格鬥本身，而不是傷害人或被人傷害。

對這個困惑的解答就是，格鬥遊戲是一種練習形式。格鬥是一種有用的技巧，而練習將讓你更好——如果你進行多場格鬥，你將會擅長於此。但是如果你在格鬥中輸了，你可能會殘廢或死掉，而即使贏家也可能打斷手指、鼻梁破碎，以及痛苦萬分。你要如何才能得到好處而不用付出這種受苦的代價？這裡的巧妙解決方式就是，同家族或是同伴的動物能夠利用彼此來改善他們的格鬥技巧，同時保留力道，所以沒有人會受傷。這就是為什麼會演化發展出格鬥遊戲。

總之，遊戲是安全的練習。[24]你在某件事上的練習越多，你就越好。但是現實世界的經驗代價會是昂貴的，所以人們就傾向於以一種安全的方式，讓自己置身在某種身體的、社會的，以及情緒的情境中。運動是身體的遊戲；比賽是智力的遊戲；而故事與白日夢是社會的遊戲，我們在其中產生共鳴而且感到安全地探索新的情境。

我們大部分的遊戲都是在腦海中進行，這一點幫助我們理解我們渴望令人厭惡的虛構事物。正如格鬥遊戲涉及把自己推入一種如果是真實就可能有危險的情境，我們的想像遊戲時常帶我們進入的情境是含有可能令人不舒服、有時可怕的元素，如果它們存在於真實世界的話。如同恐怖小說作家史帝芬・金（Stephen King）所說，我們捏造出想像的恐怖以幫助我們處理真實的恐怖。這是「堅強的心靈適應可怕問題的方式」。[25]

所以，我們被最壞情況的劇情給吸引。劇情的細節時常是不相干的。我們喜歡殭屍片並不是因為我們必須為殭屍的來臨做準備。我們也不必去計畫如果我們意外殺了父親或娶了母親該怎麼辦。但是即使是這些奇特的例子都是作為應付逆境的有用練習，鍛鍊我們的心理以準備應付人間煉獄的情況。以此觀點來看，並不是殭屍讓殭屍片如此吸引人，而是殭屍主題是以一種聰明的方式來述說被陌生人攻擊以及被我們所愛的人背叛的故事。這就是吸引我們之處；殭屍吃腦只是一個額外的練習選項。

恐怖片只是其中一種練習。有些人避免這種練習，正如有些人從不玩格鬥遊戲一樣。但是還有其他方式來為最壞情況做準備，而且我們每個人挑選自己的毒藥。你可能不喜歡《電鋸殺人狂III》（*Chainsaw Killers III*），卻發現你自己藉由觀賞《親密關係》（母親死於癌症）或是《意外的春天》（*The Sweet Hereafter*）（兒童、學校巴士、懸崖）而想要探索失去這個主題。

或者你可能停下來，目瞪口呆地看著公路的意外事故。柏拉圖已經預見到這個惡習。在《理想國》（*The Republic*）裡，他講述了利恩特斯（Leontius）的故事。[26]利恩特斯走在雅典街上，見到一堆屍體，他們都是剛被處死的人。他想要看一看他們，卻轉身離開，內心交戰不已，最後還是走向屍堆處，看著他們，說：「看吧，你們這些邪惡可恥的人，把這美麗的景象看個夠吧！」這些屍體再真實不過了，但是隔著一段距離來看他們是安全的，而這種要看一看他們的衝動，和促使我們去看想像的血腥畫面與死亡場景的衝動是一樣的。

妻辛也討論了其他情況，我們願意把自己暴露於程度受控制的痛苦之中。我們從如辣椒的香料及黑咖啡等飲料中得到的快樂，這是人類所獨有。還有踏進一個滾燙的浴池、烤蒸氣浴、坐雲霄飛車而來的頭暈與恐懼，或是自我施加的輕微身體痛苦，比如用舌頭擠壓疼痛的牙或是在扭傷足踝上施加一點重量。

所有這種「良性受虐狂」[27]是否能夠用安全的練習來解釋？也許不能——我們很難理解為什麼我們必須要練習吃辛辣食物或做熱水浴。妻辛提出的這些例子可能有比較實用主義的解釋，類似古怪的老笑話邏輯，就是有個人用自己的頭去撞牆；當他被問到為什麼要這麼做，他說：「當我做完時感覺很棒。」在妻辛的一些舉例中，一開始的痛苦可能是值得的，因為隨後的快樂超越了痛苦。我們可能會變得愛上踏進熱水浴池的那種痛苦，因為隨之而來的永遠都是恰到好處的溫度所產生的極樂感。

不太良性的受虐狂

我們尚未討論那些從事真正受虐狂的人、那些鞭打他人並且羞辱他們的人。這些都是不太尋常的人，而用來解釋那些喜歡《十三號星期五》以及特級辣椒之人的理論可能無法適用於這批人。

我們有各種可能的解釋。有些受虐狂可能極度厭倦，太過習慣於平凡乏味，以致於需要痛苦與恐懼來刺激腎上腺素分泌才能引起他們的興趣。或者，在自我傷害與自殘的例子裡，可能需要的是一種求救訊號，證明他們是絕望到傷害他們自己的身體。[28]或者也許，如某些人所推想的，有一種怪異的學習形式：痛苦導致狂吸鴉片劑[29]來降低痛苦，但是時日一久，某些人可能從鴉片劑得到的快樂，多於從痛苦中得到的痛苦。這就是極端版的熱水浴理論。

或者這也許是一種自我懲罰。這一種要懲罰自己的欲望，是初期就出現而且是普遍的一種特質。近期我和心理學家凱倫・韋恩以及其雷・漢林（Kiley Hamlin）共同合作的研究中，我們發現兩歲以前的兒童會懲罰（用把食物拿走的方式）把一顆球從另一個人那裡偷走的人。[30]而在實驗室與現實世界中還有許多實例說明，成年人會從事所謂的利他主義的懲罰（altruistic punishment）。[31]他們會犧牲自己的某件事物，比如金錢，以懲罰一個做壞事的人。佛洛伊德認為，受虐狂是向內取向的虐待狂（sadism）；[32]此處的觀念是類似的——也許嚴重的受虐狂就是把懲罰直接對準自己。

與這個情況相稱的一個小說例子就是在哈利波特系列中的受虐家庭小精靈多比。當他做錯事時，他就傷害自己：「喔，不，不，先生，他們不知道……多比因為來見您，要給自己最嚴厲的懲罰，先生。多比將把自己的耳朵關進烤箱門裡。」[33]然而，這種情況並不是只有小說才有。在一項巧妙的研究中，研究者請大學生用轉動一個刻度盤的方式給予自己電擊。一個有趣的發現是，在被裝上儀器之前，如果他們被要求去回想某些罪、他們在生活中曾經做過的錯事，電擊的強度就會上升。[34]

在嚴重的受虐狂與日常受虐狂之間有一處相似，那就是，兩者都需要控制痛苦的強度。熱愛香料食物者必須能掌握他們吃進嘴裡的是什麼；恐怖片影迷得選擇片子而且能隨意地闔上眼睛或把頭轉過去。而在性變態的施虐狂受虐狂（sadomasochism; S/M）中，重要的是，體驗受虐狂（M）的人要發出某種訊號代表停止，而扮演施虐者（S）的人要立即回應。這個訊號有時候稱為——夠恰當了——一個「安全」的字眼。

那麼，法國哲學家吉利思・德勒茲（Gilles Deleuze）[35]有部分說對了，他堅決認為受虐狂並不盡然是有關痛苦與羞辱，而是有關懸念與幻想。控制是必要的，這也是讓受虐狂的快樂如此不同於普通快樂之處。在一個令人不安的討論中，作家丹尼爾・伯格納

（Daniel Bergner）[36]描述一個名叫艾維斯的馬伕如何選擇被塗上蜂蜜與薑，綁到一根鐵條上，然後在一根鐵叉上燒烤三個半小時。這是相當大的痛苦。不過，我猜想，如果艾維斯有天早上醒來，下床之後，重重地踢到自己的腳趾頭，他一點也不會樂在其中，因為這並不是他的選擇。

最後要提出的一個檢驗實例是去看牙醫。一個虐待狂和一個牙醫之間的差別是什麼？較新的雜誌[37]一篇文章論性變態的施虐狂受虐狂的文章，描述一個女人在和男友進行S／M時有高度的痛苦需求，卻很討厭去看牙醫。[38]她的男友努力要安排她去做一個牙醫檢查，以作為一種情欲的受虐探險，可是卻失敗了。沒有事實可以證明，看牙醫就必然是痛苦的，但那並不是她要的。

白日夢

我們的心東想西想。當我們的意識有空閒時，我們思索過去、計畫假期、謙虛地接受獎勵、贏得辯論、做愛，以及拯救世界。我們很難估算我們生活中花了多少時間在胡思亂想上頭，但是大約三十年前有一組相關研究，是讓研究對象在白天行程中某個隨機時刻聽到嗶聲，然後他們得在嗶聲之後立刻記錄下來那段期間自己正在做什麼事。結果發現，人們生活中大約有一半的清醒時間是花在做某種白日夢。[39]

近年一個功能性核磁共振造影（fMRI）的研究對這個議題做了更進一步的探討，主要是檢視研究對象在進行某個重複工作時，大腦的活化情形。研究者發現，當研究對象報告他們的心思正在徘徊時，腦部中有一個區域網絡是活躍的，研究結論指出，腦部主司這種心思徘徊的活化作用就是預設狀態（default state）。只有當人們正在進行某種需要意識專注力的活動時，這個部分才關閉。[40]

白日夢牽涉想像世界的創造。你能想像自己在樹林裡或在沙灘上行走，或是飛行。我們也選派導演和編劇，創造出想像的生物居住在這些世界，這些個體和我們進行互動，彷彿他們是其他人一樣。這方面一個極端版本就是精神分裂症，這個另一個自我的創造是不受意志控制的，這個疾病的受害者相信，這些不同的自我是真實外來的探員，如惡魔、或外星人，或是中情局人員等等。但是在普通版本裡，人控制這些個體，並且知道他們是自我產生的，每個有語言能力的人有時候也行使這個能力，與並不真實存在的人交談。[41]

有時候，一個特定的想像人物，會一直待在身邊不走，從一個玩伴到一個定期出現的角色。當它發生在兒童身上時，我們把這些另類自我形容為想像的朋友或同伴。心理學家馬喬莉・泰勒對這個現象投入較多的研究，她指出，與某種刻板印象剛好相反，擁有想像同伴的兒童並不是失敗者、孤僻者，或處於精神病邊緣。如果有什麼區別的話，那就是，和沒有想像同伴的兒童相比，他們在社交上是更熟練的。而且他們絕不迷惑。兒童們相當清楚，這些人物只活在他們的想像中。[42]

長期的想像同伴在成人身上裡並不常見，雖然確實有這種例子。泰勒[43]發現，書中有長年人物的小說作家時常宣稱，這些人物都有他們自己的意志且對他們自己的命運有某些決定權。

白日夢能帶來各種快樂。我們的完美控制讓它們成為我們一直在談的痛苦遊戲的理想管道。

許多白日夢都是受虐狂性質。人們想像最壞的情況：失敗、羞辱、親人的死亡。然後還有激發真實世界樂趣的單純快樂。當做白日夢時，我們在腦中產生私人電影，我們是劇中明星——電影沒有經費限制，能自由選派角色、了不起的特效，而且沒有檢查制度。

然而，這就產生一個難題。如果我們的白日夢是這麼的好，我們為何還要離開屋子呢？我們為何還要尋求其他想像的快樂以及真實的快樂呢？

自我想像出來的經驗有一個缺點就是，它沒有真實經驗來得生動。盡你所能想像一下，咬自己舌頭是什麼感覺。現在就咬一下。明白了嗎？螢幕上的實際影像喚起性欲望、恐怖，或厭惡感，其產生的強度是自我產生的意象無法企及的。

第二個缺點就是，在自我想像的電影中，我就是導演與編劇。這是個壞消息，因為我並不是一個有才華的導演或編劇。史帝芬・史匹柏與佩卓・阿莫多瓦（Pedro Almodóvar）能拍出比較好的電影；科恩兄弟（Coen brothers）是比較好的編劇。莎士比亞能夠寫出比較好的戲劇。他們能夠為我構想出某種愉悅的幻想，因為我不夠有創造力去自己構想出來。或是人與人之間一些迷人的互動。或甚至是某些恰當程度的受虐經驗。

白日夢的第三個缺點就是，它們不受限制。正如精神科醫生喬治・安思理（George Ainslie）所言，白日夢從一種「匱乏的短缺」[44]中受苦。這就降低了白日夢的受虐力量，因為一個人絕對無法以一種不快樂的方式給自己驚喜。它也降低了激發一種現實世界快樂的歡喜，因為許多現實世界的快樂涉及某種程度的失控，而在一個白日夢中你卻有完全的掌控權。沒有什麼事是你不能做的；你所有的失敗都是來自於你選擇要失敗，所以勝利的價值在哪裡？

這個看法表現在經典的《陰陽魔界》（*Twilight Zone*）某一集，劇中一個凶狠的歹徒在死亡後，發現自己身處一個地方，在這裡他的每個願望都可以得到滿足。他很驚訝自己能夠在天堂，一開始過得很美好。但是他漸漸感到挫折而且無聊，一個月之後，他對自己的指導靈說：「我不屬於天堂，明白嗎？我想到別的地方去。」指導靈回答：「是什麼讓你認為你在天堂啊，瓦倫泰先生？這裡就是別的地方！」背景出現狂笑聲。[45]

所以，白日夢恰好與夢境相反，因為在夢中你通常是完全沒有掌控能力的。這意味著一場好夢會比一場好的白日夢更加令人快樂，同時一場惡夢也確實會令人害怕。[46]改善白日夢有聰明的操縱方法。哲學家強・艾斯特（Jon Elster）[47]指出，人可以找個朋友一起做白日夢。這個方式有部分好處是在於，這位朋友可能想出聰明的新情節，但是真正的好處則是，場面是由另一個人所約束。一個人必須處理另一個人各種互相競爭的興趣與欲望，這種約束的形式可以提升快樂。

還有一種方式就是讓自己沉浸在虛擬世界裡，從一場拆解物理世界的競賽或飛行模擬器，到「第二人生」（Second Life）或「魔獸世界」（World of Warcraft）中完善的社會宇宙。

我們可以把它看成是一種白日夢的強化形式：你在一個非現實的世界中是一個媒介，可是這個世界是受約束的，你無法總是得到你想要的東西。你也能夠從他人的想像資源中得到好處——例如，在「第二人生」中有一些可取得的經驗，是我從未想過要提供給我自己。

此種虛擬世界逐漸受到歡迎，規模比許多國家都還要大。有人大部分的清醒時間都在這些世界裡，而我猜想隨著科技的進步，這個現象只會越來越普遍。我認識的一位心理學家，要他的研究助理去玩一下這種虛擬世界，並向他報告一下那個世界像什麼以及人們在那個世界裡的行為方式。結果這位研究助理一去不回；她寧願選擇這種虛擬世界，也不要真實世界。

想像改變一切。它涉及規畫未來並且推論其他人的想法，但是我們如今擁有它，它就是快樂的一種主要來源。我們能參與比現實世界更好的經驗。我們會喜愛創造想像世界的那些心靈。我們也能運用想像中的痛苦潛能，在不快樂的各種現實情況中演出，在心理上演練一些既安全又可怕的情節。

將來還有更多這種虛擬世界會出現。虛擬世界將擴張，讓互動式的白日夢更加迷人，而科技的進展將模糊掉真實世界與想像世界之間的界線。有一天我們將有全像甲板（holodeck）與性高潮誘導器——或是至少有更先進的電視機。

不過，想像有其界線。我們的野心超越了經驗的獲得；它們擴展到頭腦外。某個接受馬拉松訓練的人，想要的不只是跑馬拉松的經驗或是信念，她想要的是去跑一場馬拉松。在所有其他條件相同情況下，駕駛一架飛機是比玩一個模擬飛行器更好；真實性交比自慰更好；真實八卦比電視上虛構的人物之間的機智對話要更好。想像的快樂是生命的一個核心成分——但是它們並非生命的全部。

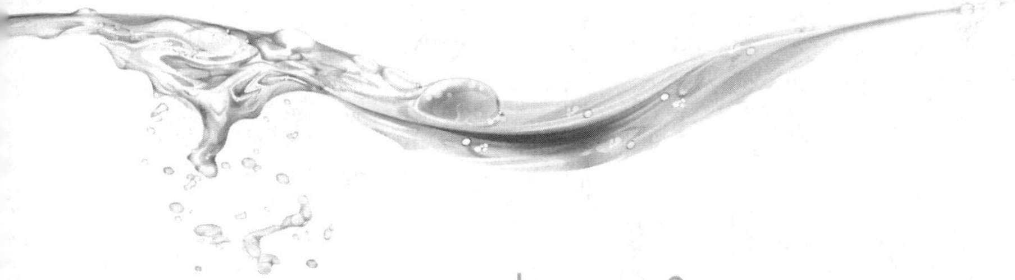

chapter 8

快樂為何重要

想像不存在的世界，是人類的力量。它讓小說與藝術成為可能，也讓科學與宗教成為可能。想像同時帶來說謊及誘惑。這些都是我們現代生活核心的快樂。

我們人類這個物種在大部分的歷史時期裡，是沒有電視、網路或書籍的。我們祖先的環境並沒有麥當勞、避孕丸、威而鋼、整形美容外科、核子武器、鬧鐘、日光燈、親子鑑定，或是法律條文。也沒有數億人口。

我們的心靈並非現代的，我們有許多苦惱都是因為我們存有的石器時代心理與我們現今生活世界之間的不協調有關。肥胖症就是這方面一個單純的例子。在人類大部分的歷史裡，多數人都是很難獲取食物。[1] 即使在幾百年以前，歐洲人家庭平均花一半以上的費用在食物上，而且這樣的預算所得到的食物並不多——一個十八世紀法國男人的每日攝取熱量等同於一個當代營養不良的非洲國家公民的攝取量。在一個食物匱乏的世界，對一隻動物來說，能吃的時候就盡量吃並且儲存脂肪，是很明智的事，而放過香甜水果或新鮮肉類的機會就是自殺的行為。但是現今許多人的生活環境裡，食物很便宜又大量，而且食物皆經過精巧地製造而充滿風味。要抗拒完全攫取的進化論規則很難——對我們許多人而言是不可能的事。[2]

再舉一個例子，把陌生人的羞辱與挑釁——公路上的粗魯行為、網路上的惡意留言——不當成一回事，是很明智的。生氣是沒有報酬的。可是我們心靈想的並不是陌生人如此，我們過度執迷於人們對我們的看法，以及這些羞辱在他人眼裡將如何貶損我們。這就是為何我們會有路霸（road rage）與部落格戰爭。

最後一點，我們是在一個有獅子、老虎與熊類的世界中演化發展；這也是一個有植物、鳥類、岩石與其他事物的世界。我們從這個自然世界中得到快樂與滿足。[3]許多現代人失去這種快樂，因為我們把時間都花在人為的環境裡。生物學家威爾森（E.O. Wilson）認為，這種與自然界疏遠的現象對靈魂是有害的：「如果我們忘記自然世界對我們有多麼地重要，天堂的空氣就離我們更加遙遠。」[4]現今好幾個研究[5]都告訴我們，即使是一丁點的自然，比如透過窗戶看一下外面的世界，都對人的健康有益。住院病人復原比較快；監獄犯人比較不常生病；花點時間與寵物在一起能改善每個人的生活，包括自閉症兒童和阿茲海默症病人。

自然世界與人為環境之間的這些不協調是有趣而且重要的，它們也是演化心理學中多數研究與理論發展的重點。不過，學者們有時候忽略了一點，我們並非無辜的局外人。我們並不是像掉入一個心理學家迷宮的老鼠，也不是像被推入馬戲團裡表演的大象。我們製造出這個不自然的世界。我們發明了大麥克漢堡以及 Twinkie 海綿蛋糕、高速公路以及網際網路和摩天大樓、政府以及宗教和法律。

本書到目前為止談論的是我們喜歡什麼以及我們為什麼喜歡。在這簡短的最後一章，我要轉向快樂的本質主義性質的一些意含，並討論它對於我們現在生活的這個世界的影響。

本質的廢話

亞瑟・柯斯勒說了一個十二歲女孩的故事，是一個他朋友的女兒，被帶去參觀格林威治博物館，稍後她被問起館裡最美的東西是什麼。她說是納爾遜將軍（Admiral Lord Nelson）的襯衫。她說：「沾血的襯衫真好。一件真的襯衫上面留有屬於某位真實歷史人物的迷人血跡。」[6]

你幾乎可以聽見柯斯勒寫到此的嘆息聲：「與地心引力相比，我們再也無法逃脫我們內心巫術的引力。」此處巫術（magic）這個字很複雜，承載多重意義，尤其是其非理性的意含，但或許這是形容恰當的。偏愛某一張椅子是一回事，因為它比較舒服，或者是一張畫因為有人受它的美麗所震憾，這的確有道理。但是這不是很怪異嗎，我們喜歡某件物品——像是一個死人的襯衫——不是因為它們可以為我們做什麼事，也不是因為它們有任何可見的屬性，而是因為它的歷史，包括它們所具有的不可見的本質？本質並不真的存在！事實上，這本書到目前為止不就是一部人類愚昧的記事嗎？關於食物的愚昧，關於性的愚昧等。快樂受到不太重要的因素所影響，這不是一個冗長的論證嗎？

有些心理學家同樣如此認為。我的協同研究員胡德提出一個類似科斯勒的看法，提出這些頑強的情感依附，應當和擔憂黑貓及鬧鬼屋子的感受併為一類。它們是非理性的。在討論原作與贗品時，他寫道：「當藝術批評家與畫廊業主談論一件藝術品的本質時，他們在談的是本質的廢話。」[7]而在一篇探討日常物品的喜歡的實驗文章裡，胡德及其同僚比較了「理性的經濟決定」——這是與真實世界的實用性有關——和「明顯非理性的判斷」，指的是以感性的理由來評價一個物品，比如某個兒童對於一條安全毯的情感依附。[8]

人類非理性（Human irrationality）[9]的實例並不是新鮮事。想想由阿默斯・特佛斯基（Amos Tversky）與丹尼爾・康納曼（Daniel Kahneman）所做的研究，康納曼因此獲得二〇〇二年的諾貝爾經濟學獎。特佛斯基與康納曼發現，我們在邏輯演繹與或然率推論上經常是很弱的。我們可能花九十九點九九美元買一對擴音器，但是如果它的價格是一百美元，我們掉頭就走；我們過分擔心屋子裡有槍枝的危險，卻對於游泳池（更加嚴重）的危險性無動於衷。我們的不完美並不令人驚訝。我們是動物，不是天使。我們的心靈在天擇的形塑下以有用的方式去推論這個世界，但是演化是一個安於現狀者（satisficer），不是一個優化效能者（optimizer）。記得我們的心靈也投入一個與我們現今生活不同的世界。所以，我們現在會以一種不只是不完美而且還無效率的方式來進行推理，就有道理了。心理學家概蓋瑞・馬庫斯（Gary Marcus）說得巧妙，我們的大腦含有「用蠢方法來解決問題」（kluge）的方程式。[10]

本質主義是其中一種嗎？人們的確誤解了本質主義。和處女性交不會治癒愛滋病，吃掉說英文的人也不會改善你的英文能力。人類族群團體，如黑人和猶太人，並不擁有足以和其他團體清楚區別開來的本質。近年在英國有一個法庭案例，P＆G認為品客洋芋片不是馬鈴薯片（因此不適用於增值稅條文），因為他們的產品並沒有足夠的馬鈴薯，缺乏「馬鈴薯的本質」。[11]最高法院駁回這個主張，認為這種亞里斯多德的概念不適用此例——品客並沒有本質。

我們多數人對本質的想法是有誤的，但是這並不代表我們平常的本質主義直覺是有誤的。我們在本書一開始的討論裡提到，事物確實是有其較深層的實體：老虎並不只是一種有某種外表的動物；老虎有某種深層的屬性讓牠成為老虎，這個屬性是與基因以及演化史有關。黃金不只是具有某種顏色的物質；讓黃金成為黃金，是與分子結構有關。個體也有其本質。兩個新生嬰兒可能令人難以區分，可是如果其中一位是你的小孩，那麼這裡就有一種相當重要的看不見的基因事實。本質存在著，而且我們對它們感到熟悉是有道理的。

但是為何那位女孩在意是誰的血滴在納爾遜將軍的襯衫上呢？一個人願意花五萬美元買下甘迺迪家中的量尺，這究竟是怎麼回事？這位買家是曼哈頓的一位室內設計師望・莫立紐思（Juan Molyneux），他說：「當我買下這個量尺後，我測量的第一件東西就是我的心智是否健全。」[12]

我想他對自己太過嚴厲了。如果他對於這個量尺感到困惑，他就搞錯了——例如，如果他以為量尺具有魔力的話。可是如果他只是因為誰曾經擁有它而喜歡這個量尺，那麼這就只是品味問題。這件事既不是理性也不是非理性。如果你喜歡香草而我喜歡巧克力，我們的意見不同，但是我們沒有人是非理性的。同理，如果莎拉喜歡量尺主要是因為它的感官吸引力以及日常用途，而望喜歡量尺主要是因為它的歷史，要說莎拉比望聰明些（或是高尚些，或是理性些）——或反之亦然，是很令人困惑的事。[13]

這個道理應用得更為普遍。在討論個體與不尋常的性欲時，丹尼爾・伯納訪談了一位男性受虐狂，他在四十五歲左右離開華爾街的工作，為的是要花更多時間和子女相處。這個訪談是在一個虐戀女主人（dominatrix）的工作坊進行，當時受訪者的背部與一張工作台綁在一起，身上穿著乳膠緊身衣，臉上戴著一個只露出嘴形的面具。他的陽具上套著一個導電的圓環，連接到一台小機器上。虐戀女主人把電源接通到機器上，藉著說話的聲音而產生電流，讓伯納也成為這個男人被虐的共謀。可是當伯納溫和地詢問受訪者的童年經驗時，這位受虐狂否認自己有任何不尋常的經驗：「我從來沒有被同性戀小子強暴過。這種處理生活的方式怪異嗎？想一想那位用三百萬美元買下被馬克・麥奎爾擊出第十七支全壘打的那顆球的男人。誰比較怪呢？」[14]

其實，我覺得這兩個男人都很怪。不過，無論如何，這兩個人都沒有搞錯。人可以想像一下有一個很像我們的物種，與我們只有腦袋內裝不同，所以他們不是天生的本質主義者，因此對於事物的深層性質也就無動於衷。此種生物無法經歷我們擁有的許多種快樂。他們會樂於用他們的婚戒來交換一只複製品。他們不會收集親筆簽名或是紀念物，而這個物種的年輕一代也不會對提供安全感的物品如柔軟毛毯有情感依附。他們也不會從藝術與小說，甚至是性受虐待狂中得到同樣的快樂，因為他們不在乎在這些經驗背後的人類創造行為。這種人不會比我們還聰明，也不會比我們笨，也沒有和我們差不多一樣的理性程度——他們就是和我們不一樣。

我們有很大空間來進行主觀判斷。這個議題並不是真與假或是理性與非理性的問題。它是對與錯的問題。有些快樂是傷風敗俗的。有些是會引起人的痛苦。即使說，從與幼童性交上得到快樂並不是非理性的事，那也是一種敗德的快樂，是不被鼓勵的事。如果你對食物的熱愛導致你毀壞自己的身體，或是導致你去奪取屬於別人的東西，你就是一個老饕，這也是不被鼓勵的。

我們的某些本質主義導致我們有一些敗德行為。我們在前面幾章有所討論，包括比如謀殺兒童以取食，以及對女性童貞的迷戀等可怕實例。

本質主義也能驅使我們變得迷戀物質品，因而忽略了真人的需求。經濟學家如羅伯・法蘭克（Robert Frank）與理查・雷亞（Richard Layard），以及演化心理學家如米勒等人[15]都認為，我們許多人對於奢侈品的迷戀是有一種社會成本的，而且如果此種獲取的需求受到阻止或是不受鼓勵，社會就會變得更好一些。哲學家辛格[16]用更尖銳的術語來論證這個道理，列舉出當我們把錢花在昂貴服飾與汽車，而不是用來拯救飢餓兒童所因此產生的道德議題。如果我們是一種非本質主義的物種，我們就不會如此重視某些物質品，而且或許就會對真實的人有多一點的珍惜與重視。這就是我們的快樂得付出的代價。

找出本質

人們經常堅持——以某種膚淺而且缺乏推理的方式——昂貴的礦泉水就是比水龍頭流出來的東西好喝，或是夏卡爾的真跡就是比贗品看起來優秀——任何有眼光的人都應該知道。在這樣的情況下，我們就察覺不出我們快樂的深度。

然而，在其他領域，我們則是完全清楚我們對本質的興趣。這個興趣以好奇心的形式表現出來，許多人都想了解一個藝術家或小說家作品背後的意圖，而且尤其是關於某個故事是否為真實或者是捏造的。它也出現在談戀愛及約會的時候。我們有些人非常有興趣了解某人的真實年紀，而不是他或她看起來的年紀，而且還有一種強烈的好奇心想要了解誰做了整形手術、打肉毒桿菌、戴假髮等等。總之，現代各種遮掩人們真面目的嘗試，往往在道德與美學上困擾著我們，而且反映在我們對身體與心理的種種美化感到不自在上頭。

或是想想自然的吸引力。我們花錢要住在靠海、靠山林的地方——在曼哈頓，一間擁有中央公園綠意景觀的公寓，要比只看得到另一頭街道景觀的公寓昂貴許多。辦公大樓有中庭和植物；我們送花給病人與親人，回家則是觀賞動物星球頻道與探索頻道。我們養寵物，這是一種有編造物（豢養貓狗來做人類同伴）、代理人，以及通向自然世界管道三者的奇怪組合。我們有許多人還找機會要逃離我們的人造環境——去健行、露營、泛舟，或狩獵。[17]

談到自然的時候，我們想要真實的東西；替代物讓我們覺得不舒服。例如，人們有幸建造出一種機器人，讓兒童可以與之互動，好像它是一隻真實動物一樣。人類一直有許多種嘗試，但是它們都無法像小狗、小貓，或甚至是倉鼠那樣地引起同樣的反應。它們是玩具，不是同伴。我們也想想由心理學家彼得・康（Peter. H. Kahn）及其同僚所做的一項研究。[18]他們把一台五十吋的液晶電視螢幕放在一間沒有窗戶的教職員辦公室，提供他們一個有自然風景的畫面。人們喜歡這個方式，但是當他們接受研究人員測試，使用心理學中觀察從壓力回復時的心跳測量時，顯示觀看液晶電視沒有什麼用處，不會好過盯著一面空白牆壁。對壓力有幫助的是給人們一間有一面真實玻璃窗戶的辦公室，觀看真實的綠意。我認為我們都在尋求真實的自然，而且我們理解這一點對我們的重要性，它構成了我們對於失去自然而產生某些焦慮的基礎。

在這些實例中，我們有些人至少是意識到自己的本質主義的。但是不只如此。許多人，或許我們全部的人，都意識到這個世界不只是我們所知覺到的部分。有一個底層的實體，我們想要與它有所接觸。

這是科學事業背後的一個動機。幾年以前，生物學家理查•道金斯寫了一本書叫作《解開彩虹》（*Unweaving the Rainbow*）。書名是對於濟慈擔心牛頓物理學毀了他一首彩虹詩作的反動。道金斯認為不須多慮：「科學能給予我們從敬畏感而來的驚歎，是人類心理所能產生的最高經驗之一。這種深層的美學熱情，是同音樂和詩作所傳遞的最美部分並列。這真的是讓生命值得活下去的事物之一。」[19]此處道金斯談的是關於科學的快樂，從與事物深層本質接觸的這種方式而來的快樂。

如今，科學作為一種制度的出現，並不算久，而且某些社會也還沒有這種制度。[20]即使在西方，戀腳癖者的人數或許比科學家還多。但是道金斯論點的用意是要擴及到那些科學新知的消費者或潛在消費者，而且我認為大眾受道金斯所寫的這類書籍所吸引，證明許多不是應用科學家的人，也有興趣了解事物的深層本質，而且也能從中獲得快樂。

然而，科學並不是接近一個超驗實體（transcendental reality）的最受歡迎的方式。大多數人都以一種不同的態度來尋求這方面的滿足。他們獲得從「敬畏的驚奇」而來的快樂，而不用反覆思考孟德爾遺傳定律、週期表，或是電子的波與粒子的二象性（wave-particle duality of electrons）。反之，要接觸超驗界的欲望是透過一個不同的社會事業而得到滿足——宗教。

人們在談到宗教一詞時，往往指涉不同。一個大眾取向是把宗教視為信仰系統，特色就是對事物究竟是怎麼回事提出一些主張。這是人類學家艾德華・伯納・泰勒（Edward Burnett Tylor）的研究取向，他在一八七一年寫下「最低限度的宗教定義」（minimum definition of religion）就是一種對於靈界之存在的信仰，相信神祇、天使、神靈等等。如果你有這種信仰，你就是有宗教信仰的（religious）。我認為從這個角度來捕捉所有宗教共通點是明理的，我上一本書有部分就是對於此種信仰來自何處的一種探索。有人可能認為宗教是成套的儀式活動與特定的團體組織。例如，要成為一位基督徒，就是要從事某些儀式並且加入某一群人。

從這個立場來看，有趣的心理學問題就是關於儀式的性質與為何人們要選擇參與它們，以及人們形成不同種類社會團體的方式。

然而，我認為宗教不只是信仰、儀式與社會。還有某種更為基礎的東西是所有宗教共享的，而且它蔓延擴散到人們經常描述為靈性（spirituality）的領域。[21]這個概念指涉這個世界不只是我們五官所感受體驗的而已。這個世界還有一個更深層的實體，它具有個人與道德意義。社會學家與神學家彼得・柏格（Peter Berger）談到這個中心預設「有另外一個實體，對人類而言具有終極意義的實體，它超越了在我們展開的日常經驗之內的實體。」[22]威廉・詹姆斯在《宗教經驗之種種》（*Varieties of Religious Experience*）一書中，寫到宗教「由這個信念所構成，認為有一個看不見的秩序，以及我們為順應這個至高無上的神所做的努力。」[23]這是學者們在討論神聖與世俗時談論的內涵：世俗（the profane）是日常世界；神聖（the sacred）是人們渴求的另一個實體。

宗教的底層實體在兩方面不同於科學的底層實體。首先，科學告訴我們，如物理學家史帝分・溫伯（Steven Weinberg）說過，宇宙是沒有目的與意義的。[24]它對我們的成功或幸福沒有興趣；它也不提供道德指引。反之，宗教所表達的深層實體是充滿了意義或道德與愛。其次，儘管科學能告訴我們，有關深層實體（透過顯微鏡之類的工具）的事而且有時甚至能操縱它（比如透過基因重組技術），但是宗教的魅力甚至更強大，因為它提供的工具是在一種經驗層次上運作。

這是儀式的功能之一。[25]在某些儀式上，深層的實體——或超自然——多少能夠顯現在儀式物上，如同在聖餐禮中酒與聖餅變成基督的血與身體。（學者如華特・班雅明〔Walter Benjamin〕與艾倫・迪薩納耶克〔Ellen Dissanayake〕認為這就類似於藝術創作的情況。）[26]在其他儀式方面，一個人能直接連結到這個深層實體，比如禱告或靜坐或某些其他種類的超越個人經驗。此種經驗能夠產生極大意義。

宗教與科學都是社會制度，它們的存在有部分是要滿足人們對超驗界的興趣，但是這種興趣本身早於這些制度。例如：你不須有宗教才能有儀式；兒童本身就能自發地創造出儀式。這樣的儀式有一些可能是反身的聯想（reflexive association）——我贏球賽的時候穿著我的幸運襪，現在我每次比賽都穿——但是有一些儀式可能反映一種較深層的信仰體系。在一份對數千名兒童的信仰體系的大型研究中，民俗學家彼得和艾歐納・歐皮（Iona Opie）斷定，這種要創造此種儀式的需求是人類天性的一部分，而且兒童「有一種天生的意識，認為命運比事物表相還要複雜」。[27]

同理，人不須成為科學家才對事物是由什麼做成以及事物從哪裡來等問題感興趣。心理學家艾麗森・葛尼克（Alison Gopnik）[28]提出了一個很好的例子，我們可以把糟糕的兩歲（the terrible twos）解釋為瘋狂好奇的幼童在對這個世界進行「實驗」，根據人與物而行事並且注意結果。而在發展心理學中長時期以來有一種比較廣泛的傾向，從心理學家蘇珊・凱瑞（Susan Carey）的作品[29]中出現，在其中兒童的認知發展被視為是科學進步的類比。

不過，批評家可能會想，這些前宗教與前科學的衝動，有多強烈地反映出本質主義，而不是一種在兒童身上見到的較普遍的欲望，想要更好地掌握與理解這個世界。我自己也對此感到疑惑。我深信在第一章所概述的實驗研究結果，即使學齡前兒童也是常識的本質主義者，他們心照不宣地相信，範疇與個體具有隱藏與看不見的本質。但是他們是否真的有一種想要接觸這些本質的明確欲望呢？他們的本質主義是否帶給他們快樂？我想現在要下定論還太早。

不過，成人方面有比較清楚的證據。即使那些明確拒絕宗教信仰的人也顯示超驗衝動的徵兆。他們對於一個深層實體的吸引力並不盲目；只是他們是與組織化宗教範圍之外的吸引力產生共鳴。舉例來說，想一想某些重要的現代無神論者的看法。我已經討論過，道金斯是怎樣寫出一本關於超驗科學探索之吸引力的書。山姆・哈里斯（Sam Harris）以其對一神論信仰的抨擊而聞名，可是他卻強烈熱中於佛教，描述佛教為「有關我們探索內在意識自由的最完整方法論，沒有任何教義的負擔」。[30]而《上帝不偉大》（*God is Not Great*）的作者克理斯多福・希金思（Christopher Hitchens）談論關於神聖相會（numinous）的重要——通常指涉與神性接觸的經驗——而且認為人不需宗教或超驗信仰就能有這種神聖相會的經驗。他認為，人類依賴神聖相會和超驗界，還說他個人不相信會有人沒有此種感受。[31]

那麼，甚至是堅信理性主義者也享有這種對於超驗的渴求。如果你要尋找無視於這種渴求的人，你可能就找錯物種了。

敬畏

超驗經驗可能與迷人又難以理解的敬畏（awe）之情有關連。有許多機制會觸發敬畏感。心理學家達切・凱訥（Dacher Keltner）[32]提到古典的例子都是關於與神性的相遇。一個著名的例子就是保羅在前往大馬士革路上的皈信，當時他因為光照而失明。一個比較詳細言明敬畏的故事是在印度教經典《薄伽梵歌》（*Bhagavad Gita*），阿諸那（Arjuna）英雄問奎師那（Krishna），自己能否親眼見到宇宙，所以奎師那就給他一個宇宙之眼（cosmic eye）。於是阿諸那就見到了神、太陽，以及無窮的空間：「事物是我前所未見，入神就是我的歡喜；然而恐懼與顫抖讓我心慌。」這就是敬畏。

久而久之，學者開始把這種情緒看成與其他非神性經驗有關。在一七五七年，艾德蒙・柏克（Edmund Burke）談及崇敬（sublime）——一種類似敬畏的反應，我們從聽到雷聲、觀賞藝術，以及傾聽一場交響樂中所感受到的情緒。在他看來，崇敬的兩個成分是力量與隱晦（obscurity）。在我們的時代，它的範圍變大。當凱訥請加州柏克萊大學生分享他們的敬畏經驗時，他們談論音樂、藝術、有力且知名的人士、神聖經驗、某些知覺經驗、冥想與禱告。他們訴說當紅襪隊贏得世界杯冠軍賽時自己有何感受，或是他們最近一次的性經驗，或是當他們在衝撞區（mosh pit）被高高舉起，或是當他們處於吸食LSD迷幻藥的興奮狀態。

這些經驗有何共通性？凱訥與心理學家強納生・海特一起進行了研究，認為這個共通性是遼闊（vastness）——身體的、社會的、知識的，與其他——以及適應（accommodation），我們在適應中掙扎著要處理這種遼闊。他指出，當我們感到敬畏時，我們感到渺小，而這就呼應了有時候伴隨這種經驗而來的某些身體反應，比如：彎腰鞠躬、下跪、或是蜷縮成一團（當保羅在前往大馬士革路上見到光的時候，他跌倒在地）。

從演化論的觀點來看，敬畏是一個謎。凱訥認為，在其核心，敬畏是一種社會情緒；它回應的是一種「對集體的崇敬感」。[33]它的主要觸發者是讓社群合一的權貴人士，而且我們貶低自己並且臣服於這些啟發敬畏感的他人。就這一點來看，敬畏是類似於一些社會情緒，諸如對內團體（in-group）的忠誠感，以及對外團體（out-group）的恐懼與憎惡。它是一種社會適應。

這是一個有趣的假設，但是有一些落差。首先，我們並不清楚為何菁英以及與凝聚集體無關的經驗，如大峽谷、印象主義畫作，或是嗑迷幻藥等可以引發敬畏。其次，認為我們已經演化發展出一種情緒，特別適合用來佩服讚歎權貴人士，這種主張是靠不住的。這些人並非聖人。他們想從我們身上得到的並不盡然是臣服於社群的善——而是臣服他們。他們想要我們的伴侶、我們的兒女，以及我們的資源。那麼我們為何會心悅臣服地把一切交出去呢？這樣的回應如何可能演化發展出來？如果你思考一下這兩種人類祖先，一種傾向於對偉大領袖下跪並奉上自己，另一種比較憤世嫉俗，我們看不出為何英雄崇拜者的基因比較可能會繁榮起來。

凱訥可能會認為這個看法太過憤世嫉俗。他是一個敬畏迷，把敬畏當成「轉化人們、激發人去追求有意義的生命以及為最高的善服務」[34]的一種情緒。我想這個世界如果不存在敬畏現象，會好一些。如果我們冷靜地評估候選領導人的能力與目標，同時不要為他們太過心醉神迷，對我們也會比較好。當凱訥想到人們敬畏的對象時，他想的是值得敬畏的人物如甘地與達賴喇嘛。我則想到希特勒與史達林，還有其他數不清無足輕重卻自我陶醉的獨裁者、多婚配的宗教狂，以及狡詐的諂媚者，這類人士都樂於利用人們的這種心理盲點。

如果敬畏不是一種社會適應，還有什麼替代說法？有一個暫時假說——與凱納和海特的看法一致——認為敬畏絕對不是一種適應，而是一個意外。人們受到尋找事物深層本質所吸引；我們是好奇的，而且多學習一點的收穫就是瞬間完美的滿足感。確實如此，在一篇有趣的文章〈作為高潮的解釋〉（*Explanation as Orgasm*）[35]中，艾麗森・葛尼克把性高潮的滿足作為更多性行為的一個動力，與一個好的解釋而來的滿足作為進一步探索的動力，二者之間做了連結。但是過猶不及未必是好事。也許當我們被各種經驗淹沒時，就會生出敬畏之情；過多的經驗讓我們無法吸收消化，過多的身體感官經驗、過多的神性力量，或是過多的人類高超技藝。

想像

想像不存在的世界的能力，是一種有用的人類力量。它使得人們對於另類的未來進行默默評價，對於計畫我們的行動是必要的事；它讓我們見到他人所見的世界（即使我們知道他們是錯的），這對於人類一些行為如教學、說謊，以及誘惑等，都是必要的。而且，與我們的本質主義聯手的情況下，它帶給我們居於我們現代生活核心的快樂。

首先，它讓小說與藝術成為可能。顯然一個故事或藝術作品的創作者需要想像的力量，但是觀眾也需要這種力量。除非你具備想像的力量，能創造一個另類實體，否則完全無法從小說獲取快樂。而藝術作品的快樂往往牽涉一種詮釋的跳躍，對於創作過程發生的事做一種憑經驗或知識而來的猜測。審美的快樂在某種程度上是一種逆向工程的行為，只除了並非實際去拆解物體以了解它是如何被製造之外，你是在自己想法中進行。沒有想像的能力，你可能欣賞在一塊帆布上的迷人色彩，但是你絕對無法像一般人的方式來欣賞畫作。

想像力也讓科學與宗教成為可能，因為兩者都是探索我們感官接觸不到的實體。如果我們無法想像在我們底下的地獄及在我們之上的天堂，或是如果我們無法思考一個圓形球體或無限空間，那麼這些人類的實踐就不會存留下來。無能領會看起來像酒的液體真的是基督的血，或是一塊石頭真的是由小分子及能量場所組成，我們就會迷失。的確，我們正在做的事——思考我們如果沒有想像的力量就會失去什麼——本身就是一種想像力的練習。

在科學裡，想像力的一個明確角色就是協助哲學家所稱的「思想實驗」，[36]在其中，個人透過想像某一種情境來闡明或是測試某種科學假設。伽利略使用一種思想實驗，他從高塔上把兩塊石頭往下丟，以反駁亞里斯多德的主張，認為較重的物體落下的速度較快；愛因斯坦運用一輛行進中的火車例子來說明相對論。

在宗教上，特別強調故事；宗教經典內充斥著故事。故事讓宗教的觀念不隨時間而消逝——它們比成列的事實還要更加容易記憶。基於兒童從小說以及假裝中得到快樂的前提之下，它們讓觀念對兒童有吸引力。

故事也在宗教裡扮演另一種角色。多數的宗教都有一種戲劇表演的元素，讓人們假裝某件事是真的。[37]但是當信徒說他們正在享用基督的血與基督的身體，你卻說他們是在表演，認為他們就像一位四歲幼童用手指射擊歹徒，或是把香蕉想像成是一個電話筒一樣，那麼就是錯誤而且冒犯的。宗教信徒的宣告往往是誠懇的，類似科學家的信念，認為水是由分子組成一樣；你看不見它，可是它是真的。

但是宗教做的宣告有無數，我們也不應把所有宣告都等同看待。例如：在我自己的宗教傳統裡，在逾越節儀式中，我們把門打開，所以以利亞可以進來並喝一杯桌上的酒。這純粹是演戲，一個兒童故事，在這之後，杯裡的酒就會被倒掉或是倒回酒瓶裡。也許有些天主教徒是以類似的角度來看待聖餐禮，視其為一種沒有任何形上學意涵的儀式。或者想想禱告的行為。對某些人而言，這是與一個神性存有的真實溝通；對其他人而言，它差不多是一種神經抽搐。而在許多人看來，則是介於二者之間。

特別有趣的是介於二者之間的這種情況。這種處境令人想到心理分析學家多納・威尼考特所說關於嬰兒對於過渡階段的物品如泰迪熊與柔軟安全毯的反應。他主張這些物品是母親的替代品，或者也許只是她的胸部（這是可信的，見第四章）。但是嬰兒自己是怎麼想這些物品的呢？他們是否承認它們是替代品，或是他們認為這些物品是真實的母親／胸部？威尼考特在這一點上有一個古怪的言論：「在過渡階段物品上，我們可說這是我們與嬰兒之間的協議問題，因為我們絕對不會問這個問題『這是你的構想或者它是來自於外面而呈現在你面前？』重點在於，並沒有人期待任何決定。這個問題並不成立。」[38]

換言之：不要問。我想威尼考特的言論捕捉了人們在自己宗教信仰方面所感受到的模稜兩可。他們有一種古怪且脆弱的狀態。科學方面也是如此，有些問題是從某些更理論的建構中產生。夸克（quark）和超弦是真的或者是方便的抽象概念？有些人會建議：不要問。

無論如何，想像力與超驗界是密切相關的。想像力作為一種工具，藉著它我們獲得某種形式的超驗快樂。我們擁有這個力量，不只是要與一個深層實體建立關係，而且也要揣想這個實體可能是什麼。

這種力量也存在兒童身上。這方面我最喜歡的故事是教育工作者肯恩・羅賓遜（Ken Robinson）聽來的一個關於教室互動的故事。有一個六歲女孩坐在教室裡，埋首一張紙，專心地畫畫。她的老師等了二十多分鐘，然後走到女孩旁邊，問她在畫什麼。女孩頭也不抬地回答：「我在畫上帝的形象。」

老師聽了覺得很驚訝，就說：「可是沒有人知道上帝長得什麼樣子。」

女孩說：「等一下他們就知道了。」[39]

序

1. 妥協產物：Gould and Lewontin 1979。
2. 心理學的狹隘：Rozin 2006。

第一章　快樂的本質

1. 范・米格倫的故事：Dolnick 2008, Wynne 2006。
2. 羅曼斯論快樂與痛苦：引自Duncan 2006。
3. 快樂的人：Pinker 1997, p. 387。
4. 直立人猿：引自Jacobs 2004。
5. 公開競爭：Menand 2002, p. 98。
6. 沈摩爾的故事：Salinger 1959, pp. 4-5。
7. 本質主義：有關哲學的基礎，見Kripke 1980；Putnam 1973, 1975；心理學的基礎，見Bloom 2004, Gelman 2003, Medin and Ortony 1989。
8. 洛克論本質：Locke 1690/1947, p. 26。
9. 仍是一隻老虎：Keil 1989。
10. 人工製品的本質主義：Bloom 1996, 2000, 2004；Medin 1989；Putnam 1975。
11. 語言與本質主義：Bloom 2000。
12. 波赫士的清單：引自Ackerman 2001, pp. 20-21。
13. 自然律的基礎：Gould 1989, p. 98。
14. 名詞的影響：Markman 1989。
15. 不是一位種族主義者：Gelman 2003。
16. 本質主義為真：Bloom 2004；也見Pinker 1997。
17. 小團體：Tajfel 1970, 1982。
18. 粒腺體的猶太人：Gelman 2003, p. 89。
19. 半個愛爾蘭人：Gil-White 2001。
20. 男孩有陰莖：Gelman 2003, p. 3。
21. 荷馬不是本質主義者：Fodor 1988, p. 155。
22. 嬰兒的通則化：Baldwin, Markman, and Melartin 1993。
23. 兒童眼中的外表對本質：Gelman and Markman 1986, 1987。
24. 更小的幼童眼中的外表對本質：Gelman and Coley 1990；Graham,

Kilbreath, and Welder 2004；Jaswal and Markman 2002；Welder and Graham 2001。

25. 狗的內部：Gelman and Wellman 1991。
26. 內部有相同物的共同名字：Diesendruck, Gelman, and Lebowitz 1998。
27. 轉變：Keil 1989。
28. 傷害者：Gelman 2003。
29. 吃紅蘿蔔者的研究：Gelman and Heyman 2002。
30. 生物學看來是專門化的本質主義：Atran 1998。
31. 人工器物的本質主義者：Diesendruck, Markson, and Bloom 2003；見Bloom 2004的回顧與討論。
32. 男孩的本能：Gelman and Taylor 2000。
33. 從生物學到社會化：Smith and Russell 1984；也見Hirschfeld 1996。
34. 一分錢的例子：Dennett 1996。
35. 兒童作為活力論者：Inagaki and Hatano 2002。
36. Axe：來自Emma Cohen的電子郵件，June 11, 2009。
37. 消毒與價值：Newman, Diesendruck, and Bloom 審查中。
38. 沒有眼神的接觸：http://www.happiness-project.com（用“darshan”搜尋）。
39. 化身為月經棉條：Hood 2009。
40. 一種高尚的食人行為：Kass 1992, p. 73。
41. 屬性的轉移：Sylvia and Nowak 1977。
42. 尋找達賴喇嘛：Bloom and Gelman 2008。
43. 測試過程的故事：出自Gould 1941 and Wangdu 1941；引文出自Gould, p. 67, and Wangdu, p. 18。
44. 難以質疑心理學的現象：Cosmides and Tooby 1994。
45. 只有心理學家會問的問題：出自James 1892/1905, p. 394。

第二章　吃喝的快樂

1. 梅委斯和布崙迪的故事：L. Harding, “Victim of cannibal agreed to be eaten,” *The Guardian*, December 4, 2003。
2. 食人把人留在身邊：Smith 1995。
3. 令達莫焦慮的問題：Smith 1995。

4. 胸部的辣椒：Rozin and Schiller 1980。
5. 人類是雜食動物：Rozin 1976。
6. 超級味蕾者的味覺：Bartoshuk, Duffy, and Miller 1994。
7. 解釋對食物的偏好：Rozin and Vollmecke 1986。
8. 最佳覓食理論：Harris 1985。
9. 突如其來的厭食：Rozin 1986。
10. 親子之間在食物偏好上的微弱關係：Birch 1999, Rozin and Vollmecke 1986。
11. 來自同儕的社會學習：Harris 1998。
12. 嬰兒向同類的人學習食物：Shutts et al. 2009。
13. 人肉吃起來像午餐肉罐頭：Theroux 1992。
14. 為何昆蟲令人噁心：Harris 1985, p. 154。
15. 厭惡是一種演化出來對腐肉的反應：Pinker 1997。
16. 經由想像而生的噁心或嘔吐：Darwin 1872/1913, p.260。
17. 厭惡的發展：Bloom 2004；也見Rozin and Fallon 1987。
18. 給兒童狗大便：見Rozin, Haidt, and McCauley 2000的評論。
19. 不適合飲用：Siegal and Share 1990。
20. 米勒的子女愛挑剔：Miller 1997。
21. 讓成人吃厭惡的東西：Smith 1961。
22. 食人作為一種迷思：Arens 1979。
23. 肉作為渴望的食物：Rozin 2004。
24. 嬰兒是美味的：Hrdy 2009, p.234。
25. 成為一位食人者的兩種方式：Lindenbaum 2004。
26. 吸食父親："Keith Richards says he snorted his father's ashes," April 4, 2007, http://www.msnbc.msn.com/id/1793369。
27. 食人的對話：Harris 1985 p.206。
28. 你就是你吃的東西：Nemeroff and Rozin 1989。
29. 對天主教徒的血統誹謗：Rawson 1985。
30. 吃我肉；喝我血的： John 6: 54（King James Version）。
31. 可愛的、飢餓的怪獸：Sendak 1988。
32. 胎盤食譜：線上搜尋"Want a slice of placenta with that?"
33. 胎盤作為電視晚餐：Hood 2009。

34. 墓堤謀殺：Taylor 2004。
35. 殺害白子：J. Gettleman, "Albinos, long shunned, face threat in Tanzania," *New York Times*, June 8, 2008。
36. 甘地論動物的靈魂：Coetzee 1995。
37. 治癒陽痿：McLaren 2007。
38. 肉類與男性雄風：Rozin 2004。
39. 一年花十五億美元在瓶裝水：Fishman 2007。
40. 自然凌駕人工：Rozin 2005。
41. 自然食物的問題：Pollan 2006, pp. 96-97。
42. 昂貴的訊號作為對若干品味的一種解釋：Cowen 2007, Frank 2000, Miller 2009。
43. 奈凡思對挑出沛綠雅的嘗試：Fishman 2007。
44. 你的想法影響你嚐的味道：見Lee, Frederick, and Ariely 2006的評論。
45. 可口可樂、百事可樂，與大腦：McClure et al. 2004。
46. 紅酒研究：見Lehrer 2009的評論。
47. 享受狗食：在Bohannon 2009有所描述。
48. 啤酒研究：Lee, Frederick, and Ariely 2006。
49. 喝紅酒的大腦反應：Plassmann et al. 2008。
50. 起司或體臭：de Araujo et al. 2005。
51. 受虐狂的食譜：Michaels 2007。
52. 良性受虐狂：Rozin and Vollmecke 1986。
53. 飲食與人類：Kass 1994。
54. 在車內飲食：Pollan 2006。
55. 道德取代了禮儀的位置：Appiah 2008, Pinker 2008。Appiah的引文是摘錄自Appiah 2008, pp. 245-46。

第三章　性與愛的快樂

1. 床計：Doniger 2000。
2. 對床計的恐懼：例子來自McEwan 2005。
3. 拉班的床計：Genesis 29:25（King James Version）。
4. 猶太人的結婚儀式：謝謝Murray Reiser為我指出這一點。
5. 雄蟾蜍的交配策略：Dekkers 2000, 引自Doniger 2000；Doniger 的引文是出

自Doniger 2000, p. 130。

6. 親職貢獻：Trivers 1972, Clutton-Brock 1991；見Diamond 1998的評論。
7. 人類性行為：Diamond 1998。
8. 性心理中的性別差異：見Pinker 2002的評論。
9. 隱性排卵：但是關於男性對於女性排卵具有某種敏感度的證據，請見Miller, Tybur, and Jordon 2007。
10. 顯性排卵的演化論：Diamond 1998。
11. 臉孔啟動大腦：Aharon et al. 2001。
12. 嬰兒喜歡漂亮臉孔：Langlois, Roggman, and Reiser-Danner 1990；Slater et al. 1998。
13. 美麗是沒有標準限制的：Darwin 1874/1909。
14. 臉孔吸引人的原因： 見Rhodes 2006的評論。
15. 普通的臉好看，甚至嬰兒眼中也是如此：Langlois and Roggman 1990；Langlois, Roggman, and Reiser-Danner 1990。
16. 某些迷人臉孔並非普通臉孔：Perrett, May, and Yoshikawa 1994。
17. 男人更重視外表：Buss 1989。
18. 男女都同意的吸引力特質：Langlois et al. 2000。
19. 排卵期女性喜歡高度陽剛的臉：Johnston et al. 2001, Jones et al. 2008, Penton-Voak et al. 1999。
20. 頂著一根木棍的頭激發性欲：Boese 2007。
21. 戀腳癖：Bergner 2009。
22. 性感的汗臭味運動衫：Wedekind and Füri 1997。
23. 出現在課堂的婦女引發的吸引力：Moreland and Beach 1992。
24. 重複曝光：Zajonc 1968。
25. 喜歡與吸引力：Kniffin and Wilson 2004。
26. 一個迷人的微笑：Rhodes, Sumich, and Byatt 1999。
27. 男性或女性？：Freud 1933/1965, p. 141。
28. 嬰兒對男女兩性的認識：Miller, Younger, and Morse 1982；Quinn et al. 2002。
29. 兒童對性別刻板印象的理解：Martin, Eisenbud, and Rose 1995；見Gelman 2003的評論。
30. 男孩的島嶼；女孩的島嶼：Taylor 1996。

31. 訪談研究：見Gelman 2003的評論。
32. 《聖經》中的穿異性服裝：Deuteronomy 22:5。
33. 兒童不贊同穿異性服裝：Levy, Taylor, and Gelman 1995。
34. 兄妹亂倫：Haidt 2001。
35. 不擔心好色的手足：Pinker 1997。
36. 你的裸體：Leviticus 18:10（由Alter 2004所譯）。
37. 就算你們沒有親緣關係也是性反感：Lieberman, Tooby, and Cosmides 2007。
38. 是什麼扼殺了性欲？：Lieberman, Tooby, and Cosmides 2007。
39. 搞錯後代的男人：Anderson 2006。
40. 繼父的風險：Daly and Wilson 1999。
41. 嬰兒應該長得像父親：Christenfeld and Hill 1995。
42. 長得像父親的主意並不好：DeBruine et al. 2008, Pagel 1997。
43. 法定性範圍裡的席位："Don't ask the sexperts," September 26, 2007, Slate.com: http://www.slate.com/id/2174411。
44. 假童真：Cowen 2007。
45. 「處女療法」：Hood 2009。
46. 達爾文的清單：Desmond and Moore, 1994。
47. 達爾文的愛：Quammen 2006。
48. 仁慈的重要性：Buss 1989。
49. 解釋孔雀的屏尾：Cronin 1991。
50. 性擇與人類心靈：Miller 2000, 引文出自p. 5。
51. 為何不是一顆馬鈴薯？：Miller 2000, p. 124。
52. 為何不是《太空堡壘卡拉狄加》？：Cowen 2007。
53. 演化出一個更好的陰莖：Miller 2000。
54. 真愛的策略優勢：Pinker 1997, pp.418, 416。
55. 愛與情感依附的系統：Fisher 2004。
56. 母親與其嬰兒的連結：Mayes, Swain, and Leckman 2005。
57. 雙胞胎的吸引力：Wright 1997。
58. 辛格的偶然床計：出自Pinker 1997，他使用這個例子來論述一個類似的看法，關於我們對人的看法。
59. 卡波格拉斯症候群：Ramachandran and Blakeslee 1998。

60. 陽剛而英俊的酷似化身：Feinberg and Keenan 2004, p. 53。感謝Ryan McKay為我指出這一點。

第四章　占有的快樂

1. 金錢買不到的東西：Walzer 1984。
2. 禁忌交易：Fiske and Tetlock 1997, Tetlock et al. 2000。
3. 醫院主管：Tetlock et al. 2000。
4. 金錢的特殊性：Ariely 2008。
5. 交易體系：Fiske 1992；討論請見Pinker 2002。
6. 猴子的交換：Chen, Lakshminaryanan, and Santos 2006。
7. 未使用的禮物卡：估計數請見 http://www.consumersunion.org/pub/core_financial_services/005188.himl。
8. 稟賦效應：Kahneman, Knetsch, and Thaler 1990, 1991。
9. 你擁有的時間越久，你越喜歡它：Strahilevitz and Loewenstein 1998。
10. 結婚禮物研究：Brehm 1956。
11. 有關我們的選擇為何影響我們喜歡的事物：Bem 1967, Festinger 1957, Lieberman et al. 2001, Steele and Liu 1983。
12. 兒童與猴子的布倫效應：Egan, Sntos, and Bloom 2007；Egan, Bloom, and Santos, 出版中；也見Chen 2008, Chen and Risen 200, and Sagarin and Skowronski 2009的討論。
13. 是什麼讓一個物品有價值？：Frazier, Gelman, and Hood 2009。
14. 甘迺迪的拍賣：C. McGrath, “A Kennedy plans a tag sale, so Sotheby's expects a crowd,” *New York Times*, December 1, 2004。
15. 莎士比亞的木材：Pascoe 2005。
16. 拿破崙的樹與生殖器：Pascoe 2007。
17. 弗爾的收藏：Foer 2004。
18. 接觸巫術：Frazer 1922, pp. 37-38。
19. 名人的部分身體：Pascoe 2005, p.3。
20. 包括汗漬：Hood 2009。
21. 毛衣研究：Newman, Diesendruck, and Bloom，審查中。
22. 被一位有吸引力的人接觸過：Argo, Dahl, and Morales 2008。

23. 拆除魏斯特的屋子：Hood 2009。
24. 希特勒的毛衣：Rozin, Millman, and Nemeroff 1986。
25. 被人藐視的物品的特別拍賣：G. Stone, "Murderabilia'sales distress victim's families," August 15, 2007, ABC News Online: http://abcnews.com（search for "murderabilia sales"）
26. 柏克萊論屬性：Berkeley 1713/1979, p. 60。
27. 嬰兒加法：Wynn 1992；見Wynn 2000, 2002的討論以及Xu 2007的相關研究。
28. 兒童的第一個單字提到個體：Bloom 2000；也見Macnamara 1982。
29. 兜？Bloom 2000。
30. 複製機器的研究：Hood and Bloom 2008。
31. 兒童相信不尋常的機器：DeLoache, Miller, and Rosengren 1997。
32. 倉鼠的複製：Hood and Bloom，審查中。
33. 布魯艾的故事：Gopnik 2006, p. 262。
34. 人類的擬人論：Guthrie 1993。
35. 月亮上的人臉：Hume 1757/1957, p. 29。
36. 社會智能的肥大症：Boyer 2003, p. 121。
37. 威尼考特論過渡時期的物品：Winnicott 1953。
38. 美日兒童的情感依附物：Hobara 2003。
39. 情感依附物的實驗：Hood and Bloom 2008。
40. 兒童情感依附的對象：Lehman, Arnold, and Reeves 1995。
41. 情感依附物比例：Hood 2009。

第五章　藝術帶來的快樂

1. 貝爾實驗：G. Weingarten, "Pearls before breakfast," *Washington Post*, April 8, 2007。
2. 勢利鬼凱瑟琳：Koestler 1964, 引句出自pp. 403, 408。
3. 范・米格倫：Dolnick 2008, Wynne 2006。
4. 葛麗泰・嘉寶：Dutton 2008。
5. 音樂是一種奧祕：Darwin 1874/1909。
6. 馬跨拉諾提（Mekranoti）的歌手：Levitin 2008。
7. 音樂作為神的證明：Vonnegut 2006。

8. 非人類動物不喜歡音樂：McDermott and Hauser 2007, Levitin 2008。
9. 嬰兒喜歡音樂：Trainor and Heinmiller 1998, Trehub 2003。
10. 大腦受損會讓你對音樂無感：Sacks 2007。
11. 音樂作為起司蛋糕：Pinker 1997, 引句出自pp. 534, 525。
12. 小說作為一種可能的適應：Pinker 2007。
13. 音樂與語言之間的相似之處：也見Lerdahl and Jackendoff 1983。
14. 音樂的演化適應理論：Levitin 2006, 2008。
15. 同步的效果：Chartrand and Bargh 1999, Wiltermuth and Heath 2009。
16. 在子宮內建立音樂的品味：Lamont 2001。
17. 倒U形：Berlyne 1971。
18. 年齡與對音樂的偏好：Sapolsky 2005, 引自p. 201；相關研究見Hargreaves, North, and Tarrant 2006。
19. 音樂偏好與社會團體：Levitin 2006。
20. 避開我們雙親的音樂：Cowen 2007, p. 67。
21. 實驗美學：評論見Silva 2006。
22. 圖片作為替代品：Pinker 1997。
23. 猴子的色情：Deaner, Khera, and Platt 2005。
24. 第一次為圖片命名：Hochberg and Brooks 1962；也見Ekman and Friesen 1975。
25. 嬰兒理解圖片：DeLoache, Strauss, and Maynard 1979。
26. 抓取圖片：DeLoache et al. 1998。
27. 把代表物視為實體：Rozin, Millman, and Nemeroff 1986。
28. 把照片剪破的焦慮：Hood et al. 出版中。
29. 對著嬰兒照片射飛鏢：King et al. 2007。
30. 重複曝光以及對印象派畫作的熱愛：Cutting 2006。
31. 一幅畫作的形狀及其價格：Cowen 2007。
32. 我們關心藝術如何被創造出來：Dutton 2008。
33. 性擇與藝術的起源：Miller 2000, 2001。
34. 為了吸引異性的緣故：Darwin 1874/1909, p. 585。
35. 人類不是孔雀：Hooper and Miller 2008。
36. 《蘇菲的抉擇》：Styron 1979。
37. 沒有人考慮效用：James 1890/1950, p. 386。

38. 藝術作為歷史的：例如，Danto 1981；Daves 2004；Levinson 1979, 1989, 1993。
39. 藝術作為表演：Dutton 1983, p. 176。
40. 兒童的圖畫：Bloom 2004, Cox 1992, Winner 1982。
41. 在為藝術命名時，兒童對於歷史是敏感的：Bloom 2004, Bloom and Markson 1998, Preissler and Bloom 2008。
42. 班雅明和馬爾羅論原作：引自Kieran 2005。
43. 你畫一幅波洛克：Yenawine 1991。
44. 努力與喜歡程度：Kruger et al. 2004。
45. 宜家效應：Norton, Mochon, and Ariely 2009。
46. 歐姆斯德：這些事件也重現在電影《我的孩子也畫得出來》（*My Child Could Paint That*）。相關討論請見 Fineman 2007。
47. 描繪藝術的幾個特質：Dutton 2008。
48. 一對不同的一模一樣物品：Danto 1981。
49. 兒童認為什麼是藝術？：Gelman and Bloom 2000；也見Gelman and Ebeling 1988。
50. 動物藝術不是藝術：Dutton 2008。
51. 羅丹的素描作為表演理論的一個反例：Kieran 2005。
52. 重複流產作為藝術：R. Kennedy, 〈耶魯校方要求結束學生的表演〉（Yale demands end to student's performance）*New York* Times, April 22, 2008。
53. 曼佐尼的糞便罐頭：Dutton 2008。
54. 難以在罐頭中儲放糞便：Dutton 2008。
55. 從藝術內容到藝術方法：Menand 2009。
56. 《藝術》論藝術：Reza 1997, pp. 3, 15；Bloom 2004一書中做了討論。
57. 接受底座：S. Jones, "Royal Academy's preference for plinth over sculpture leaves artist baffled," *The Guardian*, June 15, 2006。
58. 毛絨假髮，不是愛因斯坦：Dolnick 2008, p. 291。
59. 班尼斯特的成就：Gladwell 2001。
60. 加速的華爾滋：Dutton 1983。
61. 違背「努力的誠信」：Gladwell 2001; 也見Sandel 2007。
62. 類固醇是欺騙行為：Jarudi 2009。
63. 本能的保守主義：Jarudi 2009; Jarudi, Castaneda, and Bloom（審查中）。

64. 分享意圖心的獨特且重要的能力：Tomasello et al. 2005。
65. 與他的數學預測公平競爭：http://fairmodel.econ.yale.edu/rayfair/marathl.htm.
66. 金氏世界紀錄簿作為人類優越能力的實例說明：Dutton 2008。
67. 吃烤起司世界大賽：Cowen 2007。
68. 美麗的問題：Danto 2007；謝謝Jonathan Gilmore與我討論這些議題。
69. 扮鬼臉作為一種美學樂趣的來源：Kieran 2005。
70. 扮鬼臉的規則：http://en.wikipedia.org/wiki/Making_a_face.

第六章　想像力帶來的快樂

1. 時間管理研究：Gleick 2000。
2. 一天四小時電視：引自 neilsonmedia.com: http://en.us.nielsen.com/main/insights/nielsen_a2m2_three.
3. 歐洲人對非真實的著迷：Nettle 2005。
4. 《朋友》vs. 朋友：Melanie Green: http://www.unc.edu/~mcgreen/research.html.
5. 想像的快樂作為一種副產品：Pinker 1997。
6. 兒童的假裝與完耍：Harris 2000。
7. 四歲幼童了解假裝：請見Skolnick and Bloom 2006a。
8. 在嬰兒期間的假裝：Onishi, Baillargeon, and Leslie 2007。
9. 達爾文的孩子：Darwin 1872/1913, p. 358。
10. 弓身遊戲：Bekoff 1995。
11. 一歲嬰兒的錯誤信念：Onishi and Baillargeon 2005。
12. 《朋友》影集中的錯誤信念：Zunshine 2006, p. 31。
13. 預先傳送假設：Nuttall 1996, p. 77。
14. 後設表現與快樂：Leslie 1994; 也見Harris 2000。
15. 杭士基論語言：例如，Chomsky 1987; 重點概要請見Pinker 1994。
16. 中國人的《亂世浮生》：Doniger 2000。
17. 普遍性的主題：McEwan 2005, p. 11；也見Barash and Barash 2008。
18. 人類差異的重要性：James 1911, p. 256。
19. 安娜・卡列妮娜之謎：Radford 1975; 其他哲學觀點請見Gendler and

Kovakovich 2005, Morreall 1993, Walton 1990.
20. 心理學家使用小說來研究現實：Nichols 2006。
21. 視故事為事實：Green and Donahue 2009。
22. 羅伯特・楊被當成醫生：Real 1977。
23. 安全卻無論如何都感到害怕：所有例子引自Gendler 2008。
24. 原念的概念：Gendler 2008, 2009。
25. 人們不喜歡做的事：Rozin, Millman, and Nemeroff 1986; Nemeroff and Rozin 2000（槍枝研究未出版）。
26. 當我們獨自一人時我們的心漫遊：Mason et al. 2007.
27. 林語堂引句：謝謝Tamar Gendler。
28. 進入小的忘我：Gerrig 1993, Green and Brock 2000。
29. 心理學對第一人稱的研究：在Coplan 2004中有所評論。
30. 《大白鯊》中的同理心：Carroll 1990。
31. 小說中的同理心就像現實生活中的同理心：Coplan 2004。
32. 八卦的重要性：Dunbar 1998。
33. 沒有我們的世界：Weisman 2007。
34. 小說充滿了意圖：Zunshine 2006, p. 26。
35. 聲望的演化重要性：Henrich and Gil-White 2001。
36. 小說是有關心靈的練習理論：Zunshine 2006。
37. 小說是為獲得社會的專家知識：Mar and Oatley 2008。
38. 小說是為學習解決現實世界問題的方法：Dutton 2008; Pinker 1997, 引句是來自p. 543。
39. 故事激發道德變遷：Bloom 2004, Nussbaum 2001。
40. 強生論悲劇的樂趣：引自Nuttall 1996。
41. 與思想表達有關的傳統手法：Zunshine 2008。
42. 偷窺狂：McGinn 2005, p. 55。

第七章　安全與痛苦

1. 頭顱手術：Haidt, McCauley, and Rozin 1994。
2. 拐彎抹角（Hooptedoodle）：E. Leonard, "Easy on the hooptedoodle," *New York Times,* July 16, 2001。

3. 遺忘的話語：Wright 2007, p. 280。
4. 在大銀幕上最好：McGinn 2005。
5. 諾基克的體驗機器：Nozick 1974。
6. 在一個故事中扮演一個角色，但你並不知道那是一個故事：這是*Total Recall, The Game*, and *The Truman Show*的劇情的一部分。
7. 香蕉皮：延伸的討論請見Dale 2000。
8. 罐頭哭聲：Jacob 2004, p. 46。
9. 電視變得更聰明：Johnson 2005。
10. 大衛從書裡得到了什麼：Carroll 2004, p. 48, 引自Dutton 2008。
11. 兒童精明於虛構與現實的區別：評論請見Skolnick and Bloom 2006a。
12. 多重的世界：Skolnick and Bloom 2006b。
13. 微笑令你快樂：Soussignan 2002。
14. 盒子裡的怪獸：Harris et al. 1991。
15. 成人對於喝想像的氫化物感到遲疑：Rozin, Markwith, and Ross 2006。
16. 兒童對故事如何運作的理解：Weisbergy et al.（審查中）。
17. 《糟蹋蕾》：Alexander 2009。
18. 無法解釋的快樂：Hume 1757/1993, p. 126。
19. 恐怖的弔詭：Carroll 1990。
20. 施虐的色情片：Edelstein 2006。
21. 《驚爆》：Patrick Healy, 「暴力讓觀眾驚嚇得喘不過氣；演員必須生存下來，」*New York Times*, November 5, 2008。
22. 淨化作用的問題：McCauley 1998。
23. 動物戲：Burghardt 2005。
24. 恐怖片作為安全的練習：這個審查中的計畫案基本上是受到Denison的影響。
25. 堅強心靈的適應方式：King 1981, p. 316。
26. 柏拉圖的引頸觀望者：Danto 2003。
27. 良性受虐狂：Rozin and Vollmecke 1986。
28. 自殘是絕望的求救：Hagen（審查中）。
29. 狂吸鴉片劑：Berns 2005。
30. 嬰兒懲罰者：Hamlin, Wynn, and Bloom（審查中）。
31. 利他主義的懲罰：Fehr and Gächter 2002。

32. 受虐狂作為一種虐待狂形式：Freud 1905/1962。
33. 壞多比！：Rowling 2000, p. 12, 引自Nelissen and Zeelenberg 2009。
34. 因為罪而電擊自己：Inbar et al. 2008；也見Nelissen and Zeelenberg 2009。
35. 德勒茲論受虐狂：Berns 2005。
36. 艾維斯已經離開這棟建築物：Bergner 2009。
37. 更好的雜誌：Jerry Seinfeld 的笑話，出自Cowen 2007。
38. 必須去看牙醫的性變態者：Weinberg, Williams, and Moser, 1984；感謝Lily Guillot 為我找到這份資料。
39. 我們清醒生活的一半時間：Klinger 2009。
40. 大腦的心思徘徊部分：Mason et al. 2007。
41. 想像的世界與多重的自我：Bloom 2008。
42. 兒童的想像同伴：Taylor 1999, Taylor and Mannering 2007。
43. 成人的小說作家：Taylor, Hodges, and Kohanyi 2003。
44. 匱乏的短缺：Ainslie 1992, p. 258, 引自Elster 2000。
45. 《陰陽魔界》對話：http://en.wikipedia.org/wiki/A_Nice_Place_to_Visit.
46. 夢：感謝Marcel Kinsbourne 為我指出這一點。
47. 找一個朋友做白日夢：Elster 2000。

第八章　快樂為何重要

1. 食物不多：Fogel 2004，引自Cowen 2007。
2. 在現代世界中狩獵採集者的欲望：Brownell and Horgen 2004。
3. 我們從自然世界得到快樂：Bloom 2009。
4. 與自然界疏離而來的危險：Wilson 1999, p. 351。
5. 自然的益處：見 Kahn1997 評論。
6. 真實血液與巫術的魅力：Koestler, 1964, p. 405。
7. 本質的廢話：Hood 2009, p. 145。
8. 作為非理性的情感依附：Frazier et al. 2009。
9. 人類非理性：Kahneman, Slovic, and Tversky 1982；概要請見Piattelli-Palmarini 1994 and Marcus 2008。
10. 用蠢方法來解決問題：Marcus 2008。
11. 品客洋芋片的本質：Adam Cohen, "The Lord Justice hath ruled: Pringles are potato chips," *New York Times*, May 31, 2009。

12. 測量你的心智健全：Gray 1996。
13. 並非比較聰明，只是有所不同：類似的論證請見Keys and Schwartze 2007。
14. 誰比較怪？：Bergner 2009, p. 56。
15. 迷戀奢侈品：Frank 2000, Layard 2005, Miller 2009。
16. 辛格論世界貧窮：例如：Singer 1999, 2009。
17. 逃向大自然：Bloom 2009。
18. 液晶電視研究：Kahn, Severson, and Ruckert 2009。
19. 敬畏下的驚嘆：Dawkins 1998, p. x.
20. 最低限度的宗教定義：Tylor 1871/1958, p. 8。
21. 宗教信仰的理論：評論請見Bloom 2005, 2007。
22. 另外一個實體：Berger 1969, p. 2。
23. 看不見的秩序：James 1902/1994, p. 61。
24. 科學顯示宇宙沒有目的與意義：Weinberg 1977, p. 154, 但是關鍵的討論請見Wright 2000。
25. 儀式的功能：McCawley and Lawson 2002。
26. 藝術與宗教的關係：Banjamin 2008；Dissanayake 1988, 1992。
27. 兒童與命運的安排：Opie and Opie 1959, p. 210；討論請見Hood 2009。
28. 幼童為何糟糕：Gopnik 2000。
29. 作為科學家的兒童：Carey 1986, 2009; 也請見Gopnik 1996。
30. 佛教的奇觀：Harris 2005, pp. 283-84。
31. 希金思論神聖相會：他與Lorenzo Albacete的辯論，September 22, 2008：http://reasonweekly.com（關鍵字搜尋Hitchens Albacete）。
32. 觸發敬畏的機制：Keltner 2009；也見Keltner and Haidt 2003。
33. 對集體的崇敬感：Keltner 2009, p. 252。
34. 敬畏的轉化力量：Keltner 2009, p. 252。
35. 高潮與解釋：Gopnik 2000。
36. 思想實驗：Gendler 2005。
37. 宗教的戲劇表演：感謝Peter Gray有關這個論點的討論。
38. 別問嬰兒：Winnicott 1953, p. 95。
39. 上帝的形象：Robinson 2009, p. xi。

參考文獻

Ackerman, J. 2001. *Chance in the house of fate: A natural history of heredity*. New York: Houghton Mifflin.

Aharon, I., Etcoff, N. L., Ariely, D., Chabris, C. F., O'Connor, E., & Breiter, H. C. 2001. Beautiful faces have variable reward value: fMRI and behavioral evidence. *Neuron*, 32:537–51.

Ainslie, G. 1992. *Picoeconomics*. New York: Cambridge University Press.

Alexander, L. 2009. And you thought Grand Theft Auto was bad. Slate.com: http://www.slate.com/id/2213073.

Alter, R. 2004. *The five books of Moses: A translation with commentary*. New York: Norton.

Anderson, K. G. 2006. How well does paternity confidence match actual paternity? *Current Anthropology*, 47:513–20.

Appiah, K. A. 2008. *Experiments in ethics*. Cambridge, MA: Harvard University Press.

de Araujo, I. E., Rolls, E. T., Velazco, M. I., Margot, C., & Cayeux, I. 2005. Cognitive modulation of olfactory processing. *Neuron*, 46:671–79.

Arens, W. 1979. *The man-eating myth: Anthropology and anthropophagy*. New York: Oxford University Press.

Argo, J. J., Dahl, D. W., & Morales, A. C. 2006. Consumer contamination: How consumers react to products touched by others. *Journal of Marketing*, 70:81–94.

———. 2008. Positive consumer contagion: Responses to attractive others in a retail context. *Journal of Marketing Research*, 45:690–712.

Ariely, D. 2008. *Predictably irrational: The hidden forces that shape our decisions*. New York: HarperCollins.

Atran, S. 1998. Folk biology and the anthropology of science: Cognitive universals and cultural particulars. *Behavioral and Brain Science*, 21:547–609.

Baldwin, D. A., Markman, E. M., & Melartin, R. L. 1993. Infants' ability to draw inferences about nonobvious object properties: Evidence from exploratory play. *Cognitive Development*, 64:711–28.

Barash, D. P., & Barash, N. R. 2008. *Madame Bovary's ovaries: A Darwinian look at literature*. New York: Delacorte.

Bartoshuk, L. M., Duffy, V. B., & Miller, I. J. 1994. PTC/PROP tasting: Anatomy, psychophysics, and sex effects. *Physiology and Behavior*, 56:1165–71.

Bekoff, M. 1995. Play signals as punctuation: The structure of social play in canids. *Behaviour*, 132:419–29.

Bem, D. J. 1967. Self-perception: An alternative interpretation of cognitive dissonance phenomena. *Psychological Review*, 74:183–200.

Benjamin, W. 2008. *The work of art in the age of its technological reproducibility, and other writings on media*. Cambridge, MA: Harvard University Press.

Berger, P. L. 1969. *A rumor of angels. Modern society and the rediscovery of the supernatural*. New York: Doubleday.

Bergner, D. 2009. *The other side of desire*. New York: HarperCollins.

Berkeley, G. 1713/1979. *Three dialogues between Hylas and Philonous*. New York: Hackett.

Berlyne, D. E. 1971. *Aesthetics and psychobiology*. New York: Appleton-Century-Crofts.

Berns, G. 2005. *Satisfaction: The science of finding true fulfillment*. New York: Holt.

Birch L. 1999. Development of food preferences. *Annual Review of Nutrition*, 19:41–62.

Bloom, P. 1996. Intention, history, and artifact concepts. *Cognition*, 60:1–29.

———. 1998. Theories of artifact categorization. *Cognition*, 66:87–93.

———. 2000. *How children learn the meanings of words*. Cambridge, MA: MIT Press.

———. 2004. *Descartes' baby: How the science of child development explains what makes us human*. New York: Basic Books.

———. 2005. Is God an accident? *Atlantic Monthly*, December.

———. 2007. Religion is natural. *Developmental Science*, 10:147–51.

———. 2008. First-person plural. *Atlantic Monthly*, November.

———. 2009. Natural happiness. *New York Times Magazine*, April 19.

Bloom, P., & Gelman, S. A. 2008. Psychological essentialism in selecting the 14th Dalai Lama. *Trends in Cognitive Sciences*, 12:243.

Bloom, P., & Markson, L. 1998. Intention and analogy in children's naming of pictorial representations. *Psychological Science*, 9:200–204.

Boese, A. 2007. *Elephants on acid: And other bizarre experiments*. New York: Harvest Books.

Bohannon, J. 2009. Gourmet food, served by dogs. *Science*, 323:1006.

Boyer, P. 2003. Religious thought and behaviour as by-products of brain function. *Trends in Cognitive Sciences*, 7: 119–24.

Brehm, J. W. 1956. Post-decision changes in the desirability of alternatives. *Journal of Abnormal and Social Psychology*, 52:384–89.

Brownell, K. D., & Horgen, K. B. 2004. *Food fight: The inside story of the food industry, America's obesity crisis, and what we can do about it*. New York: McGraw-Hill.

Burghardt, G. M. 2005. *The genesis of animal play: Testing the limits*. Cambridge, MA: MIT Press.

Buss, D. M. 1989. Sex differences in human mate preferences: Evolutionary hypotheses in 37 cultures. *Behavioral and Brain Sciences*, 12:1–49.

Carey, S. 1986. *Conceptual change in childhood*. Cambridge, MA: MIT Press.

———. 2009. *The origin of concepts*. New York: Oxford University Press.

Carroll, J. 2004. *Literary Darwinism: Evolution, human nature, and literature*. New York: Routledge.

Carroll, N. 1990. *The philosophy of horror: Or, paradoxes of the heart*. New York: Routledge.

Chartrand, T. L., & Bargh, J. A. 1999. The chameleon effect: The perception-behavior link and social interaction. *Journal of Personality and Social Psychology*, 76:893–910.

Chen, M. K. 2008. Rationalization and cognitive dissonance: Do choices affect or reflect preferences? Working paper, Yale University, New Haven, CT.

Chen, M. K., Lakshminaryanan, V., & Santos, L. R. 2006. The evolution of our preferences: Evidence from capuchin monkey trading behavior. *Journal of Political Economy*, 114:517–37.

Chen, M. K., & Risen, J. 2009. Is choice a reliable predictor of choice? A comment on Sagarin and Skowronski. *Journal of Experimental Social Psychology* 45:425–27.

Chomsky, N. 1987. *Language and problems of knowledge: The Managua lectures*. Cambridge, MA: MIT Press.

Christenfeld, N. J. S., & Hill, E. A. 1995. Whose baby are you? *Nature*, 378:669.

Clutton-Brock, T. H. 1991. *The evolution of parental care*. Princeton, NJ: Princeton University Press.

Coetzee, J. M. 1995. Meat country. *Granta*, 52:43–52.

Coplan, A. 2004. Empathic engagement with narrative fictions. *Journal of Aesthetics and Art Criticism*, 62:141–52.

Cosmides, L., & Tooby, J. 1994. Beyond intuition and instinct blindness: Towards an evolutionarily rigorous cognitive science. *Cognition*, 50:41–77.

Cowen, T. 2007. *Discover your inner economist*. New York: Penguin.

Cox, M. 1992. *Children's drawings*. London: Penguin Books.

Cronin, H. 1991. *The ant and the peacock*. New York: Cambridge University Press.

Curasi, C. F., Price, L. L., & Arnould, E. J. 2004. How individuals' cherished possessions become families' inalienable wealth. *Journal of Consumer Research*, 11:609–22.

Cutting, J. E. 2006. The mere exposure effect and aesthetic preference. In P. Locher, C. Martindale, L. Dorfman, V. Petrov, & D. Leontiv (Eds.),

New directions in aesthetics, creativity, and the psychology of art. Amityville, NY: Baywood Publishing.

Dale, A. 2000. *Comedy is a man in trouble*. Minneapolis: University of Minnesota Press.

Daly, M., & Wilson, M. 1999. *The truth about Cinderella*. New Haven, CT: Yale University Press.

Danto, A. C. 1981. *The transfiguration of the commonplace*. Cambridge, MA: Harvard University Press.

———. 2003. *The abuse of beauty*. New York: Open Court.

———. 2007. Max Beckmann. In A. Danto (Ed.) *Unnatural wonders: Essays from the gap between art and life*. New York: Columbia University Press.

Darwin, C. 1859/1964. *On the origin of species*. Cambridge, MA: MIT Press.

———. 1872/1913. *The expression of the emotions in man and animals*. New York: D. Appleton.

———. 1874/1909. *The descent of man*. Amherst, NY: Prometheus.

Davies, D. 2004. *Art as performance*. Oxford: Blackwell.

Davies, S. 1991. *Definitions of art*. Ithaca, NY: Cornell University Press.

Dawkins, R. 1998. *Unweaving the rainbow: Science, delusion and the appetite for wonder*. New York: Penguin.

Deaner, R. O., Khera, A. V., & Platt, M. P. 2005. Monkeys pay per view: Adaptive valuation of social images by rhesus macaques. *Current Biology*, 15:543–48.

DeBruine, L. M., Jones, B. C., Little, A. C., & Perrett, D. I. 2008. Social perception of facial resemblance in humans. *Archives of Sexual Behavior*, 37:64–77.

Dekkers, M. 2000. *Dearest Pet: On bestiality*. London: Verso.

DeLoache, J. S., Miller, K. F., & Rosengren, K. S. 1997. The credible shrinking room: Very young children's performance with symbolic and nonsymbolic relations. *Psychological Science*, 8:308–13.

DeLoache, J. S., Pierroutsakos, S. L., Uttal, D. H., Rosengren, K. S., & Gottlieb, A. 1998. Grasping the nature of pictures. *Psychological Science*, 9:205–10.

DeLoache, J. S., Strauss, M., & Maynard, J. 1979. Picture perception in infancy. *Infant Behavior and Development*, 2:77–89.

Denison, R. N. Under review. Emotion practice theory: An evolutionary solution to the paradox of horror.

Dennett, D. C. 1996. *Kinds of minds*. New York: Basic Books.

Desmond, A., & Moore, A. 1994. Darwin: The life of a tormented evolutionist. New York: Norton.

Diamond, J. 1998. *Why is sex fun?* New York: Basic Books.

Diesendruck, G., Gelman, S. A., & Lebowitz, K. 1998. Conceptual and linguistic biases in children's word learning. *Developmental Psychology*, 34:823–39.

Diesendruck, G., Markson, L., & Bloom, P. 2003. Children's reliance on creator's intent in extending names for artifacts. *Psychological Science*, 14:164–68.

Dissanayake, E. 1988. *What is art for?* Seattle: University of Washington Press.

———. 1992. *Homo aestheticus: Where art comes from and why*. New York: Free Press.

Dolnick, E. 2008. *The forger's spell: A true story of Vermeer, Nazis, and the greatest art hoax of the twentieth century*. New York: Harper Perennial.

Doniger, W. 2000. *The bedtrick: Tales of sex and masquerade*. Chicago: University of Chicago Press.

Dunbar, R.I.M. 1998. *Gossip, grooming, and the evolution of language*. Cambridge, MA: Harvard University Press.

Duncan, I.J.H. 2006. The changing concept of animal sentience. *Applied Animal Behavior Science*, 100:11–19.

Dutton, D. 1983. Artistic crimes. In D. Dutton (Ed.), *The forger's art: Forgery and the philosophy of art*. Berkeley and Los Angeles: University of California Press.

———. 2008. *The art instinct: Beauty, pleasure, and human evolution*. New York: Bloomsbury Press.

Edelstein, D. 2006. Now playing at your local multiplex: Torture porn. *New York*, January 28.

Egan, L. C., Bloom, P., & Santos, L. R. In press. Choice-based cognitive dissonance without any real choice: Evidence from a blind two choice paradigm with young children and capuchin monkeys. *Journal of Experimental Social Psychology*.

Egan, L. C., Santos, L. R., & Bloom, P. 2007. The origins of cognitive dissonance: Evidence from children and monkeys. *Psychological Science*, 18:978–83.

Ekman, P., & Friesen, W. V. 1975. *Unmasking the face. A guide to recognizing emotions from facial clues*. Englewood Cliffs, NJ: Prentice-Hall.

Elster, J. 2000. *Ulysses unbound: Studies in rationality, precommitment, and constraints*. New York: Cambridge University Press.

Evans, E. M., Mull, M. A., & Poling, D. A. 2002. The authentic object? A child's-eye view. In S. G. Paris (Ed.), *Perspectives on object-centered learning in museums*. Mahwah, NJ: Lawrence Erlbaum Associates.

Fehr, E., & Gächter, S. 2002. Altruistic punishment in humans. *Nature*, 415:137–40.

Feinberg, T. E., & Keenan, J. P. 2004. Not what, but where, is your "self"? *Cerebrum: The Dana Forum on Brain Science*, 6:49–62.

Festinger, L. 1957. *A theory of cognitive dissonance*. Stanford, CA: Stanford University Press.

Fineman, M. 2007. My kid could paint that. Slate.com: http://www.slate.com/id/2175311.

Fisher, H. 2004. *Why we love: The nature and chemistry of romantic love*. New York: Henry Holt.

Fishman, C. 2007. Message in a bottle. *Fast Company*, December 19.

Fiske, A. P. 1992. The four elementary forms of sociality: Framework for a unified theory of social relations. *Psychological Review*, 99:689–723.

Fiske, A. P., & Tetlock, P. E. 1997. Taboo trade-offs: Reactions to transactions that transgress the spheres of justice. *Political Psychology*, 18:255–97.

Fodor, J. 1988. *Psychosemantics*. Cambridge, MA: MIT Press.

Foer, J. S. 2004. Emptiness. *Playboy*, January, 148–51.

Fogel, R. 2004. *Escape from hunger and premature death, 1700–2100: Europe, America, and the third world*. Cambridge: Cambridge University Press.

Frank, R. H. 2000. *Luxury fever: Money and happiness in an era of excess*. Princeton, NJ: Princeton University Press.

Frazer, J. G. 1922. *The golden bough: A study in magic and religion*. New York: Macmillan.

Frazier, B. N., Gelman, S. A., Wilson, A., & Hood B. 2009. Picasso paintings, moon rocks, and hand-written Beatles lyrics: Adults' evaluations of authentic objects. *Journal of Cognition and Culture*, 9:1–14.

Freud, S. 1905/1962. *Three essays on the theory of sexuality*. Trans. James Strachey. New York: Basic Books.

———. 1933/1965. *New introductory lectures on psycho-analysis*. New York: Norton.

Gelman, S. A. 2003. *The essential child*. New York: Oxford University Press.

Gelman, S. A., & Bloom, P. 2000. Young children are sensitive to how an object was created when deciding what to name it. *Cognition*, 76:91–103.

Gelman, S. A., & Coley, J. D. 1990. The importance of knowing a dodo is a bird: Categories and inferences in 2-year-old children. *Developmental Psychology*, 26:796–804.

Gelman, S. A., & Ebeling, K. S. 1998. Shape and representational status in children's early naming. *Cognition*, 66:835–47.

Gelman, S. A., & Heyman, G. D. 2002. Carrot-eaters and creature-believers: The effects of lexicalization on children's inferences about social categories. *Psychological Science*, 10:489–93.

Gelman, S. A., & Markman, E. M. 1986. Categories and induction in young children. *Cognition*, 23:183–209.

———. 1987. Young children's inductions from natural kinds: The role of categories and appearances. *Child Development*, 58:1532–41.

Gelman, S. A., & Taylor, M. G. 2000. Gender essentialism in cognitive development. In P. H. Miller & E. K. Scholnick (Eds.), *Developmental psychology through the lenses of feminist theories*. New York: Routledge.

Gelman, S. A., & Wellman, H. M. 1991. Insides and essences: Early understandings of the nonobvious. *Cognition*, 38:213–44.

Gendler, T. S. 2005. Thought experiments in science. *Encyclopedia of Philosophy*. New York: Macmillan.

———. 2008. Alief in action (in reaction). *Mind and Language*, 23:552–85.

———. 2009. Alief and belief. *Journal of Philosophy*, 105:634–63.

Gendler, T. S., & Kovakovich, K. 2005. Genuine rational fictional emotions. In M. L. Kieran (Ed.), *Contemporary debates in aesthetics and the philosophy of art*. Oxford: Blackwell.

Gerrig, R. J. 1993. *Experiencing narrative worlds*. New Haven, CT: Yale University Press.

Gil-White, F. J. 2001. Are ethnic groups biological "species" to the human brain? Essentialism in our cognition of some social categories. *Current Anthropology*, 42:515–54.

Gladwell, M. 2001. Drugstore athlete. *The New Yorker*, September 10.

Gleick, J. 2000. *Faster: The acceleration of just about everything*. New York: Vintage.

Gopnik, A. 1996. The scientist as child. *Philosophy of Science*, 63:485–514.

———. 2000. Explanation as orgasm and the drive for causal knowledge: The function, evolution, and phenomenology of the theory formation system. In F. C. Keil & R. A. Wilson (Eds.), *Explanation and cognition*. Cambridge, MA: MIT Press.

Gopnik, A. 2006. *Through the children's gate: A home in New York*. New York: Knopf.

Gould, B. J. 1941. *Discovery, recognition, and installation of the fourteenth Dalai Lama*. New Delhi: Government of India Press. Reprinted in *Discovery, recognition, and enthronement of the fourteenth Dalai Lama: A collection of accounts* (edited by Library of Tibetan Work & Archives). New Delhi: Indraprastha Press.

Gould, S. J. 1989. *Wonderful life: The Burgess shale and the nature of history*. New York: Norton.

Gould, S. J., & Lewontin, R. C. 1979. The spandrels of San Marco and the Panglossian program: A critique of the adaptationist programme. *Proceedings of the Royal Society of London*, 205:281–88.

Graham, S. A., Kilbreath, C. S., & Welder, A. N. 2004. 13-month-olds rely on shared labels and shape similarity for inductive inferences. *Child Development*, 75:409–27.

Gray, P. 1996. What price Camelot? *Time*, May 6.

Green, M. C., & Brock, T. C. 2000. The role of transportation in the persuasiveness of public narratives. *Journal of Personality and Social Psychology*, 78:701–21.

Green, M. C., & Donahue, J. K. 2009. Simulated worlds: Transportation into narratives. In K. D. Markman, W. M. P. Klein, & J. A. Suhr (Eds.),

Handbook of imagination and mental simulation. New York: Psychology Press.

Guthrie, S. E. 1993. *Faces in the clouds: A new theory of religion*. New York: Oxford University Press.

Hagen, E. H. Under review. Gestures of despair and hope: A strategic reinterpretation of deliberate self-harm.

Haidt, J. 2001. The emotional dog and its rational tail: A social intuitionist approach to moral judgment. *Psychological Review*, 108:814–34.

Haidt, J., McCauley, C., & Rozin, P. 1994. Individual differences in sensitivity to disgust: A scale sampling seven domains of disgust elicitors. *Personality and Individual Differences*, 16:701–13.

Hamlin, J., Wynn, K., & Bloom, P. Under review. Third-party reward and punishment in young toddlers.

Hargreaves, D. J., North, A. C., & Tarrant, M. 2006. The development of musical preference and taste in childhood and adolescence. In G. E. McPherson (Ed.), *The child as musician: Musical development from conception to adolescence*. Oxford: Oxford University Press.

Harris, J. R. 1998. *The nurture assumption: Why children turn out the way they do*. New York: Free Press.

Harris, M. 1985. *Good to eat: Riddles of food and culture*. New York: Simon & Schuster.

Harris, P. L. 2000. *The work of the imagination*. Oxford: Blackwell.

Harris, P. L., Brown, E., Marriott, C., Whittall, S., & Harmer, S. 1991. Monsters, ghosts, and witches: Testing the limits of the fantasy-reality distinction in young children. *British Journal of Developmental Psychology*, 9:105–23.

Harris, S. 2005. *The end of faith: Religion, terror, and the future of reason*. New York: Free Press.

Henrich, J., & Gil-White, F. 2001. The evolution of prestige: Freely conferred deference as a mechanism for enhancing the benefits of cultural transmission. *Evolution and Human Behavior*, 22:165–96.

Hirschfeld, L. 1996. *Race in the making: Cognition, culture, and the child's construction of human kinds*. Cambridge, MA: MIT Press.

Hobara, M. 2003. Prevalence of transitional objects in young children in Tokyo and New York. *Infant Mental Health Journal*, 24:174–91.

Hochberg, J., & Brooks, V. 1962. Pictorial recognition as an unlearned ability: A study of one child's performance. *American Journal of Psychology*, 75:624–28.

Hood, B. M. 2009. *SuperSense: Why we believe in the unbelievable*. New York: HarperOne.

Hood, B. M., & Bloom, P. 2008. Children prefer certain individuals over perfect duplicates. *Cognition*, 106:455–62.

———. Under review. Do children believe that duplicating the body also duplicates the mind?

Hood, B. M., Donnelly, K., Leonards, U., & Bloom, P. In press. Modern voodoo: Arousal reveals an implicit belief in sympathetic magic. *Journal of Cognition and Culture*.

Hooper, P. L., & Miller, G. L. 2008. Mutual mate choice can drive costly signaling even under perfect monogamy. *Adaptive Behavior*, 16:53–60.

Hrdy, S. B. 2009. *Mothers and others: The evolutionary origins of mutual understanding*. Cambridge, MA: Harvard University Press.

Hume, D. 1757/1957. *The natural history of religion*. Stanford, CA: Stanford University Press.

———. 1757/1993. Of tragedy. In S. Copley & A. Edgar (Eds.), *Hume: Selected essays*. Oxford: Oxford University Press.

Inagaki, K., & Hatano, G. 2002. *Young children's naive thinking about the biological world*. New York: Psychology Press.

Inbar, Y., Gilovich, T., Pizarro, D., & Ariely, D. 2008. Morality and masochism: Feeling guilt leads to physical self-punishment. Paper presented at the 80th annual meeting of the Midwestern Psychological Association, Chicago, IL.

Jacobs, A. J. 2004. *The know-it-all: One man's humble quest to become the smartest person in the world*. New York: Simon & Schuster.

James W. 1890/1950. *The principles of psychology*. New York: Dover.

———. 1892/1905. *Psychology*. New York: Henry Holt.

———. 1902/1994. *Varieties of religious experience: A study in human nature*. New York: Random House.

———. 1911. *The will to believe: And other essays in popular philosophy*. New York: Longmans, Green, and Co.

Jarudi, I. 2009. Moral psychology is not intuitive moral philosophy. Unpublished doctoral dissertation, Department of Psychology, Yale University.

Jarudi, I., Castaneda, M., & Bloom, P. Under review. Performance enhancement and the status quo bias.

Jaswal, V. K., & Markman, E. M. 2002. Children's acceptance and use of unexpected category labels to draw non-obvious inferences. In W. Gray & C. Schunn (Eds.), *Proceedings of the twenty-fourth annual conference of the Cognitive Science Society*. Mahwah, NJ: Lawrence Erlbaum Associates.

Johnson, C. N., & Jacobs, M. G. 2001. Enchanted objects: How positive connections transform thinking about the very nature of things. Poster presented at the meeting of the Society for Research in Child Development, Minneapolis, MN, April.

Johnson, S. 2005. *Everything bad is good for you: How today's popular culture is actually making us smarter.* New York: Riverhead.

Johnston, V. S., Hagel, R., Franklin, M., Fink, B., & Grammer, K. 2001. Male facial attractiveness: Evidence for hormone-mediated adaptive design. *Evolution and Human Behavior*, 22:251–67.

Jones, B. C., DeBruine, L. M., Perrett, D. I., Little, A. C., Feinberg, D. R., & Law Smith, M. J. 2008. Effects of menstrual cycle phase on face preferences. *Archives of Sexual Behavior*, 37:78–84.

Kahn, P. H., Jr. 1997. Developmental psychology and the biophilia hypothesis: Children's affiliation with nature. *Developmental Review*, 17:1–61.

Kahn, P. H., Jr., Severson, R. L., & Ruckert, J. H. 2009. The human relation with nature and technological nature. *Current Directions in Psychological Science*, 18:37–42.

Kahneman, D., Knetsch, J., & Thaler, R. 1990. Experimental tests of the endowment effect and the Coase theorem. *Journal of Political Economy*, 98:1325–48.

———. 1991. Anomalies: The endowment effect, loss aversion, and status quo bias. *Journal of Economic Perspectives*, 5:193–206.

Kahneman, D., Slovic, P., & Tversky, A. 1982. *Judgment under uncertainty: Heuristics and biases*. New York: Cambridge University Press.

Kass, L. 1992. Organs for sale? Propriety, property, and the price of progress. *The Public Interest*, 107:65–86.

———. 1994. *The hungry soul*. New York: Free Press.

Keil, F. 1989. *Concepts, kinds, and cognitive development*. Cambridge, MA: MIT Press.

Keltner, D. 2009. *Born to be good: The science of a meaningful life*. New York: Norton.

Keltner, D., & Haidt, J. 2003. Approaching awe, a moral, spiritual, and aesthetic emotion. *Cognition and Emotion*, 17:297–314.

Keys, D. J. & Schwartz, B. 2007. "Leaky" rationality: How research on behavioral decision making challenges normative standards of rationality. *Perspectives on Psychological Science*, 2:162–80.

Kieran, M. 2005. *Revealing art*. New York: Routledge.

King, L. A., Burton, C. M., Hicks, J. A., & Drigotas, S. M. 2007. Ghosts, UFOs, and magic: Positive affect and the experiential system. *Journal of Personality and Social Psychology*, 92:905–19.

King, S. 1981. *Danse macabre*. New York: Everest.

Klinger, E. 2009. Daydreaming and fantasizing: Thought flow and motivation. In K. D. Markman, W. M. P. Klein, & J. A. Suhr (Eds.), *Handbook of imagination and mental simulation*. New York: Psychology Press.

Kniffin, K., & Wilson, D. S. 2004. The effect of non-physical traits on the perception of physical attractiveness: Three naturalistic studies. *Evolution and Human Behavior*, 25:88–101.

Koestler, A. 1964. *The act of creation*. New York: Dell.

Kripke, S. 1980. *Naming and necessity*. Cambridge, MA: Harvard University Press.

Kruger, J., Wirtz, D., Van Boven, L., & Altermatt, T. 2004. The effort heuristic. *Journal of Experimental Social Psychology*, 40:91–98.

Lamont, A. M. 2001. Infants' preferences for familiar and unfamiliar music: A socio-cultural study. Paper read at Society for Music Perception and Cognition, August 9.

Langlois, J. H., & Roggman, L. A. 1990. Attractive faces are only average. *Psychological Science*, 1:115–21.

Langlois, J. H., Roggman, L. A., & Rieser-Danner, L. A. 1990. Infants' differential social responses to attractive and unattractive faces. *Developmental Psychology*, 26:153–59.

Langlois, J. H., Kalakanis, L., Rubenstein, A. J., Larson, A., Hallam, M., & Smoot M. 2000. Maxims or myths of beauty? A meta-analytic and theoretical review. *Psychological Bulletin*, 126:390–423.

Layard, R. 2005. *Happiness: Lessons from a new science*. New York: Penguin.

Lee, S., Frederick, D., & Ariely, D. 2006. Try it, you'll like it. The influence of expectation, consumption, and revelation on preferences for beer. *Psychologial Science*, 17:1054–58.

Lehman, E. B., Arnold, B. E., & Reeves, S. L. 1995. Attachments to blankets, teddy bears, and other nonsocial objects: A child's perspective. *Journal of Genetic Psychology*, 156:443–59.

Lehrer, J. 2009. *Proust was a neuroscientist*. New York: Houghton Mifflin.

Lerdahl, F., & Jackendoff, R. 1983. *A generative theory of tonal music*. Cambridge, MA: MIT Press.

Leslie, A. M. 1994. Pretending and believing: Issues in the theory of ToMM. *Cognition*, 50:193–200.

Levinson, J. 1979. Defining art historically. *British Journal of Aesthetics*, 19:232–50.

———. 1989. Refining art historically. *Journal of Aesthetics and Art Criticism*, 47:21–33.

———. 1993. Extending art historically. *Journal of Aesthetics and Art Criticism*, 51:411–23.

Levitin, D. J. 2006. *This is your brain on music*. New York: Dutton.

———. 2008. *The world in six songs: How the musical brain created human nature*. New York: Dutton.

Levy, G. D., Taylor, M. G., & Gelman, S. A. 1995. Traditional and evaluative aspects of flexibility in gender roles, social conventions, moral rules, and physical laws. *Child Development*, 66:515–31.

Lieberman, D., Tooby, J., & Cosmides, L. 2007. The architecture of human kin detection. *Nature*, 445:727–31.

Lieberman, M. D., Ochsner, K. N., Gilbert, D. T., & Schacter, D. L. 2001. Do amnesiacs exhibit cognitive dissonance reduction? The role of explicit memory and attention in attitude change. *Psychological Science*, 12:135–40.

Lindenbaum, S. 2004. Thinking about cannibalism. *Annual Review of Anthropology*, 33:251–69.

Locke, J. 1690/1947. *An essay concerning human understanding*. New York: Dutton.

Macnamara, J. 1982. *Names for things: A study in human learning*. Cambridge, MA: MIT Press.

Mar, R. A., & Oatley, K. 2008. The function of fiction is the abstraction and simulation of social experience. *Perspectives on Psychological Science*, 13:173–92.

Marcus, G. 2008. *Kluge: The haphazard construction of the human mind*. New York: Houghton Mifflin.

Markman, E. 1989. *Categorization and naming in children*. Cambridge, MA: MIT Press.

Martin, C. L., Eisenbud, L., & Rose, H. 1995. Children's gender-based reasoning about toys. *Child Development*, 66:1453–71.

Mason, M. F., Norton, M. I., Van Horn, J. D., Wegner, D. M., Grafton, S. T., & Macrae, C. N. 2007. Wandering minds: The default network and stimulus-independent thought. *Science*, 315:393–95.

Mayes, L. C., Swain, J. E., & Leckman, J. F. 2005. Parental attachment systems: Neural circuits, genes, and experiential contributions to parental engagement. *Clinical Neuroscience Research*, 4: 301–13.

McCauley, C. 1998. When screen violence is not attractive. In J. Goldstein (Ed.), *Why we watch: The attractions of violent entertainment*. New York: Oxford University Press.

McCauley, R. N., & Lawson, E. T. 2002. *Bringing ritual to mind: Psychological foundations of cultural forms*. New York: Cambridge University Press.

McClure, S. M., Li, J., Tomlin, D., Cypert, K .S., Montague, L. M., & Montague, P. R. 2004. Neural correlates of behavioral preference for culturally familiar drinks. *Neuron*, 44:379–87.

McDermott, J., & Hauser, M. D. 2007. Nonhuman primates prefer slow tempos but dislike music overall. *Cognition*, 104:654–68.

McEwan, I. 2005. Literature, science, and human nature. In J. Gottschall & D. S. Wilson (Eds.), *The literary animal: Evolution and the nature of narrative*. Evanston: University of Illinois Press.

McGinn, C. 2005. *The power of movies*. New York: Random House.

McGraw, A. P., Tetlock, P. E., & Kristel, O. V. 2003. The limits of fungibility: Relational schemata and the value of things. *Journal of Consumer Research*, 30:219–29.

McLaren, A. 2007. *Impotence: A cultural history*. Chicago: University of Chicago Press.

Medin, D. L. 1989. Concepts and conceptual structure. *American Psychologist*, 44:1469–81.

Medin, D. L., & Ortony, A. 1989. Psychological essentialism. In S. Vosniadou & A. Ortony (Eds.), *Similarity and analogical reasoning*. New York: Cambridge University Press.

Menand, L. 2002. What comes naturally. *The New Yorker*, November 22.

———. 2009. Saved from drowning: Barthelme reconsidered. *The New Yorker*, February 23.

Michaels, J. 2007. Three selections from *The masochist's cookbook*. http://www.mcsweeneys.net/2007/6/5michaels.html.

Miller, C. L., Younger, B. A., & Morse, P. A. 1982. The categorization of male and female voices in infancy. *Infant Behavior and Development*, 5:143–59.

Miller, G. F. 2000. *The mating mind: How sexual selection shaped human nature*. London: Heinemann.

———. 2001. Aesthetic fitness: How sexual selection shaped artistic virtuosity as a fitness indicator and aesthetic preferences as mate choice criteria. *Bulletin of Psychology and the Arts*, 2:20–25.

———. 2009. *Spent: Sex, evolution, and consumer behavior*. New York: Viking.

Miller, G. F., Tybur, J., & Jordan, B. 2007. Ovulatory cycle effects on tip earnings by lap-dancers: Economic evidence for human estrus? *Evolution and Human Behavior*, 28:375–81.

Miller, W. I. 1997. *The anatomy of disgust*. Cambridge, MA: Harvard University Press.

———. 1998. Sheep, joking, cloning, and the uncanny. In M. C. Nussbaum & C. R. Sunstein (Eds.), *Clones and clones: Facts and fantasies about human cloning*. New York: Norton.

Moreland, R. D., & Beach, S. 1992. Exposure effects in the classroom: The development of affinity among students. *Journal of Experimental Social Psychology*, 28:255–76.

Morreall, J. 1993. Fear without belief. *The Journal of Philosophy*, 90:359–66.

Nelissen, R. M., & Zeelenberg, M. 2009. When guilt evokes self-punishment: Evidence for the existence of a Dobby effect. *Emotion*, 9: 118–22.

Nemeroff, C., & Rozin, P. 1989. "You are what you eat": Applying the demand-free "impressions" technique to an unacknowledged belief. *Ethos: The Journal of Psychological Anthropology*, 17:50–69.

———. 2000. The makings of the magical mind. In K. S. Rosengren, C. N. Johnson, & P. L. Harris (Eds.), *Imagining the impossible: Magical, scientific, and religious thinking in children*. New York: Cambridge University Press.

Nettle, D. 2005. What happens in *Hamlet*? Exploring the psychological foundation of drama. In J. Gottschall & D. S. Wilson (Eds.), *The literary animal: Evolution and the nature of narrative*. Evanston: University of Illinois Press.

Newman, G., Diesendruck, G., & Bloom, P. Under review. Celebrity contagion and the value of objects.

Nichols, S. 2006. Introduction. In S. Nichols (Ed.), *The architecture of the imagination: New essays in pretence, possibility, and fiction*. New York: Oxford University Press.

Norton, M. I., Mochon, D., & Ariely, D. 2009. *The IKEA effect: Why labor leads to love*. Paper presented at the Society of Personality and Social Psychology, Tampa, FL.

Nozick, R. 1974. *Anarchy, state, and utopia*. New York: Basic Books.

Nussbaum, M. C. 2001. *Upheavals of thought: The intelligence of emotions*. New York: Cambridge University Press.

Nuttall, A. D. 1996. *Why does tragedy give pleasure?* New York: Oxford University Press.

Onishi, K. H., & Baillargeon, R. 2005. Do 15-month-old infants understand false beliefs? *Science*, 308:255–58.

Onishi, K. H., Baillargeon, R., & Leslie, A. M. 2007. 15-month-old infants detect violations in pretend scenarios. *Acta Psychologica*, 124:106–28.

Opie, I., & Opie, P. 1959. *The lore and language of schoolchildren*. New York: Oxford University Press.

Pagel, M. 1997. Desperately concealing father: A theory of parent-infant resemblance. *Animal Behaviour*, 53:973–81.

Pascoe, J. 2005. *The hummingbird cabinet: A rare and curious history of romantic collectors*. Ithaca, NY: Cornell University Press.

———. 2007. Collect-me-nots. *New York Times*, May 17.

Penton-Voak, I. S., Perrett, D. I., Castles, D., Burt, M., Koyabashi, T., & Murray, L. K. 1999. Female preference for male faces changes cyclically. *Nature*, 399:741–42.

Perrett, D. I., May, K. A., Yoshikawa, S. 1994. Facial shape and judgments of female attractiveness. *Nature*, 368:239–42.

Piattelli-Palmarini, M. 1994. *Inevitable illusions: How mistakes of reason rule our minds*. New York: Wiley.

Pinker, S. 1994. *The language instinct*. New York: Norton.

———. 1997. *How the mind works*. New York: Norton.

———. 2002. *The blank slate: The denial of human nature in modern intellectual life*. New York: Viking.

———. 2007. Toward a consilient study of literature. *Philosophy and Literature*, 31:161–77.

———. 2008. The moral instinct. *New York Times Magazine*, January 13.

Plassmann, H., O'Doherty, J., Shiv, B., & Rangel, A. 2008. Marketing actions can modulate neural representations of experienced pleasantness. *Proceedings of the National Academy of Sciences*, 105:1050–54.

Pollan, M. 2006. *The omnivore's dilemma: A natural history of four meals*. New York: Penguin.

Preissler, M. A., & Bloom, P. 2008. Two-year-olds use artist intention to understand drawings. *Cognition*, 106:512–18.

Putnam, H. 1973. Meaning and reference. *Journal of Philosophy*, 70:699–711.

———. 1975. The meaning of "meaning." In H. Putnam (Ed.), *Philosophical papers 2: Mind, language and reality*. Cambridge: Cambridge University Press.

Quammen, D. 2006. *The reluctant Mr. Darwin: An intimate portrait of Charles Darwin and the making of his theory of evolution*. New York: Norton.

Quinn, P. C., Yahr, J., Kuhn, A., Slater, A. M., & Pascalis, O. 2002. Representation of the gender of human faces by infants: A preference for female. *Perception*, 31:1109–21.

Radford, C. 1975. How can we be moved by the fate of Anna Karenina? *Proceedings of the Aristotelian Society*, 49:67–80.

Ramachandran, V. S., & Blakeslee, S. 1998. *Phantoms in the brain*. New York: Harper Perennial.

Rawson, C. 1985. Eating people. *London Review of Books*, January 24.

Real, M. R. 1977. *Mass-mediated culture*. Edgewood Cliffs, NJ: Prentice-Hall.

Reza, Y. 1997. *Art: A play*. Trans. C. Hampton. London: Faber & Faber.

Rhodes, G. 2006. The evolutionary psychology of facial beauty. *Annual Review of Psychology*, 57:199–226.

Rhodes, G., Sumich, A., & Byatt, G. 1999. Are average facial configurations attractive only because of their symmetry? *Psychological Science*, 10:52–58.

Robinson, K. 2009. *The element: How finding your passion changes everything*. New York: Viking.

Rowling, J. K. 2000. *Harry Potter and the chamber of secrets*. New York: Scholastic.

Rozin, P. 1976. The selection of food by rats, humans, and other animals. In J. S. Rosenblatt, R. A. Hinde, E. Shaw, & C. Beer (Eds.), *Advances in the study of behavior, vol. 6*. New York: Academic Press.

———. 1986. One-trial acquired likes and dislikes in humans: Disgust as a US, food predominance, and negative learning predominance. *Learning and Motivation*, 17:180–189.

———. 2004. Meat. In S. Katz (Ed.), *Encyclopedia of food*. New York: Scribner.

———. 2005. The meaning of "natural": Process more important than content. *Psychological Science*, 16:652–58.

———. 2006. Domain denigration and process preference in academic psychology. *Perspectives on Psychological Science*, 1:365–76.

Rozin, P., & Fallon, A. 1987. A perspective on disgust. *Psychological Review*, 94:23–41.

Rozin, P., Haidt, J., & McCauley, C. R. 2000. Disgust. In M. Lewis & J. M. Haviland-Jones (Eds.), *Handbook of emotions, 2nd ed*. New York: Guilford Press.

Rozin, P., Markwith, M., & Ross, B. 2006. The sympathetic magical law of similarity, nominal realism, and neglect of negatives in response to negative labels. *Psychological Science*, 1:383–84.

Rozin, P., Millman, L., & Nemeroff, C. 1986. Operation of the laws of sympathetic magic in disgust and other domains. *Journal of Personality and Social Psychology*, 50:703–12.

Rozin, P., & Schiller, D. 1980. The nature and acquisition of a preference for chili pepper by humans. *Motivation and Emotion*, 4:77–101.

Rozin, P., & Vollmecke, T. A. 1986. Food likes and dislikes. *Annual Review of Nutrition*, 6:433–56.

Sacks, O. 2007. *Musicophilia: Tales of music and the brain*. New York: Knopf.

Sagarin, B. J., & Skowronski, J. J. 2009. The implications of imperfect measurement for free-choice carry-over effects: Reply to M. Keith Chen's (2008) "Rationalization and cognitive dissonance: Do choices affect or reflect preferences?" *Journal of Experimental Social Psychology*, 45:421–23.

Salinger, J. D. 1959. *Raise high the roof beam, carpenters, and Seymour: An introduction*. New York: Little, Brown & Company.

Sandel, M. J. 2007. *The case against perfection: Ethics in the age of genetic engineering*. Cambridge, MA: Harvard University Press.

Sapolsky, R. M. 2005. *Monkeyluv: And other essays on our lives as animals*. New York: Scribner.

Sendak, M. 1988. *Where the wild things are*. New York: HarperCollins.

Shutts, K., Kinzler, K. D., McKee, C. B., & Spelke, E. S. 2009. Social information guides infants' selection of foods. *Journal of Cognition and Development*, 10:1–17.

Siegal, M., & Share, D. 1990. Contamination sensitivity in young children. *Developmental Psychology*, 26:455–58.

Silva, P. J. 2006. *Exploring the psychology of interest*. New York: Oxford University Press.

Singer, P. 1999. The Singer solution to world poverty. *New York Times Magazine*, September 5.

———. 2009. *The life you can save: Acting now to end world poverty*. New York: Random House.

Skolnick, D., & Bloom, P. 2006a. The intuitive cosmology of fictional worlds. In S. Nichols (Ed.), *The architecture of the imagination: New essays on pretense, possibility, and fiction*. Oxford: Oxford University Press.

———. 2006b. What does Batman think about SpongeBob? Children's understanding of the fantasy/fantasy distinction. *Cognition*, 101:B9–B18.

Slater, A., Von der Schulenburg, C., Brown, E., Badenoch, M., Butterworth, G., Parsons, S., & Samuels, C. 1998. Newborn infants prefer attractive faces. *Infant Behavior and Development*, 21:345–54.

Smith, E. W. 1961. The power of dissonance techniques to change attitudes. *Public Opinion Quarterly*, 25:626–39.

Smith, J. 1995. People eaters. *Granta*, 52:69–84.

Smith, J., & Russell, G. 1984. Why do males and females differ? Children's beliefs about sex differences. *Sex Roles*, 11:1111–20.

Soussignan, R. 2002. Duchenne smile, emotional experience, and autonomic reactivity: A test of the facial feedback hypothesis. *Emotion*, 2:52–74.

Steele, C. M., & Liu, T. J. 1983. Dissonance processes as self-affirmation. *Journal of Personality and Social Psychology*, 45:5–19.

Strahilevitz, M., & Lowenstein, G. 1998. The effect of ownership history on the valuation of objects. *Journal of Consumer Research*, 25:276–89.

Styron, W. 1979. *Sophie's choice*. New York: Random House.

Sylvia, C., & Nowak, W. 1997. *A change of heart: A memoir*. New York: Time Warner.

Tajfel, H. 1970. Experiments in intergroup discrimination. *Scientific American*, 223:96–102.

———. 1982. Social psychology of intergroup relations. *Annual Review of Psychology*, 33:1–39.

Taylor, M. 1996. The development of children's beliefs about social and biological aspects of gender differences. *Child Development*, 67:1555–71.

———. 1999. *Imaginary companions and the children who create them*. New York: Oxford University Press.

Taylor, M., Hodges, S. D., & Kohanyi, A. 2003. The illusion of independent agency: Do adult fiction writers experience their characters as having minds of their own? *Imagination, Cognition, and Personality*, 22:361–80.

Taylor, M., & Mannering, A. M. 2007. Of Hobbes and Harvey: The imaginary companions of children and adults. In A. Goncu & S. Gaskins (Eds.), *Play and development: Evolutionary, sociocultural and functional perspectives*. Mahwah, NJ: Lawrence Erlbaum Associates.

Taylor, T. 2004. *The buried soul: How humans invented death*. Boston: Beacon Press.

Tetlock, P. E., Kristel, O. V., Elson, B., Green, M. C., & Lerner, J. 2000. The psychology of the unthinkable: Taboo trade-offs, forbidden base rates, and heretical counterfactuals. *Journal of Personality and Social Psychology*, 78:853–70.

Theroux, P. 1992. *The happy isles of Oceania*. New York: Putnam.

Tomasello, M., Carpenter, M., Call, J., Behne, T., & Moll, H. 2005. Understanding and sharing intentions: The origins of cultural cognition. *Behavioral and Brain Sciences*, 28:675–91.

Trainor, L. J., & Heinmiller, B. M. 1998. The development of evaluative responses to music: Infants prefer to listen to consonance over dissonance. *Infant Behavior and Development*, 21:77–88.

Trehub, S. E. 2003. The developmental origins of musicality. *Nature Neuroscience*, 6:669–73.

Trivers, R. L. 1972. Parental investment and sexual selection. In B. Campbell (Ed.), *Sexual selection and the descent of man, 1871–1971*. Chicago: Aldine.

Tylor, E. B. 1871/1958. *Primitive culture, vol 2: Religion in primitive culture*. New York: Harper & Brothers.

Vonnegut, K. 2006. Vonnegut's blues for America. *Sunday Herald* (Scotland), February 5.

Walton, K. L. 1990. *Mimesis as make-believe*. Cambridge, MA: Harvard University Press.

Walzer, M. 1984. *Spheres of justice: A defense of pluralism and equality*. New York: Basic Books.

Wangdu, K. S. 1941. Report on the discovery, recognition, and enthronement of the fourteenth Dalai Lama. New Delhi: Government of India Press. Reprinted in *Discovery, recognition, and enthronement of the fourteenth Dalai Lama: A collection of accounts* (edited by Library of Tibetan Work & Archives). New Delhi: Indraprastha Press.

Wedekind, C., & Füri, S. 1997. Body odour preferences in men and women: Do they aim for specific MHC combinations or simply heterozygosity? *Proceedings of the Royal Society of London, Series B, Biological Sciences*, 264:1471–79.

Weinberg, M. S., Williams, C. J., & Moser, C. 1984. The social constituents of sadomasochism. *Social Problems*, 31:379–89.

Weinberg, S. 1977. *The first three minutes: A modern view of the origin of the universe*. New York: Basic Books.

Weisberg, D. S., Sobel, D. M., Goodstein, J., & Bloom, P. Under review. Preschoolers are reality-prone when constructing stories.

Weisman, A. 2007. *The world without us*. New York: Thomas Dunne Books.

Welder, A. N., & Graham, S. A. 2001. The influence of shape similarity and shared labels on infants' inductive inferences about nonobvious object properties. *Child Development*, 72:1653–73.

Wilson, E. O. 1999. *The diversity of life*. New York: Norton.

Wiltermuth, S. S., & Heath, C. 2009. Synchrony and cooperation. *Psychological Science*, 20:1–5.

Winner, E. 1982. *Invented worlds: The psychology of the arts*. Cambridge, MA: Harvard University Press.

Winnicott, D. W. 1953. Transitional objects and transitional phenomena: A study of the first not-me possession. *International Journal of Psychoanalysis*, 34:89–97.

Wright, L. 1997. *Twins: And what they tell us about who we are*. New York: Wiley.

Wright, R. 2000. *Nonzero: The logic of human destiny*. New York: Little, Brown.

Wright, R. N. 2007. *Black boy: A record of childhood and youth*. New York: Harper Perennial.

Wynn, K. 1992. Addition and subtraction by human infants. *Nature*, 358:749–50.

———. 2000. Findings of addition and subtraction in infants are robust and consistent: A reply to Wakeley, Rivera and Langer. *Child Development*, 71:1535–36.

———. 2002. Do infants have numerical expectations or just perceptual preferences? *Developmental Science*, 2:207–9.

Wynne, F. 2006. *I was Vermeer: The rise and fall of the twentieth century's greatest forger*. New York: Bloomsbury.

Xu, F. 2007. Sortal concepts, object individuation, and language. *Trends in Cognitive Sciences*, 11:400–406.

Yenawine, P. 1991. *How to look at modern art*. New York: Harry N. Abrams.
Zajonc, R. B. 1968. Attitudinal effects of mere exposure. *Journal of Personality and Social Psychology Monographs*, 9:1–27.
Zunshine, L. 2006. *Why we read fiction: Theory of mind and the novel*. Columbus: Ohio State University Press.
———. 2008. Theory of mind and fictions of embodied transparency. *Narrative*, 16:65–92.

國家圖書館出版品預行編目資料

香醇的紅酒比較貴，還是昂貴的紅酒比較香？從食物、性、消費、藝術看人類的選擇偏好，破解快樂背後的行為心理 / 保羅・布倫 Paul Bloom 著；陳淑娟譯. -- 二版. -- 臺北市：商周出版：英屬蓋曼群島商家庭傳媒城邦分公司發行，
面；　公分 民110.06
譯自：How Pleasure Works: the New Science of Why We Like What We Like

ISBN 978-986-0734-66-9（平裝）

1. 快樂

176.51　　110007923

香醇的紅酒比較貴，還是昂貴的紅酒比較香？

原著書名 / How Pleasure Works: the New Science of Why We Like What We Like
作　　者 / 保羅・布倫 Paul Bloom
譯　　者 / 陳淑娟
企畫選書 / 陳玳妮
責任編輯 / 鄭雅菁、楊如玉

版　　權 / 黃淑敏、劉鎔慈
行銷業務 / 周丹蘋、賴晏汝、周佑潔、黃崇華
總 編 輯 / 楊如玉
總 經 理 / 彭之琬
事業群總經理 / 黃淑貞
發 行 人 / 何飛鵬
法律顧問 / 元禾法律事務所　王子文律師
出　　版 / 商周出版
臺北市中山區民生東路二段141號9樓
電話：(02) 2500-7008　傳眞：(02) 2500-7759
Blog: http://bwp25007008.pixnet.net/blog
E-mail：bwp.service@cite.com.tw
發　　行 / 英屬蓋曼群島商家庭傳媒股份有限公司城邦分公司
臺北市中山區民生東路二段 141 號11 樓
書虫客服服務專線：(02) 2500-7718 / (02) 2500-7719
24小時傳眞服務：(02) 2500-1990 / (02) 2500-1991
服務時間：週一至週五上午9:30～12:00，下午13:30～17:00
郵撥帳號：19863813　戶名：書虫股份有限公司
讀者服務信箱E-mail: service@readingclub.com.tw
歡迎光臨城邦讀書花園　網址：www.cite.com.tw
香港發行所 / 城邦（香港）出版集團有限公司
香港灣仔駱克道 193 號東超商業中心 1 樓
電話：(852) 2508-6231　傳眞：(852) 2578-9337
E-mail : hkcite@biznetvigator.com
馬新發行所 / 城邦（馬新）出版集團　Cite(M)Sdn. Bhd
41, Jalan Radin Anum, Bandar Baru Sri Petaling,
57000 Kuala Lumpur, Malaysia.
Tel: (603) 90578822　Fax:(603) 90576622　E-mail:cite@cite.com.my

封面設計 / 李東記
排　　版 / 菩薩蠻
印　　刷 / 高典印刷有限公司
經 銷 商 / 聯合發行股份有限公司　電話：02-2917-8022　傳眞：02-2911-0053

■2021年（民110）6月二版
Printed in Taiwan

定價 / 380元

城邦讀書花園
www.cite.com.tw

廣	告	回	函
北區郵政管理登記證			
台北廣字第000791號			
郵資已付，免貼郵票			

104台北市民生東路二段141號2樓

英屬蓋曼群島商家庭傳媒股份有限公司

城邦分公司

請沿虛線對摺，謝謝！

書號：BK5091X	書名：香醇的紅酒比較貴， 還是昂貴的紅酒比較香？	編碼：

請於此處用膠水黏貼

商周出版

讀者回函卡

感謝您購買我們出版的書籍！請費心填寫此回函卡，我們將不定期寄上城邦集團最新的出版訊息。

不定期好禮相贈！
立即加入：商周出版
Facebook 粉絲團

姓名：＿＿＿＿＿＿＿＿＿＿ 性別：□男 □女

生日：西元＿＿＿＿年＿＿＿＿月＿＿＿＿日

地址：＿＿＿＿＿＿＿＿＿＿

聯絡電話：＿＿＿＿＿＿＿＿ 傳真：＿＿＿＿＿＿＿＿

E-mail ：

學歷：□ 1. 小學 □ 2. 國中 □ 3. 高中 □ 4. 大學 □ 5. 研究所以上

職業：□ 1. 學生 □ 2. 軍公教 □ 3. 服務 □ 4. 金融 □ 5. 製造 □ 6. 資訊
□ 7. 傳播 □ 8. 自由業 □ 9. 農漁牧 □ 10. 家管 □ 11. 退休
□ 12. 其他＿＿＿＿＿＿＿＿

您從何種方式得知本書消息？
□ 1. 書店 □ 2. 網路 □ 3. 報紙 □ 4. 雜誌 □ 5. 廣播 □ 6. 電視
□ 7. 親友推薦 □ 8. 其他＿＿＿＿＿＿＿＿

您通常以何種方式購書？
□ 1. 書店 □ 2. 網路 □ 3. 傳真訂購 □ 4. 郵局劃撥 □ 5. 其他＿＿＿

您喜歡閱讀那些類別的書籍？
□ 1. 財經商業 □ 2. 自然科學 □ 3. 歷史 □ 4. 法律 □ 5. 文學
□ 6. 休閒旅遊 □ 7. 小說 □ 8. 人物傳記 □ 9. 生活、勵志 □ 10. 其他

對我們的建議：＿＿＿＿＿＿＿＿＿＿
＿＿＿＿＿＿＿＿＿＿
＿＿＿＿＿＿＿＿＿＿

【為提供訂購、行銷、客戶管理或其他合於營業登記項目或章程所定業務之目的，城邦出版人集團（即英屬蓋曼群島商家庭傳媒（股）公司城邦分公司、城邦文化事業（股）公司），於本集團之營運期間及地區內，將以電郵、傳真、電話、簡訊、郵寄或其他公告方式利用您提供之資料（資料類別：C001、C002、C003、C011 等）。利用對象除本集團外，亦可能包括相關服務的協力機構。如您有依個資法第三條或其他需服務之處，得致電本公司客服中心電話 02-25007718 請求協助。相關資料如為非必要項目，不提供亦不影響您的權益。】

1.C001 辨識個人者：如消費者之姓名、地址、電話、電子郵件等資訊。
2.C002 辨識財務者：如信用卡或轉帳帳戶資訊。
3.C003 政府資料中之辨識者：如身分證字號或護照號碼（外國人）。
4.C011 個人描述：如性別、國籍、出生年月日。

請於此處用膠水黏貼